J. Martin Sorge
Reinkarnation aus neuer Sicht

J. Martin Sorge

Reinkarnation aus neuer Sicht

Reisen in zeit~ und raumlose Landschaften der Seele

Ariston Verlag · Genf/München

Andere Werke aus unserem Verlagsprogramm
finden Sie am Schluß dieses Buches verzeichnet.

CIP-Titelaufnahme der Deutschen Bibliothek

SORGE, JOHANNES MARTIN:
Reinkarnation aus neuer Sicht: Reisen in zeit- u. raumlose
Landschaften d. Seele / J. Martin Sorge. – 2. Aufl.
Genf; München:
Ariston Verlag, 1990
(Ariston-Paperback)
Frühere Ausg. u. d. T.: Sorge, Johannes Martin:
Reise gegen die Zeit
ISBN 3-7205-1408-0

Gestaltung des Einbandes:
Werbeatelier Jürgen Richter

Paperback-Erstauflage Oktober 1986
Paperback-Zweitauflage März 1990
Printed in Austria 1990

ISBN 3-7205-1408-0

Inhaltsverzeichnis

1. DAS PHÄNOMEN DER WIEDERGEBURT   9
Historisches · Religiöser und wissenschaftlicher Aspekt · Das
Totenritual des Buddhismus · Die menschliche Seite · Aufgaben
dieses Buches

2. DER WEG DER HYPNOSE   17
Anwendung in der Psychotherapie · Gefahren · Suggestive
Einflüsse · Hypnotiseur und Versuchsperson · Der Rapport ·
Hypnotische Rückführung · Fehlerquellen und ihre Beseitigung

3. ZEIT ALS ERLEBNIS   25
Die Zeitachse · Relative und subjektive Zeit · Darstellung eines
Zeitexperiments · Die Zeitlandschaft · Erinnerungen an die
Geburt?

4. DIE FORMEL FÜR DAS JENSEITS   37
Die Raum-Zeit-Welt · Paralleluniversen · Eindimensionale Zeit-
achse und zweidimensionale Zeit · Die fünfdimensionale
Parallelwelt (Pentawelt) · Optische Phänomene

5. AUFBRUCH ZUR ZEITREISE   47
Die zwei Stufen der Reise · Moderator und Reisender · Das
Codewort als Starthilfe · Die Bildersprache · Technische
Einzelheiten

6. REPORTAGEN AUS DER PENTAWELT . .   57
Reiseberichte · Entfernungen und Bewegungen · Symbolhafte
Bilder · Hin- und Rückreisen · Die Frage nach der Zeugung ·
Spiralwesen · Grenzübergänge

6

7. REGRESSION ODER TRANSITION? 79
Die Charakteristika der Pentawelt · Farbeffekte · Dynamische
Vorgänge · Massefreier Raum · Erlebniskerne als Speicher der
früheren Inkarnation · Zugang über die Pentawelt

8. BEGEGNUNG MIT MANDO 89
Der braune Junge · Ein Fest in Ragusa · Das Elternhaus? ·
Reise nach Ancona · Gentiana · Fragen der Herkunft · Deutung
von Einzelheiten · Die Katastrophe

9. KARMA UND MENSCHLICHE FREIHEIT . 129
Kausalgesetz als Vergeltung · Ursache und Wirkung in der
Pentawelt · Parallelen zwischen Mando und dem »Reisenden« · Möglichkeit der freien Wahl · Bestätigung durch Transitionsberichte

10. STEINE IM SAND 139
Weiterreise in eine ferne Vergangenheit · Filterwirkung der
Inkarnationen · Das Bild der Sanduhr · Der Gefangene ·
Ägyptische Impressionen · Ahmand-el-Kelim und Esra de
Keleita · Mandos frühe Jahre · Der Überfall

11. MODELL EINER WESENSSTRUKTUR . . . 165
Die Zeitlandschaft in der Pentawelt · Topographische Symbolik · Die Agglomeration »Mando« · Die Rolle der Moderatorin · In den Kellergewölben des Individuums

12. GEBURT UNTER KOSMISCHEN ZEICHEN 177
Die Zeitqualität · Prägen die Gestirne? · Planetenprinzipien der
Pentawelt · Feldstrukturierung im synoptischen Universum ·
Der Schlüssel zum Tor der Geburt · Ein neues Bild der astrolo-
gischen Thesen · Das »Horoskop« von Mando · Brücken zur
jetzigen Inkarnation · Schicksalsanalyse des Vorlebens

13. REISE GEGEN DIE HEUTIGE ZEIT 195
Psychotherapie und Regressionen · Die unzerstörbaren Merkmale der Individualität · Reinkarnationserlebnis als Bewußtseinserweiterung · Ausflüge zur Pentawelt im Alleingang · Ent-
faltung durch die höhere Zeitdimension · Das befreite Menschsein in der Gesellschaft · Schlußszene mit Mando · »Führung in
die Gegenwart«

Für Mara Algethi,

die durch ihre subtile Moderation
wesentlich zum Gelingen des Werkes
beigetragen hat

I
Das Phänomen der Wiedergeburt

Man ist allgemein der Ansicht, die Frage der Wiedergeburt, also der mehrfachen Verkörperung eines menschlichen Individuums auf dieser Erde, sei eine religiöse Anschauung. Sie soll der fernöstlichen Philosophie entstammen, wobei viele die Wiederverkörperung der Seelenwanderung gleichsetzen, obwohl zwischen beiden Anschauungen ein grundlegender Unterschied besteht. Nach der hinduistischen Lehre von der Seelenwanderung kann die Seele nach dem Tode auch in Tieren und Pflanzen weiterleben; so soll das sittliche Verhalten des Menschen gegenüber allem Lebenden in der Natur beeinflußt werden. Re-Inkarnation (Wieder-Verkörperung) dagegen setzt das Weiterleben unserer Individualität voraus, die folglich nur in einem menschlichen Körper erneut auf der Erde erscheinen kann.

Die Ansicht, die Idee der Reinkarnation sei buddhistischen Ursprungs und möglicherweise erst in neuerer Zeit mit dem fernöstlichen Gedankengut der Joga- und Meditationstechniken nach Europa gekommen, trifft nicht zu. Vielmehr ist die Vorstellung einer mehrfachen irdischen Existenz des Menschen seit altersher bei allen Kulturvölkern verbreitet. Schon Pythagoras stellte Grundsätze der Wiederverkörperung auf, die er Metempsychose nannte, und stützte sich dabei auf Erfahrungen aus eigenen »Regressionen«. Platon erwähnt im *Phaidon*, daß Leben immer wieder erneuert werde und daß die Lebenden aus den Toten entstehen. Caesar berichtet in seinem geschichtlichen Werk *De bello Gallico*, daß bei den Germanen der Glaube herrsche, die Seelen gingen nach dem Tode auf einen anderen Menschen über, »woraus sie ein Hervortreten der Tugend erkennen und die Furcht vor dem Tode besiegen«.

Die Kirche wandte sich gegen die Reinkarnationslehre, nachdem sie diese anfänglich toleriert hatte. Auf dem Konzil von Konstantino-

pel (533 n. Chr.) sprach sie den Bann gegen alle aus, »die eine fabu-
löse Präexistenz der Seele und eine monströse Restauration ihrer
selbst lehren«. Dennoch haben große Geister in allen späteren Jahr-
hunderten an der Vorstellung der Wiedergeburt festgehalten. Von
einem so aufgeklärten Denker wie Voltaire stammt der Ausspruch:
»Zweimal geboren zu werden ist nicht wunderbarer als einmal —
Auferstehung ist das Ein und Alles in der Natur.«

In neuerer Zeit haben sich Theosophie und Anthroposophie der
Reinkarnationslehre bemächtigt. Sie wurde jedoch mit den kompli-
zierten moralischen Anschauungen der Karmalehre verbunden, die in
deren dogmatischer Form auch manche esoterischen Vereinigungen
übernommen haben. In diesen Kreisen werden jedoch die karmischen Verknüpfungen mit der Wiedergeburt und die Methoden,
etwas über frühere Inkarnationen zu erfahren, als Geheimwissen
behandelt, das der »profanen« Welt nicht zugänglich ist.

Ins Blickfeld des allgemeinen Interesses gelangte die Lehre von
der Wiedergeburt, als sich Psychologie und Psychotherapie mit ihr
zu beschäftigen begannen. Schon seit längerer Zeit benützte man
unter anderem die Hypnose, um Patienten in ihre Jugend zurückzuführen und verdrängte Erlebnisse bewußt zu machen, in denen man
Ursachen seelischer Konflikte vermutete. Dabei entdeckte man, daß
sich bestimmte Personen zuweilen auch noch weiter zurückführen
ließen — nämlich bis zur Geburt und darüber hinaus in vorgeburtliche Zeit. Die Versuchspersonen reproduzierten unter Hypnose
Wahrnehmungen, die aus früheren Daseinsperioden stammen mußten. Ausgelöst durch die Veröffentlichung des Falles »Bridy Mur-
phy«*, der in den sechziger Jahren in den USA großes Aufsehen
erregte, erschien in der Folge eine recht umfangreiche Literatur über
solche hypnotischen Regressionen in frühere Existenzen. Die leider
allzu sensationelle Aufmachung der Berichte ließ den Eindruck entstehen, es könne heute praktisch jeder unter Hypnose Einblick in seine früheren Leben erhalten.

Viele Aussagen solcher Rückführungsprotokolle konnten nachträg-

*Morey Bernstein, *Protokoll einer Wiedergeburt.* Scherz, Bern, 1973.

lich bestätigt werden; andere entziehen sich einer Nachprüfung, da es sich um ganz persönliches Erleben handelt. Manche jedoch treffen eindeutig nicht zu. So etwa, wenn eine Versuchsperson behauptet, sie sei als Sonntagskind am 18. Mai 1882 geboren, und damals hätte in Frankreich der Sonnenkönig regiert. Eine Nachrechnung mit Hilfe des immerwährenden Kalenders ergibt, daß jenes Geburtsdatum ein Donnerstag war, und Ludwig XIV. lebte bekanntlich zwei Jahrhunderte früher. Damit soll der Wert der Regressionsprotokolle im allgemeinen keineswegs angezweifelt werden, denn zu oft wurde wirklich erstaunliches Material zutage gefördert. Aber Hypnose ist nicht gleich Hypnose. Es gelingt kaum in jedem Fall, etwas aus dem früheren Leben zu erfahren, nur indem man in dieser Absicht suggeriert, daß bei bestimmten Jahreszahlen oder Zeitabschnitten Bilder erscheinen sollen. Für eine objektive Erforschung des Reinkarnationsphänomens müßte wohl noch eine Reihe von Tatsachen und Überlegungen berücksichtigt werden, die über die bloße Anwendung einer Hypnosetechnik hinausgehen. Auch die Hypnosetechniken selbst müßten kritischer unter die Lupe genommen, und manches müßte neu formuliert werden.

Hier setzt die Aufgabe des vorliegenden Buches ein. Es soll dem Menschen von heute den Zugang nicht nur zur Tatsache der Reinkarnation selbst ermöglichen, sondern auch zu den Vorgängen, die mit ihr in Zusammenhang stehen. Dabei wird besonderes Gewicht auf den bisher noch kaum untersuchten Bereich zwischen den einzelnen Verkörperungen zu legen sein. Soweit ein Geschehen, das sich zum Teil außerhalb unserer Raumzeitwelt bewegt, überhaupt im wissenschaftlichen Sinne reproduzierbar ist, werden auch Rückführungen benützt. Doch dies weniger, um die Tatsache der Reinkarnation ein weiteres Mal zu beweisen, denn sie ist durch die bisher bekanntgewordenen Regressionsversuche bereits weitgehend bestätigt. Aber abgesehen davon, daß an der Methodik einiges modifiziert werden mußte, können empirisch ermittelte Tatsachen allein nicht genügen. Sie müssen sich sinngemäß in unser bestehendes Weltbild eingliedern lassen, um »glaubhaft« zu werden. Oder es müssen diese Tatsachen eine neue globale Synthese ermöglichen, wenn sie nicht isoliert als Kuriosum dastehen sollen.

Wir werden sehen, daß der Schlüssel zu dieser Synthese in der Einführung einer »Erlebnislandschaft« liegt, durch die eine Reise in frühere Existenzen notwendigerweise hindurchführen muß. Sie wird es erlauben, auch solche Vorgänge anschaulich zu schildern, die bisher außerhalb unseres Vorstellungsbereichs lagen.

Auf diese Weise gelangt man zu jener Einstellung, die es überhaupt erst möglich macht, die Tatsache der Reinkarnation zu verkraften. Es soll nicht verhehlt werden, daß die Entdeckung des relativ einfachen Weges, durch Hypnose in frühere Daseinsperioden zu gelangen, auch ihre Kehrseite hat. Mit Leuten, denen ihr eigenes Ich eine Last ist, soll man nicht über Wiederverkörperung reden. Die Aussicht, nochmals ein Erdenleben vor sich zu haben, anstatt nach dieser mühevollen Plackerei mit sich selbst und der Umwelt endlich in einem »besseren Jenseits« zur Ruhe zu kommen, mag für viele, bewußt oder unbewußt, ein Grund sein, die Reinkarnation abzulehnen. Andere fürchten nicht ganz zu Unrecht, bei der Rückführung in eine frühere Existenz mit erschreckenden Tatsachen konfrontiert zu werden. Es könnte sich ja herausstellen, daß man früher einmal ein Verbrecher war oder daß man auf gewaltsame Weise umgebracht wurde. Da man immer wieder bestätigt findet, daß die »Bilder« in der Rückführung nicht nur erscheinen, sondern meist auch emotional erlebt werden, sind solche Befürchtungen nicht unbegründet.

Die fernöstlichen Lehren berücksichtigen diese Tatsachen. Sie kennen ebenfalls Wege, die dem »Eingeweihten« eine Rückschau auf seine früheren Inkarnationen ermöglichen. Es wird daher auf die Ausbildung bestimmter psychomentaler Fähigkeiten Wert gelegt. Doch damit ist ein geistiger Entwicklungsweg verbunden, der jahrelange Übungen einschließt. Erst dann ist ein solcher Mensch seiner Rückführung wirklich gewachsen. Aber nicht immer sind es die heutigen Versuchspersonen, die als ihres eigenen Willens beraubte Sonden in ihr früheres Leben eingetaucht werden...

Der Buddhismus geht in dieser Hinsicht sogar noch weiter, indem er den Menschen anzuleiten sucht, sich vom »Rad der Wiederverkörperungen« zu befreien. Dies kommt deutlich im *Totenritual* zum Ausdruck, aus dem hier einige Stellen zitiert seien:

»Im Augenblick, in dem der Mensch den letzten Atemzug tut, wird er von dem anwesenden Lama angerufen, damit er nicht ins Unbewußte versinkt, sondern bei klarer Erkenntnis die Schwelle vom Leben zum Tod überschreitet.«

Nachdem vorab längere Ermahnungen folgen, den Geist von dem irdischen Ort und den Anwesenden abzuziehen und auf die Klarheit zu richten, werden verschiedene Wege und Situationen beschrieben, die sich zur Auswahl anbieten:

»Wenn der Wunsch, in einer individuellen Gestalt zu existieren, noch immer dich besitzt, wirst du nicht den wie einen Abgrund geöffneten Mund des Weltkreislaufs schließen, in dem die verschiedenen Schöße bereit sind, dich anzuziehen... Du kannst auch angezogen werden von dem Weg, der in die Welt der Menschen zurückführt. Rufe die Erinnerung an die Wechselfälle deiner zahlreichen Daseinsformen zurück. Verwirf den Wunsch, von neuem die Träume der Menschenwelt zu erfahren. Löse dich und versetze dich in den leeren Zustand der Nicht-Anziehung und Nicht-Ablehnung, in den Zustand des vollkommen unbeweglichen Geistes... Du wirst einen Teich sehen mit sonnigen Feldern an seinen Ufern. Du möchtest dich an dem klaren Wasser erlaben, das sich vor dir spiegelt. Diese bezaubernde Landschaft ist der Schoß, durch den man in die Welt der Menschen zurückkehrt. Nimm dich in acht! Halte deinen Wunsch zurück und wandere weiter...«

Nun — wir Menschen des westlichen Zivilisationskreises denken anders. Wir müssen anstelle der »Nicht-Anziehung und Nicht-Ablehnung« die Auseinandersetzung mit den Tatsachen suchen. Das Phänomen der Wiederverkörperung ist eine solche Tatsache. Soweit das vorliegende Buch ein Sachbuch ist, hat es die Tatsachen objektiv zu registrieren und zu untersuchen, beziehungsweise sie, soweit wie möglich, als Bestandteil unseres naturwissenschaftlichen Weltbildes zu erfassen.

Neben der sachlichen interessiert jedoch auch eine menschliche Seite: nicht nur weil die Forschungsmethoden mit psychischen Vor-

gängen und dem seelischen Erleben zusammenhängen, sondern weil
es sich bei der Wiedergeburt um eine prinzipielle Existenzfrage des
menschlichen Individuums handelt. Ob wir am Ende dieses Lebens
endgültig aus der Welt scheiden, um in einem Jenseits weiterzuexi-
stieren, oder ob wir früher oder später erneut den irdischen Lebens-
weg durchlaufen, ist eine Alternative, mit der sich jeder bewußt
lebende Mensch auseinandersetzen muß. Man bedenke nur, wieviel
intensiver man sich beispielsweise bemühen würde, unsere Umwelt
vor Zerstörung zu schützen, wenn wir dies nicht nur für irgendwelche anonymen Nachkommen, sondern auch um unserer selbst willen
täten. Auch würde eine neue Einstellung zum Jenseits und zu den geistigen Bereichen überhaupt Platz greifen, wenn man weiß, daß man
bereits »drüben« war und von dort herkommt.

Gewiß haben längst nicht alle heute lebenden Menschen schon
eine oder mehrere frühere Existenzen hinter sich. Gerade in einer
Zeit der enormen Bewußtseinsausweitung, wie wir sie in unserem
Jahrhundert erleben, ist zu vermuten, daß vermehrt »neue Seelen« in
Erscheinung treten. Sicher aber sind jene Menschen, die sich mit den
Fragen der Wiederverkörperung beschäftigen, in diesem jetzigen
Leben nicht zum erstenmal inkarniert. Selbst wenn keinerlei Bewußtsein hinsichtlich des früheren Daseins mehr vorhanden ist, sind dessen Auswirkungen »irgendwo« gespeichert, worüber im Laufe unserer Untersuchungen noch mehr zu sagen sein wird. Aber auch in
unbewußter Form steuern solche Impulse den betreffenden Menschen dorthin, wo in irgendeiner Art Beziehungen zu den Vorgängen
um die Wiederverkörperung aufscheinen könnten.

So werden alle, die dieses Buch zur Hand nehmen, mit großer
Wahrscheinlichkeit nicht zum erstenmal hier leben. Sie werden auf
der »Reise gegen die Zeit« in irgendeinem Winkel ihrer Seele
Anklänge an vertrautes Erleben empfinden. Es wird dann offenbar
werden, daß diese Reise nicht nur entgegen dem gewohnten Zeitfluß, nämlich von der Gegenwart in die Vergangenheit, verläuft,
sondern daß sie zugleich dem Zeitbegriff entgegengerichtet ist, der
den heutigen Menschen immer mehr einengt, der ihn zu versklaven
droht.

Unsere Reise wird, indem sie das Panorama der Inkarnationen vor unseren Augen erstehen läßt, das Verhaltensmuster unseres gegenwärtigen Lebens aufdecken. Die Reiseroute wird den Schicksalsspuren eines menschlichen Wesens folgen und über Diesseits und Jenseits in eine Freiheit führen, die letztlich den eigentlichen Sinn des Menschseins bedeutet.

2
Der Weg der Hypnose

Wenn jemand von Hypnotisieren spricht, denken viele Menschen auch heute noch an Vorstellungen in Varietés: ein elegant gekleideter Mann bittet Personen aus dem Publikum auf die Bühne, versetzt sie in einen schlafähnlichen Zustand und läßt sie allerlei komische oder lächerliche Dinge vollführen. Die meisten Menschen hegen deshalb eine Abneigung gegen die Hypnose. Sie fürchten, ihrer Selbstkontrolle beraubt und nach dem Willen des Hypnotiseurs manipuliert zu werden. Auch die Angst, aus einer Hypnose bleibende Nachteile davonzutragen, ist im Volk tief verwurzelt, wobei die archaische Furcht vor magischen Kräften mitspielen dürfte. Jeder Psychotherapeut wird aus seiner Praxis wissen, wie schwer es ist und welch langer aufklärender Gespräche es oft bedarf, um Patienten davon zu überzeugen, daß die Hypnose in der Hand des Berufenen eine sehr wertvolle Behandlungs- und Heilmethode sein kann.

Heute ist die Anwendung hypnotischer Methoden aus der Psychotherapie nicht mehr wegzudenken. Ermöglicht sie doch in vielen Fällen das Auffinden seelischer Traumata in wesentlich kürzerer Zeit, als es mit den Methoden der klassischen Psychoanalyse allein gelang. Ebenso eignet sie sich, richtig dosiert, als therapeutisches Mittel bei vielen psychischen und psychosomatischen Erkrankungen. Dennoch ist man sich auch heute noch nicht im klaren, was bei der Hypnose eigentlich vor sich geht. Das zeigt schon die Tatsache, daß die verschiedensten Theorien über das Wesen der Hypnose bestehen. Man weiß die Hypnose zwar sicher zu handhaben, man kennt ihre Symptome und weiß auch, daß es verschiedene Tiefenstufen gibt, die vom leichten Entspannungszustand bis zur völligen Ausschaltung des Bewußtseins reichen. Aber das Wesen der Hypnose läßt sich noch nicht eindeutig erklären.

Für unsere Untersuchungen ist dies auch unwichtig; die Hypnose interessiert hier insofern, als es mit ihrer Hilfe möglich ist, Personen in vorgeburtliche Bereiche und frühere Inkarnationen zurückzuführen. Deshalb werden wir uns mit einigen Phänomenen und Begleiterscheinungen der Hypnose kritisch auseinandersetzen müssen.

Vor allem wird man sich dessen bewußt sein müssen, daß die Hypnose in der heute bekannten Form zur Erkennung und Behandlung pathologischer Zustände angewendet wird. Da ist immerhin die Frage berechtigt, ob diese Methode den Menschen nicht automatisch vor allem an solche seelischen Erlebnisse heranführt, die irgendwie krankhaft oder belastend sind. Müßte eventuell die Methode abgewandelt werden, wenn Aussagen über normale beziehungsweise gesunde Vorgänge erhalten werden sollen? Auch aus einem anderen Grund erheben sich Fragen nach eventuellen Gefahren der üblichen Hypnosemethoden für den gesunden Menschen. Ein Mittel, das heilen soll, muß Energien freisetzen können, die bestimmte Wirkungen auslösen. Gibt man einem erregten Patienten ein Beruhigungsmittel, so normalisiert sich sein Zustand. Nimmt jedoch ein normal reagierender Mensch dieses Mittel, dann wird er schläfrig und handelt vielleicht in einer Gefahrensituation zu langsam.

Ähnliches könnte geschehen, wenn das Heilmittel Hypnose beim normalen Menschen zur Anwendung gelangt. Was bedeutet schon »normal«, besonders im psychischen Bereich? Viele Menschen erscheinen seelisch gesund aufgrund einer Stabilität, die sie sich im Laufe ihres Lebens im Ausgleich von Störungsfaktoren und Erfolgserlebnissen aufgebaut haben. Gelangt nun ein solcher Mensch durch Rückführungshypnose an Erlebnispunkte, die unvorbereitet Reaktionen auslösen, dann kann dieses Gleichgewicht ins Wanken geraten. Ein solcher unerwünschter Effekt kann sogar dann auftreten, wenn Hypnose therapeutisch zur Beseitigung bestimmter Symptome angewendet wird. L. CHERTOK* weist darauf hin, daß in einem solchen Fall mehr oder weniger schwere Ersatzsymptome auftreten können,

---

*Léon Chertok, *Hypnose — Theorie, Praxis und Technik.* Ariston Verlag, Genf, 3. Aufl. 1979.

die unter Umständen katastrophale Auswirkungen haben könnten. Derselbe Autor stellt jedoch auch fest, daß der Patient glücklicherweise oft selbst Vorsichtsmaßnahmen trifft, indem er eine abwehrende Haltung gegen bestimmte Suggestionen einnimmt. Solche Personen, deren Ich fragil ist oder die eine Gefahr für ihre Persönlichkeit spüren, besitzen ausreichende »Verteidigungswaffen«, die sie auch im hypnotischen Zustand zur Anwendung bringen können. Wichtig ist es aber, daß dann der Therapeut, also der Hypnotiseur, eine solche Gefahrensituation sofort erkennt und die entsprechenden Schutzmaßnahmen einzuleiten weiß. Es wird jedoch allgemein betont, daß solche Fälle zu den seltenen Ausnahmen gehören und daß »Pannen« auch bei anderen Therapiemethoden vorkommen können.

Im Gegensatz hierzu sieht K. TEPPERWEIN* in der Anwendung der Hypnose keinerlei Gefahren für Patienten und Versuchspersonen, vorausgesetzt, daß man die Hypnosetechnik beherrscht und insbesondere auch der fachgemäßen Beendigung des hypnotischen Zustands volle Aufmerksamkeit schenkt. Auch betont dieser Autor, daß der Hypnotisierte keine Befehle ausführen würde, die außerhalb seiner moralischen und psychischen Persönlichkeitsstruktur liegen, wie etwa die Suggestion, einen anderen Menschen zu töten. In einem solchen Fall würden also ebenfalls die Abwehrkräfte des Ich wirksam werden.

Wichtiger jedoch als mögliche Gefahren sind für uns die Fragen, die sich aus der Wechselbeziehung zwischen Hypnotiseur und hypnotisierter Person ergeben. Wiederum ist man sich noch nicht ganz im klaren, worin das Wesen dieser Verbindung, die man »Rapport« nennt, besteht. Die ersten Hypnoseexperimente und später auch die ersten Rückführungen wurden mit besonders medial veranlagten Personen vorgenommen, die durch den Hypnotiseur in eine Art Trancezustand gelangten. Die Ausdrücke »Medium« und »Trance« stammen aus dem Vokabular der Spiritisten, die in ihren Sitzungen das Medium lediglich als eine Art Hilfsperson benützten. Es sollten durch dieses »Mittel« (= lateinisch *medium*) Verbindungen zwischen

*Kurt Tepperwein, *Die hohe Schule der Hypnose*, Ariston Verlag, Genf, 1978.

unserer Welt und dem Jenseits, insbesondere zu Verstorbenen, hergestellt werden. Mit Hypnose hat dies ebensowenig zu tun wie der
Zustand der Trance, der eher etwa dem Somnambulismus gleichzusetzen ist. Man kann beispielsweise auch durch religiöse Ekstase in
Trance geraten, nicht aber kann ein ekstatischer Zustand Hypnose
hervorrufen oder mit ihr verglichen werden.

Man hat sodann vergleichende Untersuchungen angestellt, um
herauszufinden, ob es bestimmte Eigenschaften gibt, die den Hypnosetherapeuten charakterisieren. Noch umfassenderes Material wurde
zur Klärung der Frage zusammengetragen, woran man die Eignung
zur Hypnotisierbarkeit erkennen könne. Es wurden jedoch keine
übereinstimmenden Eigenschaften entdeckt, mit denen man die
Wechselwirkung des Rapports erklären konnte. Die Tatsache, daß
im Experiment der Hypnotiseur den Vorgang auslöst, also aktiv ist,
während die Versuchsperson passiv bleibt, berechtigt noch nicht zu
der Schlußfolgerung, daß nur ein aktiver und willensstarker Mensch
hypnotisieren könne, beziehungsweise daß leicht beeinflußbare Personen besonders leicht zu hypnotisieren seien. Oft bauen gerade die
labileren Menschen einen Schutzwall um sich auf, der sich der Hypnose widersetzt. Fest steht jedoch, daß die Suggestionen eines Hypnotiseurs um so intensiver wirken, je mehr er von sich selbst und dem
Erfolg seiner Behandlungen oder Experimente überzeugt ist.

Obwohl Hypnose und Suggestion zwei verschiedene Dinge sind,
ist eine Hypnose ohne Suggestionen nicht denkbar. TEPPERWEIN
definiert das Wesen der Suggestion damit, » daß in der eigenen Person oder in einem anderen Menschen auf irgendeine Weise in dessen
Unterbewußtsein eine bestimmte Vorstellung erzeugt wird; dadurch
erreicht man eine Beeinflussung seiner Gefühle, seines Urteils und
seiner Willensentschlüsse «.

Das ist für den Rapport zwischen Hypnotiseur und Versuchsperson eminent wichtig. Solange es sich um die therapeutische Anwendung der Hypnose handelt, stimmen die Einstellungen bei beiden
Personen überein. Der Kranke anerkennt die Autorität des Arztes, er
läßt sich von ihm bereitwillig führen, denn beider Ziel ist die Heilung. In diesem Fall werden die Suggestionen des Hypnotiseurs eine

zusätzliche Übertragung seiner therapeutischen Absichten ermöglichen. Man beobachtet ja in jeder psychologischen Praxis, wie sehr bereits ein bloßes Gespräch den Patienten oder Ratsuchenden aufzurichten vermag, ohne daß die geringste Hypnose zur Anwendung gelangt. Dies ist allein der suggestiven Übertragung zuzuschreiben, die lediglich das Vertrauen des Ratsuchenden zur Voraussetzung hat.

Etwas anderes ist es, wenn mittels einer hypnotischen Rückführung Informationen aus einem früheren Dasein erhalten werden sollen, wenn man also mittels der Hypnose neue Erkenntnisse zu gewinnen sucht. Der Hypnotiseur kann bestimmte Ansichten über die Reinkarnation haben, die sich mit denen der Versuchsperson nicht zu decken brauchen. Dennoch kann er vom Hypnotisierten eine Bestätigung seiner Einstellung erwarten oder diese zumindest unterbewußt wünschen. In einem solchen Fall ist es sehr wahrscheinlich, daß mit den verbalen Suggestionen zur Entspannung, zum Einschlafen oder zu den einzelnen Zeitabschnitten der Regression auch die Erwartungen des Hypnotiseurs übertragen werden. Es wäre also durchaus möglich, daß die Versuchsperson zum Beispiel bei einem religiös oder esoterisch eingestellten Hypnotiseur andere Bilder und Zusammenhänge produzieren würde als bei einem mehr naturwissenschaftlich ausgerichteten Experimentator. Hierzu im folgenden ein Beispiel, das einem in der Literatur veröffentlichten Regressionsprotokoll entnommen ist. Aus verständlichen Gründen wurde der Wortlaut der Aussagen leicht abgeändert, sie stimmen aber inhaltlich und sinngemäß genau mit jenem Protokoll überein. (H. = Hypnotiseur, M. = Versuchsperson):

H. (nachdem die Person ein Sterbe-Erlebnis geschildert hat): *Hast du noch Beschwerden, oder fehlt dir etwas?*

M.: *Nein.*

H.: *Wo befindest du dich?*

M.: *Ich bin da und sehe meinen Körper.*

H.: *Was bedeutet dein Körper für dich?*

M.: *Nichts Besonderes. Ich brauchte ihn, und jetzt habe ich keine Beziehung mehr.*

H.: *Bleibst du jetzt an diesem Ort?*

M.: *Nein, ich darf nicht hier bleiben.*

H.: *Ist es etwa kein angenehmer Ort?*

M.: *Doch, das schon. Aber ich muß wieder zur Erde zurück, ich habe mein Schicksal noch nicht erfüllt.*

H.: *Kommst du gerne wieder auf die Erde?*

M.: *Nein. Es wird für mich sehr schwer sein, und ich werde mich wieder anstrengen müssen.*

H.: *Vermutest du, daß du Fehler gemacht hast, und willst du das ändern?*

M.: *Ja, ich habe viele Fehler gemacht.*

H.: *Hast du in deinem vergangenen Leben etwas gelernt?*

M.: *Ja, aber ich muß noch mehr lernen, deshalb kann ich nicht hierbleiben.*

H.: *Was war dein größter Fehler?*

M.: *Ich habe meine Frau und mein Kind verlassen.*

H.: *Wir gehen nun in der Zeit weiter — geschieht etwas?*

M.: *Ja, ich werde wieder in einen Körper hineingezogen.* (usw.)

In diesem — keineswegs vereinzelt dastehenden — Beispiel erkennt man die Überzeugungen des Hypnotiseurs, seine Hinneigung zu religiösen Anschauungen des Ostens, seine Auffassung des Lebens beziehungsweise von dessen Wiederholungen als eines Läuterungsprozesses und seine deterministische Einstellung. Zugleich zeigt das Protokoll recht anschaulich, wie solche Einstellungen mit gezielten Suggestivfragen zu den erwarteten Ergebnissen führen müssen. Um derartige Wirkungen (auch wenn sie mehr unbewußter Art sind) auszuschalten, wird man um gewisse Modifikationen der bisherigen Experimentierweise kaum herumkommen.

Eine größere Objektivität ließe sich schon erreichen, wenn sich Hypnotiseur und Versuchsperson auf derselben Aktivitätsebene bewegen würden. Wenn also zum Beispiel eine Fragestellung » Hast du Fehler gemacht?« nicht vom Hypnotiseur ausgehen würde, um die Versuchsperson zu veranlassen, nach Fehlern zu suchen. Es dürfte eine solche Frage zur Präzisierung (»Welchen Fehler hast du gemacht?«) erst dann erfolgen, wenn die Versuchsperson von sich aus auf Fehler zu sprechen kommt.

Noch besser wäre es, wenn die hypnotisierte Person selber mit ihren Wahrnehmungen die Führung übernehmen könnte und dem Experimentator lediglich eine überwachende und regulierende Funktion zukäme. So hätte man dann eine Situation, wie sie für die Arbeit auf dem Gebiet der exakten Naturwissenschaften ganz selbstverständlich ist, wo nämlich der Experimentierende lediglich beobachtet, die Skalenwerte seiner Instrumente abliest, die Informationen notiert und in den Versuchsablauf nur dann eingreift, wenn Gefahren auftreten und die Reaktion außer Kontrolle zu geraten droht. Es schafft ja auch der Hypnotiseur nur die Experimentierbedingungen; die Reaktionsarbeit wird von der Versuchsperson geleistet. Damit ist sie jedoch genau das Gegenteil dessen, was man unter dem Begriff des »Mediums« versteht.

In diesem Zusammenhang sei einmal der Hinweis gestattet, daß in sämtlichen bisher veröffentlichten Rückführungsprotokollen stets ein Mann als Hypnotiseur wirkte. Ohne die Männer als das »stärkere Geschlecht« bezeichnen zu wollen, mag es, bedingt durch unsere Erziehung und Gesellschaftsordnung, so sein, daß vom Mann in solchen Fällen eine größere Suggestivkraft ausgeht. Das würde aber bedeuten, daß die Gefahr der Übertragung eigener Vorstellungen auf die Versuchsperson seitens eines Mannes größer ist, als wenn eine Frau die Hypnose übernehmen würde. Einer Frau dürfte es leichterfallen, sich in die Bilder und Schilderungen der Versuchsperson einzufühlen.

Solche Überlegungen waren maßgebend, daß bei den in den späteren Kapiteln beschriebenen Rückführungsexperimenten eine Frau die Hypnose übernahm, wogegen ein Mann als Versuchsperson bestimmt wurde. Wir glauben, allein mit dieser gewiß recht revolutionären Neuerung eine wesentliche Steigerung der Objektivität der Versuchsergebnisse erzielt zu haben.

Schließlich fällt auf, daß bei den bisher bekannt gewordenen Regressionsexperimenten dem Zeitfaktor kaum Bedeutung beigemessen wurde. Es erscheint einfach und selbstverständlich, die Versuchsperson entlang den Jahreszahlen oder den Lebensjahren zurückzuführen und sie die Ereignisse gewissermaßen chronologisch geord-

net wiedergeben zu lassen. Bis zum Beginn dieses Lebens geht alles
wie »am Schnürchen«, nämlich entlang der Zeitachse. Führt der
Hypnotiseur weiter zurück, »bis wieder Bilder erscheinen«, dann
müßte die Versuchsperson eigentlich an das Ende ihrer vorangegangenen Inkarnation gelangen. Sie würde sich vielleicht als alten Menschen oder im Sterben liegen sehen. Das geschieht aber praktisch
nie. Vielmehr werden Bilder beschrieben, in denen die betreffende
Person mitten im Leben oder gar im Kindesalter jener Daseinsperio-
de steht. Man kann sie später, wenn man über jene Existenz mehr
Anhaltspunkte gewonnen hat, wohl ins reifere Alter führen oder versuchen, etwas über die Todesart zu erfahren. Aber dies geschieht
nicht mehr in rückführender, sondern in zeitlich voranschreitender
Weise.

Damit wird eindeutig offenbar, daß jetziges Leben und frühere
Verkörperung nicht nahtlos auf der Zeitachse aneinanderschließen.
Dazwischen liegt ein Zustand körperlosen Seins, für den andere
Gesetze gelten. Bei entsprechendem Vorgehen lassen sich auch über
diesen Bereich Informationen erhalten. Doch um diese vielleicht
interessantesten Gebiete an den ganzen Regressionsversuchen in die
Experimentalsituation mit einzubeziehen, müssen wir uns zunächst
eingehender mit den Zeitbegriffen vertrautmachen. Damit wir gewissermaßen das »Land« kennenlernen, in das später unsere Regres-
sionsreisen führen sollen.

3
Zeit als Erlebnis

Wenn man eine Reise zu einem bestimmten Ort unternimmt, dann wird man sich nicht nur über die Lage des Reiseziels informieren, sondern auch über die Eigenarten des Weges, der dorthin führt. Wer zum Beispiel von Frankfurt/Main nach Mailand fährt, kann mit dem Wagen die Route über Luzern und den Gotthard oder über Zürich und den San Bernardino wählen. Er kann sich aber auch für die Bahn oder das Flugzeug als Transportmittel entscheiden, falls die Verkehrslage oder die Jahreszeit dies als ratsamer erscheinen lassen. Der Raum besitzt drei Dimensionen, folglich läßt sich ein räumliches Ziel immer auf verschiedenen Wegen und meist auch mit verschiedenen Fortbewegungsmitteln erreichen.

Im Gegensatz dazu gibt es scheinbar für eine »Reise« durch den Bereich der Zeit nur einen einzigen Weg. Denn die Zeit stellen wir uns als eine Art Linie vor, die in gerader Richtung aus der Vergangenheit über die Gegenwart in die Zukunft führt. Auf dieser Zeitachse, die nur eine Dimension hat, denken wir uns die Geschehnisse hintereinander aufgereiht wie Perlen auf einem Faden. Um zu einem bestimmten Zeitpunkt in der Vergangenheit zu »reisen«, braucht man sich nur von der Gegenwart aus diesem Faden entlang zurückzutasten. Als »Transportmittel« dient dabei das Erinnerungsvermögen. Es führt uns dorthin, wo wir etwas nochmals empfinden oder uns erinnern wollen, ob es nun vor einigen Stunden, vor einer Woche oder vor Jahren geschah. Die Reihenfolge solcher Punkte auf der Zeitachse ist durch Uhr und Kalender genau festgelegt und bleibt »für alle Zeiten« unverrückbar bestehen.

Aber sind die Uhren und die Daten des Kalenders, mit deren Hilfe man die Zeitachse in kleinere oder größere Abschnitte einteilt, wirklich ein Mittel, um »die Zeit« vollständig zu erfassen? Oder ist

sie nicht ein Land voller Überraschungen und Geheimnisse, das sich
viel weiter erstreckt, als diese dürftige Linie glauben läßt?

Allein schon die drei Zeitarten Vergangenheit, Gegenwart und
Zukunft, die die Zeitachse scheinbar kontinuierlich miteinander verbindet, sind in ihrem Wesen grundverschieden. In der Vergangenheit sind die Erlebnisse und Fakten unverrückbar auf der Zeitachse
festgenagelt. Alles ist erstarrt, aber deshalb auch nachprüfbar. Jedes
Erlebnis steht an seinem festen Platz, eingegraben in eine unverän-
derliche Felslandschaft aus hartem Granit, und es läßt sich bei jeder
Reise zurück in dieses Land der Vergangenheit in derselben unverän-
derten Form wiederfinden. So scheint es uns jedenfalls, wenn wir
uns ausschließlich an der Zeitachse orientieren.

Die Gegenwart läßt sich nicht festhalten, sie ist in ständiger
Wandlung begriffen. Nimmt man sie wahr, ist sie im nächsten
Augenblick bereits Vergangenheit. Sie ist ein scharfer Grat, der Vergangenheit von der Zukunft trennt, auf dem es keine Möglichkeit
des Verweilens gibt. Ein Punkt auf der Zeitachse ohne Ausdehnung.
Das, was am aktuellsten, am intensivsten erlebt wird, weil es »gegenwärtig« ist, hat auf der Zeitachse keine Dimension, wird gewissermaßen erst »Zeit«, wenn es der Vergangenheit angehört.

Wiederum von ganz anderer Wesensart ist die Zeitart der
Zukunft. Zwar unterscheidet sie sich in der Einteilung der Zeitachse
nicht von der Vergangenheit. Die Tage, Monate und Jahre sind auf
Jahrhunderte hinaus festgelegt. Das ist aber das Einzige, was man
mit Bestimmtheit von der Zukunft weiß. Über die Art und Reihenfolge der Geschehnisse aber bestehen nur noch Vermutungen mit
sehr unterschiedlicher Zuverlässigkeit. Daß ein Haus morgen noch so
dastehen wird wie heute, ist sehr wahrscheinlich. Denn die Möglichkeit, daß es über Nacht durch einen Brand oder ein Erdbeben
vernichtet wird, ist relativ gering. Die Wahrscheinlichkeit, daß man
morgen pünktlich um acht Uhr im Büro sein wird, ist prozentual
bereits niedriger, weil mehr unberechenbare Faktoren entgegen-
wirken könnten wie etwa Verschlafen, Krankheit, Verkehrsstauung
usw. Heute bereits festzulegen, wie man in einigen Monaten einen
bestimmten Tag verbringen wird, ist nur in den seltensten Fällen mög-

lich. Mit zunehmendem Abstand von der Gegenwart wird die Wahrscheinlichkeit, etwas über die »Perlen« aussagen zu können, die auf dem Faden der Zeitachse aufgereiht sind, immer geringer. Schließlich bleibt nur noch der »Faden« selbst übrig, und auch er wird eines Tages reißen, zumindest für den einzelnen Menschen, wenn am Lebensende die registrierenden Gehirnfunktionen aussetzen. Seine Uhr tickt dessenungeachtet weiter, eine andere Hand reißt die Blätter vom Kalender — wie unpersönlich doch diese »Zeit« ist, die wir so minuziös messen, um die wir oft in Sekundenbruchteilen ringen!

Für unser Thema wollen wir uns nun hauptsächlich mit der Zeitart »Vergangenheit« beschäftigen, die scheinbar so eindeutig bezüglich der Ereignisse auf der Zeitachse festgelegt ist. Man braucht ja nur mittels der Erinnerung dieser Achse entlang zurückzureisen, um zu einem bestimmten nach Ort und Datum feststehenden Ereignis zu gelangen.

»Wie war es doch letztes Jahr, als ich diesem Menschen erstmals begegnete? Richtig — zu Anfang des Sommerurlaubs, es muß so um den dritten August herum gewesen sein. Ich hatte einen Spaziergang gemacht und war gerade dabei, ins Hotel zurückzukehren, als ich...« So etwa dringt man mit Hilfe der Erinnerung vom Allgemeinen zum Besonderen vor, und schließlich steht ein bestimmtes Erlebnis in allen Einzelheiten wieder vor uns. Aber ist es wirklich dasselbe Erlebnis? Nehmen wir an, damals habe die Begegnung ein Glücksgefühl ausgelöst. Inzwischen wurde man jedoch von diesem Menschen enttäuscht. In der heutigen Erinnerung schwingt diese Enttäuschung mit. Vielleicht wurde dadurch das ursprüngliche Erleben restlos verdrängt, und man kann heute nicht mehr verstehen, warum einst diese Begegnung so tief ging. Man kann also nicht gegen den Zeitablauf zurückwandern, ohne etwas von der inzwischen vergangenen Zeit mitzunehmen und es in das frühere Erleben einzubringen.

Schon dieses eine Beispiel mag zeigen, daß die Vergangenheit, sofern es sich nicht nur um die Reihenfolge der Ereignisdaten handelt, keineswegs ein so starres Gebilde ist, wie es anfänglich scheinen mag. Denn rückblickend ändert sich die Erlebnisqualität in Abhängigkeit von den inzwischen erfolgten Bewußtwerdungsimpulsen. Es existieren offenbar (zumindest für die Vergangenheit) zwei verschiedene Zeitarten: die mit Uhren oder sonstigen physikalischen Vorgängen (Erddrehung) meßbare Zeit, die für alle Menschen in derselben Weise gilt und die wir als relative Zeit bezeichnen wollen; und daneben gibt es den von jedem persönlich erlebten Zeitablauf, der durch die psychische Struktur und die Bewußtwerdungsfaktoren mitbestimmt wird: ich möchte sie die subjektive Zeit nennen. Die Reihenfolge der Ereignisse ist in beiden Zeitarten dieselbe — nicht dagegen die »psychische Ladung«, mit der ein Ereignis befrachtet ist. Sie verändert sich mit zunehmendem Abstand vom Ereignis, und zwar nicht infolge des »Vergessens«, sondern in Relation mit dem weiteren Erleben, selbst wenn dieses nicht kausal mit jenem Ereignis zusammenhängt.

Die Unterschiede zwischen den beiden Zeitarten gehen jedoch noch weiter. In der relativen Zeit dauern alle Stunden oder Tage genau gleich lang. Die einzelnen Zeiteinheiten folgen sich in immer derselben Weise. Anders im subjektiven Zeitbereich. Hierzu einige Beispiele:

Zwei Menschen betreten zur selben Zeit einen völlig kahlen, fensterlosen Raum, dessen Tür verschlossen wird. Der eine darf ein interessantes Buch lesen, der andere muß untätig dasitzen und warten, bis sie den Raum wieder verlassen können. Keiner der beiden hat eine Uhr zur Kontrolle. Nach einer Stunde wird die Tür wieder geöffnet. Die unbeschäftigte Person wird auf ihrer subjektiven Zeitachse zwischen dem Betreten und dem Verlassen des Raums einen viel längeren Abschnitt zurückgelegt haben (»Das dauerte ja eine Ewigkeit, bis man uns wieder herausließ«) als der andere, der sich mit Lesen »die Zeit vertreiben« konnte.

Oder: Jemand begibt sich frühmorgens auf eine längere Reise, die ihn durch die verschiedensten Gegenden führt und viel Abwechslung bringt. Abends am Ziel der Reise angelangt, kann er sich in der ganz anderen Umgebung kaum mehr vorstellen, daß er noch »heute morgen« zu Hause am Frühstückstisch saß. Es scheinen inzwischen mehrere Tage verflossen zu sein.

Oder: Man erwartet für nächste Woche einen lieben Besuch. Ungeduldig sieht man der ersehnten Begegnung entgegen — die Tage scheinen sich endlos zu dehnen. Ein anderer hat nächste Woche eine schwierige Prüfung zu bestehen, für die er sich ungenügend vorbereitet fühlt. Er sollte die verbleibende Zeit noch zum Lernen benützen, doch unheimlich schnell rückt der Prüfungstermin näher.

Auf der subjektiven Zeitachse verändert sich also nicht nur die Erlebnisintensität vergangener Ereignisse, sondern auch ihr Abstand voneinander je nach der psychisch-geistigen Situation des Menschen, und zwar sowohl in der Vergangenheit wie in der Zukunft. Gewiß kann man diese Unterschiede jederzeit unter Zuhilfenahme der Uhrzeit »korrigieren«. Aber damit wechselt man auf die relative Zeitachse hinüber, die etwas prinzipiell anderes bedeutet. Weil man jederzeit seine Uhr zur Hand hat, weil die Zeiten des Arbeitens, des Essens und Schlafens im Alltag genormt sind, wird man sich des subjektiven Zeitfaktors seltener bewußt.

Die wenigen vorerwähnten Beispiele zeigen jedoch, wie leicht es im allgemeinen ist, den Menschen von der relativen Zeitachse weg in den Bereich des subjektiven Zeitempfindens zu führen. Eine Veränderung der gewohnten Umwelt oder Tätigkeit, ein durch Freude oder Angst aktivierter Gemütszustand genügt bereits, um der Zeit ein ganz anderes Gesicht zu geben. Ist dieses Gesicht Täuschung oder Wirklichkeit? Wir sind geneigt, die Uhrzeit als »richtig« zu betrachten, da sie durch ein unbeeinflußbares physikalisches Meßinstrument angezeigt wird. Dies trifft sicher zu, wenn es sich um für die Allgemeinheit vergleichbare Zeitfaktoren, um die Relativierung der Zeit handelt.

Wo aber der einzelne Mensch im Mittelpunkt der Betrachtungen steht, wie es bei unseren Untersuchungen der Fall ist, wenn er eine Reise durch seine Vergangenheit unternimmt, um nach seinem Ursprung zu suchen, dann muß das subjektive Zeitbild als Realität betrachtet werden. Ob die Rückführung durch die Zeit mittels psychoanalytischer Aufschlüsselung bestimmter Erlebnisse oder mittels Hypnose oder durch wie auch immer geartete andere Versuchsanordnungen erfolgt — immer wird man nur jene Eindrücke registrieren, die auf der subjektiven Zeitachse des betreffenden Menschen verzeichnet sind. Je nach diesen »Zeichen« wird die Beschreibung genauer oder unbestimmter ausfallen. Der Mensch läßt sich bei solchen Versuchen nicht etwa in eine rückwärtsgehende Uhr verwandeln, die getreulich der relativen Zeitachse entlang in die Vergangenheit wandert und dabei alle Ereignispunkte, denen er begegnet, in die richtige Relation zueinander setzt. Vielmehr müssen die Gesetze des subjektiven Zeitempfindens auch dann berücksichtigt werden, wenn jemand eine solche »Zeitreise« unter Führung durch eine geeignete andere Person unternimmt. Hierfür wollen wir uns aber erst noch mit einigen weiteren Besonderheiten der subjektiven Zeit vertrautmachen.

Bisher haben wir uns der Einfachheit halber vorgestellt, die subjektive Zeit sei, ähnlich wie die Uhrzeit, eine gerade Linie, die aus der Vergangenheit herkommend in die Zukunft führe. »Zeit« ist eben für unser gewohntes Denken gar nicht anders faßbar, als ein lückenloses Hintereinander von Informationen, Tatsachen oder Eindrücken. Im Reich der subjektiven Zeit kann es jedoch auch anders sein.

Betrachten wir nochmals das Beispiel der beiden Personen, die sich eine Stunde lang in einem abgeschlossenen Raum aufhalten. Der eine liest ein spannendes Buch, ihm wird die Stunde viel kürzer erscheinen als dem anderen, der lediglich abwarten muß, bis die Zeit verstrichen ist. Berücksichtigt man die Hintereinanderfolge der Informationen, müßte es eigentlich eher umgekehrt sein. Der Lesende erlebt in dieser Stunde viel mehr, indem er den Eindrücken der Erzählung folgt, sie gewissermaßen miterlebt. Dazu müßte er nach der üblichen Vorstellung eine längere Zeit benötigen als der andere, der nur auf das Ende des Versuchs wartet. Tatsächlich ist aber das Gegenteil der Fall, wie man unschwer durch einen Selbstversuch ermitteln kann. Nebenstehende Schemazeichnung soll dies deutlich zu machen versuchen.

Die Linie A sei die Zeitachse dessen, der das Buch liest, B die Zeitachse des Untätigen. Auf dieser Zeitachse bezeichnen die Mar-

kierungen 1 den Eintritt, die Markierungen 2 den Zeitpunkt des
Verlassens des Raumes. Zwischen 1 und 2 liegt für beide dieselbe
Zeitstrecke von einer Stunde, solange es sich um die relative Zeit-
achse handelt.

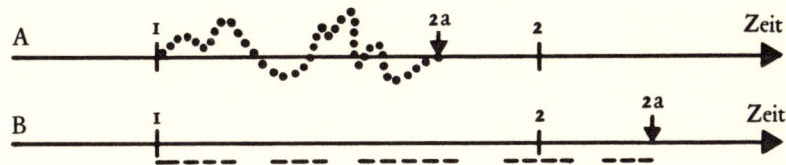

Diese Strecke auf der Zeitachse kann man sich als einen Faden
von beispielsweise einem Meter Länge denken. A hat also ebenso
wie B diesen Faden zur Verfügung, der an der Zeitmarke 1 (Beginn
des Versuchs) mit einem Ende befestigt ist. A spannt nun im Erleben
seiner Lektüre den Faden von Eindruck zu Eindruck, wie es die
punktierte Linie in der Figur bei A andeutet. Dadurch reicht sein
Zeitfaden nicht mehr bis zur Marke 2, sondern ist schon bei 2a auf-
gebraucht. Seine subjektive Stunde ist auf der Zeitachse seines Erlebens also kürzer als eine mit der Uhr gemessene Stunde, die erst beim
Punkt 2 endet.

Die unbeschäftigte Person B hat zum Beispiel die Möglichkeit,
ihren Faden von Marke 1 aus in einer graden Linie genau der relativen Zeitachse entlang zu spannen. Das geschieht, indem sie regelmäßig zu zählen beginnt. Wenn sie jede Sekunde einen »Zählschritt«
tut, wird sie bei 3600 mit dem Ende des Fadens an der Marke 2
angelangt sein. Sie wird damit genau sagen können, wann die Stunde zu Ende ist, ihr subjektives Zeitempfinden war mit der relativen
Zeitachse identisch. Das mag bei guter Konzentrationsfähigkeit vielleicht gelingen. Wahrscheinlicher ist jedoch, daß B bald des Zählens
müde wird oder daß er sich verzählt. Sein Faden erleidet Unterbre-
chungen. Er muß sich korrigieren, wartet ab, versucht es von neuem.
Er ermüdet, zählt langsamer. So reicht sein Faden über die Marke 2

hinaus bis 2a, wie es bei B durch eine gestrichelte Linie angedeutet ist. Die subjektive Stunde wird so für ihn eine bedeutend längere Dauer haben, als der relative Zeitabschnitt.

Die Zeichnung veranschaulicht aber nicht nur die unterschiedliche Dauer im Zeitempfinden. Besonders für die Person A ist »ihre« Zeit während des Versuchs nicht mehr eine Gerade. Vielmehr entsteht durch die verschiedenen Wege des Zeitfadens eine flächige oder sogar räumliche Anordnung. Mit anderen Worten: Aus der eindimensionalen Zeitachse ist ein mehrdimensionales Gebilde geworden. Was dies bedeutet, kann in seiner ganzen Tragweite erst in Verbindung mit später folgenden Überlegungen beschrieben werden.

Wir sehen jedenfalls aus all diesen Beispielen, daß die Zeit eine viel komplexere Erscheinung ist, als der gleichmäßige mechanische Ablauf, den unsere Uhren anzeigen. Sie ist einer geheimnisvollen Landschaft vergleichbar, die jeder einzelne Mensch für sich persönlich gestaltet und wiedererlebt. Durch diese Landschaft führt, einer schnurgeraden Autobahn vergleichbar, die relative Zeitachse mit den Kilometersteinen der Monate und Jahre. Die eine Fahrbahn weist in die Zukunft, auf der anderen kann man entgegengesetzt in die Vergangenheit fahren. Aber was sieht der Reisende auf der Autobahn von den Einzelheiten der Landschaft, von verträumten Dörfern, von stillen Seeufern oder dem bizarren Spiel der Schluchten? Er muß die Abzweigungen benützen, um die Achse zu verlassen, damit die Landschaft ihn aufnimmt.

So etwa geht die Erinnerung vor, wenn man mit ihrer Hilfe in die Vergangenheit reist. Dabei ist es im Prinzip dasselbe, ob in einer Rückführungssitzung der Hypnotiseur sagt: »Sie sind jetzt zehn Jahre alt — was sehen Sie?« oder ob man im Photoalbum Bilder aus jener Zeit betrachtet oder ob man vielleicht einem Schulkameraden von damals begegnet und mit ihm Erinnerungen auszutauschen beginnt. In allen diesen Fällen rast man erst auf der Zeitgeraden bis zur Abzweigung »10 Jahre« und biegt dort in die Landschaft des subjektiven Zeitempfindens ab. Die Worte des Hypnotiseurs, die Photos oder der Schulfreund sind der Wegweiser, der das Hinübergehen in die eigene Zeitlandschaft auslöst. Dann tastet man sich an bekannten Bildern, Personen, Begebenheiten weiter, und immer mehr erschließt sich jener Landstrich aus der Zeit der Kindheit. Die Hypnose hat dabei den unbestrittenen Vorteil, die Versuchsperson auch Bilder sehen zu lassen, die verdrängt wurden. Sie führt damit in verborgene Höhlen und Winkel jener Zeitlandschaft, die mit dem Transportmittel der Erinnerung nicht erreichbar wären.

Aber immerhin ist es erstaunlich, was allein die Beschäftigung mit Photos oder anderen Dokumenten aus jener Zeit (Briefe, Schulaufsätze usw.) an Erinnerungsmaterial zutage treten läßt. Es ist tatsächlich so, daß man durch mehrfaches Begehen jener subjektiven Zeitlandschaft mit ihr immer vertrauter wird und längst versunkene Begebenheiten wieder bildhaft vor Augen treten. Man erliegt einer Suggestion, die ähnlich der Anregung des Hypnotiseurs in den subjektiven Erlebnisbereich versetzt. Das berechtigt zu der Frage, ob man nicht auch mittels anderer Methoden als durch Tiefhypnose (vor der viele Menschen eine nicht unberechtigte Abneigung hegen) zu solchen Rückführungen gelangen könnte. Darauf wird im Verlauf dieses Buches noch eingegangen werden.

Vorerst nehmen wir an, man fahre auf jener Straße der Zeitachse weiter zurück. Vom Punkt » 10 Jahre« nach dem Kilometerstein 4 oder bis zu » 1 Jahr«. Die Zeitlandschaft wird allmählich karger. Anstelle des differenzierten Landschaftsbildes mit seinen Häusern, Feldern, vertrauten Menschen treten sanftgewellte Hügel auf, die Vegetation wird spärlicher, bis schließlich alles in eine weite Ebene mündet, in der sich nur noch Zonen des Schlafens und der Nahrungsaufnahme unterscheiden lassen. Am Ende, oder besser gesagt: am Anfang dieser Ebene wird eine Mauer oder Wolkenwand sichtbar, die den Eintritt in das jetzige Leben bezeichnet.

Das ist selbstverständlich metaphorisch zu verstehen. Aber solche Bilder drängen sich auf, wenn man bedenkt, daß auch die fähigsten Hypnotiseure bei der Rückführung in die ersten Lebensabschnitte kaum mehr Informationen erhalten. Wenn auch das Leben eines Kleinkindes zuweilen aufregend verlaufen mag, ist doch die Bewußtwerdung, auf die sich ja das subjektive Zeitempfinden aufbaut, relativ schwach wirksam. Ist es überhaupt noch »Zeit« in unserem Sinne, was das Neugeborene in seinen ersten Daseinsmonaten erlebt? Oder ist es vielmehr eine Nachwirkung jener Welt, aus der es herüberkam? Wird das Kleinkind vielleicht erst allmählich seiner subjektiven und erst viel später der relativen Zeit gewahr? Interessanterweise scheinen sich die »Erinnerungen« wieder zu häufen, wenn eine hypnotische Rückführung sich der Geburt nähert. Aber da liegt die Vermutung nahe, daß die bekannten Vorgänge vor und bei der Geburt mehr oder weniger allegorisch beschrieben werden. Die in der Literatur veröffentlichten Protokolle von Versuchspersonen enthalten zumindest immer ungefähr dieselben Antworten wie beispielsweise:

»Ich fühle mich gut — es ist dunkel und warm«... »Feucht und dunkel«... »Ich sehe einen Tunnel. — Ich gehe durch den Tunnel«... »Es ist warm und es klopft«... »Nun wird es naß und kalt«... »Man wird ausgespuckt« usw.

Ob es sich dabei um die eigenen Vorstellungen der Versuchspersonen oder die des Hypnotiseurs handelt, die wiedergegeben werden, spielt dabei eine geringere Rolle als die Tatsache, daß es sich kaum um individuelle Erlebnisse handeln dürfte.

Noch zweifelhafter mutet es an, wenn eine Versuchsperson Einzelheiten ihrer Zeugung in der Hypnose folgendermaßen beschreibt:

»Ich sehe eine Frau. Sie liegt im Bett... Neben ihr ein Mann. Die Frau faßt nach der Hand des Mannes... Es sind meine Eltern... Sie lieben sich... In diesem Augenblick fühle ich mich durch den Kopf des Mannes gerissen — gelange ich in sein Organ...« usw.

Ein solcher Bericht erschien in einer Frauenzeitschrift im Rahmen eines Interviews mit einem sehr bekannten Vertreter der Regressionshypnose. Wenn dabei auch die Sensationslust des Reporters mitgespielt haben mag, sind solche Schilderungen doch symptomatisch dafür, daß sie bewußt oder unbewußt den bekannten biologischen Abläufen zu Beginn des Lebens folgen. Der ernsten Regressionsforschung wird damit kein guter Dienst erwiesen.

Wie man sich aber auch zu diesen Aussagen am Beginn des Lebens stellen mag — es ist jedenfalls eindeutig erwiesen, daß sich die subjektive Zeitlandschaft über den Beginn des jetzigen Lebens

hinaus weiter nach »rückwärts« erstreckt. Nur geht sie nicht kontinuierlich weiter, wie die Straße der relativen Zeitachse, die man ja
beliebig weit in die Vergangenheit zurückverfolgen kann. Die subjektive »Zeitlandschaft« (wenn vorerst dieser Ausdruck beibehalten
werden soll) erfährt hinter jener Wand, die den Eintritt in die neue
Inkarnation darstellt, eine tiefgreifende Wandlung, indem dort prinzipiell andere Voraussetzungen gelten.

4
Die Formel für das Jenseits

Bisher haben wir die Zeit isoliert für sich betrachtet. Das war notwendig, um ihr Wesen zu erfassen. In unserer sichtbaren Welt erleben wir die Zeit jedoch kaum für sich allein, sondern meist in Verbindung mit dem Raum. Jede Bewegung im Raum, jede Veränderung, benötigt Zeit. Ob es sich um die Wachstumsvorgänge, um das Altern, um Fortbewegung von einem Ort zu einem anderen handelt, immer geschieht dies sowohl im Raum als auch in der Zeit. Der Raum, in dem wir leben, ist durch drei Dimensionen bestimmt, wie wir aus der Schule wissen. Diese Dimensionen kann man sich anschaulich als die drei Richtungen oben — unten, rechts — links und vorne — hinten vorstellen. Die Relativitätstheorie hat die enge Beziehung zwischen diesem Raum und der Zeitachse mathematisch formuliert und die Zeit als vierte Dimension mit den drei Dimensionen des Raumes zu einem vierdimensionalen »Raum-Zeit-Kontinuum« verbunden. Das läßt sich zwar nicht mehr bildlich darstellen, ist aber gedanklich noch durchaus faßbar, besonders wenn man bedenkt, daß zur Bewegung von Masse im Raum eine bestimmte Energie aufgewendet werden muß, die ebenfalls entlang der Zeitachse wirkt.

Solange der Mensch im Körper existiert, also mit Masse verbunden ist, folgt er den Gesetzen unserer irdischen Raum-Zeit-Welt. Die »Zeit« manifestiert sich für ihn aber auf zwei verschiedene Arten, wie wir gesehen haben, nämlich als relativer und als subjektiver Zeitbegriff. Diesen beiden Zeiten müssen notwendigerweise auch zwei verschiedene Raum-Zeit-Aspekte entsprechen. Das soll wieder an einem Beispiel verdeutlicht werden.

Zwei Ortschaften, A und B, seien 100 Kilometer voneinander entfernt. Jeder, der mit dem Auto von A nach B fährt und eine

Durchschnittsgeschwindigkeit von 100 Stundenkilometern einhält, wird für diese Strecke eine Stunde benötigen. Alle, die nur mit 50 Stundenkilometern fahren, benötigen zwei Stunden usw. Das ist die relative Raum-Zeit-Welt, in der diese Beziehungen unabhängig vom Individuum festgelegt sind.

Nun stellen wir uns drei verschiedene Fahrer vor, die diese Strecke in einer Stunde zurücklegen. Der erste ist ein ungeübter, ängstlicher Fahrer — er wird sich die ganze Zeit hindurch nur auf das Fahren, die Lenkung usw. konzentrieren und froh sein, wenn er endlich in B angelangt ist. Der zweite genießt während des Fahrens die Landschaft und freut sich an ihrer Schönheit. Der dritte nimmt während der Fahrt einen Anhalter auf und unterhält sich angeregt mit ihm. Für diese drei Menschen bedeuten dieselben 100 Kilometer und dieselbe Fahrzeit drei sehr verschiedenartige Erlebnisse. Oder anders ausgedrückt: Sie befinden sich, obwohl im selben Raum und in derselben Zeit in drei ganz verschiedenen (nämlich ihren subjektiven) Raum-Zeit-Welten. Mit diesem Beispiel sollte nicht nur verdeutlicht werden, wie man sich die subjektive Raum-Zeit-Welt vorstellen kann, sondern auch, wie zwei unterschiedliche »Weltsysteme« ineinander verwoben sein können. Das wird zum Verständnis später folgender Überlegungen beitragen.

Die bisherigen Aussagen über Raum und Zeit bezogen sich auf unsere stoffliche Welt und damit auf das ganze sichtbare und von Materie erfüllte Universum. Was geschieht nun aber, wenn man den Zeitbegriff über den Beginn oder das Ende des irdischen Lebens hinaus verfolgt? Man könnte natürlich im Sinne der materialistischen Weltanschauung behaupten, daß der Mensch als Individuum nur während der Dauer seiner körperlichen Existenz subjektiv und bewußt erleben könne, daß also vor seiner Geburt oder nach seinem Tod nur die eindimensionale relative Zeitachse bestehen könne. Wenn man aber um das Vorhandensein einer die Zeit der körperlichen Existenz überdauernden unsichtbaren Struktur des Menschen weiß, dann muß man sich fragen, wo und wie das Individuum weiterlebt.

Diese Frage muß den Menschen von Urzeiten an beschäftigt

haben, denn seit man von menschlichen Wesen Kunde erhielt, hat man auch Kultgegenstände als Zeugnisse magischer und religiöser Anschauungen gefunden. Das Wissen um ein unkörperliches Weiterleben hat zu bildhaften Vorstellungen von einem »Jenseits« geführt, das den Seelen, Geistern, Astralkörpern oder wie man sie auch nennen mag nach dem Verlassen des Körpers als Aufenthalt dient. Ob dies der Hades der Antike, das ägyptische Totenreich, das Walhalla der Germanen oder der Himmel christlicher Vorstellung ist, bleibt im Prinzip dasselbe. Es wird eine unsichtbare Welt postuliert, in der sich zudem (auch darin stimmen die meisten Religionen überein) für den geistigen Teil des Menschen gewisse Folgen seines irdischen Daseins ergeben.

Die rein religiösen Vorstellungen können jedoch dann nicht mehr genügen, wenn man sich mit der objektiven Erforschung solcher Zusammenhänge befaßt. Zwar ist der Intellekt allein kein geeignetes Mittel, uns Aufschlüsse über Bereiche zu verschaffen, in denen keine Wahrnehmungsmöglichkeit im Sinne der Gehirnfunktionen mehr besteht. Aber wir können zumindest die Forderung erheben, daß ein solches »Jenseits« in unser modernes Weltbild hineinpassen muß. Oder mit anderen Worten: Es sollen auch jene Menschen Zugang zu einem unkörperlichen Existenzbereich finden können, die nicht den Weg der religiösen Gläubigkeit oder des mystischen Erlebens gehen möchten. Dies ist aber nur möglich, wenn eine jenseitige Welt wenigstens annäherungsweise mit wissenschaftlichen Begriffen definiert werden und mit bestehenden Tatsachen in Einklang gebracht werden kann. Das soll im Folgenden versucht werden.

Seit die Relativitätstheorie die enge Relation zwischen Raum und Zeit aufgedeckt hat, stellte man sich die Frage, ob unser sichtbares Raum-Zeit-Universum die einzig mögliche Welt sei oder ob daneben nicht auch noch andere Universen existieren könnten. Wenn das der Fall wäre, würde es der Deutung einiger bisher ungeklärter astrophysikalischer Erscheinungen neue Wege eröffnen. Heute steht der mathematischen Formulierung höherdimensionaler Welten nichts mehr im Wege, was vor allem der Bearbeitung solcher Probleme durch die Computer zu verdanken ist. Man nennt ein solches Gebil-

de von höherer Dimensionalität ein Paralleluniversum. Es lassen sich
für eine solche zu unserem Universum parallele Welt mathematisch-
physikalische Gesetzmäßigkeiten aufstellen, die zwar von den Gesetzen unserer vierdimensionalen Raumzeit verschieden sind, die aber in
sich nach einheitlichen und logischen Kriterien aufgebaut sind.

Das ist nun auch in unserem Fall ein gangbarer Weg, um Aufschlüsse über jenes Reich zu erhalten, das »nicht von dieser Welt« ist
und in dem die unvergängliche Struktur des Menschen zwischen den
Verkörperungen weilt. Der Leser soll hier aber nicht etwa mit
mathematischen Ableitungen konfrontiert werden. Die folgenden
Erläuterungen sind vielmehr so gewählt, daß sie sich gerade noch an
der Grenze des (nach irdischen Begriffen) Vorstellbaren bewegen
und daß sie vor allem logisch faßbar sind.

In unserem sichtbaren Universum vollzieht sich unser Erleben
gemäß einer eindimensionalen Zeitachse. Sie ist eine Gerade, die aus
unendlich ferner Vergangenheit über die Gegenwart in eine unendli-
che Zukunft führt. Es wurde schon gezeigt, daß die als so wichtig
empfundene Gegenwart nur ein Punkt auf dieser Zeitgeraden ist, der
keine Dimension hat und im nächsten Moment bereits der Vergangenheit angehört.

Nun erweitern wir die Zeit um eine Dimension und sehen zu, was
geschieht.

Der Punkt der Gegenwart, der bisher die Dimension Null hatte,
wird eindimensional. Er wird also zu einer Geraden. Eine Gerade ist
durch zwei beliebige Punkte im Raum bestimmt. Diese beiden Punkte können zum Beispiel Paris und New York sein. Da aber bei der
um eins erweiterten Zeitdimension die ganze Gerade »Gegenwart«
ist, wäre man im selben Augenblick zugleich in Paris und New York.
Oder man kann das auch so ausdrücken: Man durchmißt die Strecke
zwischen den beiden Städten mit unendlich großer Geschwindigkeit.
Es genügt gewissermaßen der Wunsch oder die Vorstellung, um
auch schon am Ziel angekommen zu sein. Damit die Geschwindigkeit unendlich werden kann, muß die Masse gleich Null sein. Ohne
Masse wird auch die Gravitation gleich Null. Es besteht der körper-
lose Zustand des freien Schwebens.

Wir sind hier durch einen rein rechnerischen Vorgang zur Bestätigung von Tatsachen gelangt, die bisher nur unter Ausschaltung des Bewußtseins in Erfahrung gebracht werden konnten. Nicht nur haben Berichte von Versuchspersonen in Hypnose eine große Befreiung und Leichtigkeit im Stadium zwischen den Verkörperungen beschrieben, sondern weit wichtiger sind in diesem Zusammenhang die Aussagen von Personen, die für kurze Zeit bereits »klinisch tot« waren, dann aber wieder ins Leben zurückgerufen werden konnten. R. A. MOODY* hat solche Aussagen gesammelt und festgestellt, daß übereinstimmend der Eindruck des Schwebens über dem leblos daliegenden Körper geschildert wird. Viele solche Personen erwähnen auch das Gefühl der »Zeitlosigkeit« dieses Zustandes, was einer eindimensionalen Gegenwart entspricht. Auf einige weitere in solchen Berichten erwähnten Phänomene soll noch eingegangen werden.

Was geschieht nun aber mit der Vergangenheit in dieser neuen Zeitdimension? Die bisherige Zeitgerade erhält ebenfalls eine zusätzliche Dimension — sie wird damit zur Fläche! Innerhalb dieser Fläche liegen die früheren Erlebnisse nicht mehr nur hintereinander, sondern sie können beliebig über die Fläche verteilt sein oder auch nebeneinander liegen. Will man sich bestimmte Ereignisse aus der Vergangenheit vergegenwärtigen, dann braucht man nicht mehr Schritt für Schritt der Zeitachse entlang rückwärts zu gehen. Mit einem einzigen Blick lassen sich ganze Gruppen von Ereignissen überschauen, die in der Zeitebene einander benachbart sind. Wahrscheinlich ist sogar die Anordnung der Eindrücke in der Ebene der Vergangenheit bereits sinngemäß bestimmt, wie etwa in einem Webmuster verschiedene Farben sinnvoll zu Figuren angeordnet sind. Ein solches Flächenmuster wird in jedem Fall aussagekräftiger empfunden werden als die Aufeinanderfolge verschiedenfarbiger Perlen, die auf einem Faden aufgereiht sind.

Interessanterweise erscheint auch dieser Eindruck immer wieder

---

*Dr. med. Raymond A. Moody, *Leben nach dem Tod.* Rowohlt Verlag, Reinbek/Hamburg.

in den Berichten vorübergehend »gestorbener« Personen. Sie berichten von einer blitzartigen Übersicht über ihr ganzes Leben, wobei die einzelnen Ereignisse in rasender Aufeinanderfolge wie ein Film ablaufen: eine gigantische Rückschau, in der das vergangene Leben vor ihrem geistigen Auge abrollt. Sogar die mit den Erlebnissen verbundenen Gefühle wurden dabei empfunden. Dieser von unserem gewohnten Erinnerungsprozeß völlig verschiedene Vorgang, der in Worten nicht beschreibbar ist (wie immer wieder versichert wird), läßt sich ohne weiteres erklären, wenn man anstelle der Zeitachse die zweidimensionale Zeitfläche setzt.

Des weiteren ist die Frage zu beantworten, was mit unserer dreidimensionalen Raumvorstellung geschieht, wenn die Zeit eine zusätzliche Dimension erhält. Auf den ersten Blick scheint der Raum zu verschwinden. Wenn man nämlich gleichzeitig zum Beispiel in Paris und in New York sein kann, läßt sich kein dazwischen liegender Raum mehr denken — unser gewohnter Raumbegriff müßte zusammenbrechen. Das trifft aber nur zu, wenn M a s s e vorhanden ist. Im unkörperlichen Zustand gibt es für jede Zeitgerade der Gegenwart nicht mehr »Entfernungen«, die im Nacheinander durchlaufen werden müssen, sondern nur noch ein »Jetzt«, gleichgültig, wo man sich auf einer solchen Geraden befindet. Die drei senkrecht aufeinander stehenden Koordinaten des Raumes werden davon nicht berührt — sie bleiben dieselben wie in unserer gewohnten Raum-Zeit-Welt. Nur ist die Richtung oben — unten nicht mehr auf die Erdanziehung bezogen, sondern kann beliebig im Raum stehen, wie man einen Würfel mit seinen drei Achsen ja auch in beliebige Stellungen drehen kann, ohne daß sich seine Achsen gegeneinander verschieben.

Es ist jedoch nicht auszuschließen, ja aufgrund der Aussagen von Versuchspersonen sogar wahrscheinlich, daß die körperlosen Wesen die Gravitation doch irgendwie als Vektor im Sinne einer »Kraftrichtung« empfinden, wie überhaupt den Feldwirkungen in jener Welt eine viel größere Bedeutung als im irdischen Bereich zukommen dürfte. Es wird für die Physik eine reizvolle Aufgabe sein, zu gegebener Zeit hierfür eine neue Feldtheorie ohne Massepunkte, dafür mit einem zweidimensionalen Zeitfaktor zu entwickeln.

Der Raum dieser Parallelwelt ist also ebenfalls dreidimensional. Da er aber nicht mit Materie erfüllt ist, benötigt er keinen »Platz«. Er verdrängt keinen anderen Raum und kann somit, ohne wahrgenommen zu werden, in unseren irdischen Raum integriert sein. Die Parallelwelt des »Jenseits« existiert nicht irgendwo in nebelhafter Ferne oder in unerforschten Tiefen des Weltraums, sondern ist gewissermaßen ein unsichtbarer »Bestandteil« unserer Welt. Es genügt die um eins erweiterte Zeitdimension, um alle bisher bekanntgewordenen oder hypothetischen Phänomene einer unsichtbaren Parallelwelt zu erklären! Dazu ist weder ein »Überraum« noch ein kompliziert ausgeklügeltes multidimensionales Gebilde notwendig. Die Natur oder Schöpfung, zu der im Bereich der menschlichen Entwicklung auch das »Jenseits« gehört, ist immer einfach. Die Kompliziertheit bringen in vielen Fällen die Erklärungsversuche des menschlichen Verstandes hinein.

Unter Berücksichtigung dieser Tatsache erkennen wir das »Jenseits« als eine unstoffliche Welt, in der sich die drei Dimensionen des Raumes mit zwei Dimensionen der Zeit zu einem fünfdimensionalen Kontinuum verbinden. Man kann sie daher als Pentawelt* bezeichnen, welcher Ausdruck im Folgenden der Einfachheit halber anstelle von »fünfdimensionaler Parallelwelt« verwendet werden soll.

Es ist, um Mißverständnisse auszuschließen, hervorzuheben, daß die Pentawelt nicht der Ewigkeit gleichzusetzen ist, weil sie nicht zeitlos ist, sondern weil sie die Zeit nur in der nächsthöheren Dimension im Vergleich zur irdischen Welt enthält. Die Tatsache, daß die Gegenwart zu einer theoretisch unendlichen Geraden wird, bedeutet keine ewige Dauer. Auch unsere eindimensionale Zeitachse ist ja unendlich. Aber das Leben eines einzelnen Menschen umfaßt nur eine begrenzte Strecke auf dieser Zeitgeraden. Ähnlich wird man die Gegenwart in der Pentawelt für ein bestimmtes Erleben nicht als unendlich, sondern nur als einen bestimmten Abschnitt auf der Gegenwartsgeraden zu verstehen haben. Würde die Gegenwart

---

*Penta (griechisch) = fünf.

»ewig« dauern, dann würde es keine irgendwie geartete Vergangenheit mehr geben. Es gäbe auch keine Veränderung, keine Entwicklung mehr. Daß »drüben« aber Entwicklungen stattfinden, darin stimmen nicht nur die Aussagen »Zurückgekehrter« überein, sondern dies ist auch eine unmittelbar mit der Reinkarnationstheorie verknüpfte Forderung. Andernfalls wäre es nicht verständlich, warum das Individuum nach dem Aufenthalt in der Pentawelt in veränderter Erscheinungsform wiedergeboren wird. Auch die religiösen Anschauungen betonen einen Entwicklungsprozeß im »Jenseits« — obwohl es sich dabei nicht unbedingt um einen Läuterungsvorgang handeln muß.

So haben wir die Fläche der Vergangenheit neben der Gegenwartsgeraden als typisches Kriterium der Pentawelt erkannt. Über die Zukunftsauffassung in der Pentawelt sollen später Betrachtungen angestellt werden. Hier darüber nur soviel, daß aufgrund der zusätzlichen Zeitdimension dem Individuum eine viel größere Freiheit in der Gestaltung gewährt ist als in der für das irdische Leben geltenden eindimensionalen Zeit. Das mag ebenfalls zu dem Glücksgefühl beitragen, das übereinstimmend von allen Menschen empfunden wird, die in irgendeiner Form mit jener Welt in Berührung kamen.

Noch einen Unterschied zwischen den beiden parallelen Welten dürfen wir nicht unerwähnt lassen. Wir hatten für den irdischen eindimensionalen Zeitbegriff von einer realen und einer subjektiven Zeit gesprochen. Besteht eine solche Unterscheidung auch in der Pentawelt? Bis heute haben sich dafür keine Anhaltspunkte ergeben, und zwar deshalb, weil aus dieser Parallelwelt nur Berichte über subjektives Erleben vorliegen. Es fehlt dort der stoffliche Aspekt in seiner Verallgemeinerung. Das Individuum ist viel mehr als in seiner körperlichen Existenz sich selbst, sein Wesen liegt als Kraftfeld der Gedanken, Wünsche und der Wesensstruktur viel mehr bloß als auf der Erde, wo es unter der leiblichen Hülle verborgen ist. In letzter Konsequenz würde dies zur Frage führen, ob »drüben« nicht jeder für sich allein seine individuelle Erlebniswelt schafft oder findet.

Doch in dieser Hinsicht besitzen wir eindeutige Gegenbeweise. In vielen der bereits erwähnten Berichte von R. A. Moody werden gleich nach dem Hinübergehen Begegnungen mit Bekannten oder auch anderen Wesen erwähnt. Auch Menschen, die dem Tode nur nahe waren, berichten von Personen oder »Stimmen«, die gekommen waren, um sie »abzuholen«. Es ist möglich, daß sich in bestimmten Bereichen der Pentawelt Wesen ähnlicher Geistesstruktur zusammenfinden. Vielleicht trifft man dort vorwiegend mit »seinesgleichen« zusammen, und daraus wird ebenfalls jenes Gefühl der Liebe und Harmonie verständlich, das auch in hypnotischen Rückführungen beim Eintritt in jene Welt immer wieder aufscheint.

Zum Abschluß dieses Kapitels soll noch auf ein physikalisches Phänomen eingegangen werden, das ebenfalls in allen Berichten, gleich welcher Art, Erwähnung findet. Es sind die Licht- und Farberscheinungen, die für die Pentawelt charakteristisch sind. Wie fügt sich dies in unsere »Formel« der Fünfdimensionalität ein? Die verschiedenen Spektralfarben des Lichts unterscheiden sich durch ihre Schwingungsfrequenz (Wellenlänge) voneinander. Weißes Licht enthält alle Spektralfarben gemischt. In der irdischen Welt benötigen wir eine materielle Anordnung (ein Prisma oder Gitter), um das weiße Licht in das räumliche Nebeneinander der Farben zu zerlegen. In der Pentawelt übernimmt die zweite Zeitdimension, und zwar die Gegenwartsgerade, diese Funktion. Je nach der Art, wie man dort eine Lichterscheinung als gegenwärtig erlebt, kann man entweder den Gesamteindruck aller Frequenzen (weißes Licht) oder das aufgefächerte Spektrum wahrnehmen. Wobei natürlich nicht der optische Apparat des körperlichen Auges, sondern die geistige Struktur die entsprechenden Lichtimpulse empfängt. In Übereinstimmung damit gibt es Berichte, die nur von einem »sehr hellen Licht« (oft ohne besondere Lichtquelle) sprechen, andere dagegen, die einzelne Farben erwähnen oder »alles von Regenbogenfarben umsäumt« beschreiben. Da Licht als elektromagnetisches Feld zur Fortpflanzung keines stofflichen Trägers bedarf, überrascht es nicht, daß Lichterscheinungen in einer immateriellen Welt auftreten.

Anders verhält es sich mit den schon erwähnten »Stimmen«. Töne benötigen die Luftmoleküle zur Weiterleitung. Sie sind also Materieschwingungen, die in der Pentawelt nicht existieren können.

Dennoch erscheint eine Verständigung zwischen den Wesen möglich, wobei wahrscheinlich der Wunsch, etwas auszudrücken, genügt, um über eine Art Telepathie sich anderen Individuen verständlich zu machen. Weil dazu keine Sprache notwendig beziehungsweise möglich ist, bestehen auch keine Verständigungsschwierigkeiten und das Individuum wird unabhängig von der Sprache, in der es sich im irdischen Dasein ausdrückte. Die Berichte von Mitteilungen, die man durch Stimmen in jener Welt »hörte«, sind Übersetzungen in unsere irdische Mitteilungsart, wie man sich ja auch aus Träumen der Gespräche erinnert, ohne daß diese akustisch stattgefunden haben.

Mit diesen letzten Überlegungen betritt man vielleicht schon den Bereich der spekulativen Vermutungen. Immerhin stehen sie nicht im Widerspruch zu unserer abgeleiteten Formel für die Pentawelt und in Übereinstimmung mit dem, was ernsthafte Forscher in den letzten Jahren über Berichte aus dem »Jenseits« zusammengetragen haben.

Es ist auch, wenn man alle diese Tatsachen berücksichtigt, zu verstehen, daß in den Berichten von Personen, die wenigstens eine kurze Zeit in jener Welt weilten, immer wieder der Wunsch durchdringt, nicht mehr in den Körper zurückkehren zu müssen. Für manche, die vom irdischen Leben enttäuscht wurden, mag jetzt, nachdem sie um die enge Nachbarschaft der Pentawelt mit unserer irdischen Erlebnissphäre wissen, ebenfalls die Sehnsucht deutlicher hervortreten, Verbindung mit der Parallelwelt zu suchen. Aber gibt es nicht auch die Möglichkeit, gerade durch diese neuen Erkenntnisse über das »Jenseits« das Erdenleben paradiesischer zu gestalten? Antworten auf diese Fragen können gegeben werden, nachdem wir aus einigen »Reiseberichten« in den folgenden Kapiteln weitere Einzelheiten über diese Pentawelt erfahren haben.

5
Aufbruch zur Zeitreise

Wir sind nun über die Art und die Besonderheiten des Weges orientiert, auf dem die »Reise gegen die Zeit« in das Land vergangener Inkarnationen führt. Insbesondere wissen wir, daß man dazu unseren dreidimensionalen Raum nicht zu verlassen braucht, denn er bleibt auch im Bereich zwischen den Verkörperungen bestehen. Das hat für unsere »Reisebeschreibung« den Vorteil, weiterhin räumliche Vorstellungen benützen zu können, obwohl die Reise im Medium »Zeit« stattfindet. Wir müssen uns dabei lediglich der Tatsache bewußt bleiben, daß es sich um Metaphern handelt. An der Realität des Geschehens und der Objektivität der Beschreibung ändert sich deswegen nichts, denn auch die vom »Reisenden« übermittelten Berichte werden in räumlicher Bildersprache mitgeteilt.

Während somit der Raum für unsere Reiseroute ein Kontinuum bleibt, ist dies bezüglich der Zeit nicht der Fall. Erst führt der Weg unserer bekannten eindimensionalen Zeitachse entlang zurück bis zum Beginn des jetzigen Lebens, dann treten wir in die zweidimensionale Zeit der Pentawelt über, um uns schließlich im vergangenen Leben wieder in irdischen Zeitbegriffen zu bewegen. Wohl ist die Parallelwelt des »Jenseits« räumlich unserem Universum integriert und nur durch die unsichtbare »Wand« einer um eins höheren Zeitdimension von ihm getrennt. Es hat sich jedoch gezeigt, daß diese eine Dimension genügt, um eine von unserem gewohnten körperlichen Aspekt ganz verschiedene Welt entstehen zu lassen, in der andere Gesetze des Erlebens und der Entwicklung gelten.

Das macht es notwendig, unsere Zeitreise in zwei Stufen durchzuführen. Ähnlich, wie man es etwa bei Expeditionen ins Himalajagebiet tut, indem die Lebensmittel und Ausrüstungsgegenstände erst in ein Basislager transportiert werden, so daß man dann von dort aus leichter einzelne Gipfel besteigen kann. Ein noch treffenderer Vergleich wäre ein Raumfahrtunternehmen, bei dem die Astronauten vorerst bis zu einer Orbitalstation fliegen, einer die Erde außerhalb des Schwerefeldes umkreisenden größeren Raumstation. Von dort aus werden in einer zweiten Phase Flüge zu anderen Weltkörpern unternommen, wobei ein viel geringerer Energieaufwand nötig ist, als wenn man jedesmal von der Erde aus starten würde. Die Weltraumstation würde in unserem Fall der Pentawelt entsprechen, mit der sie sogar den Zustand der Schwerelosigkeit gemeinsam hat, in dem sich die Raumfahrer in einer solchen Station befinden. Die Flüge zu anderen Weltkörpern wären unseren »Reisen« in verschiedene frühere Verkörperungen zu vergleichen.

Bleiben wir für einen Augenblick noch bei diesem Bild, so benötigt ein Weltraumflug auch ein Kontrollzentrum auf der Erde, mit dem die Astronauten in ständiger Verbindung stehen und das die rechnerischen Arbeiten für die jeweiligen Entscheidungen der Raumfahrer durchführt. Auch unser Reisende braucht auf seinem Weg in die Vergangenheit jemanden, der die Verbindung mit der Gegenwart aufrechterhält, der Abreise und Rückkehr überwacht, der die Informationen sammelt und demgemäß Empfehlungen für weitere Schritte übermittelt. So übernimmt der Hypnotiseur die Rolle dieser »Bodenstation«.

Benützt nun ein Experimentator die von ihm hypnotisierte Versuchsperson in erster Linie als »Medium«, wie es in den meisten bisher bekanntgewordenen Regressionsexperimenten der Fall war, dann haben wir das vor uns, was man etwa mit der unbemannten Raumfahrt vergleichen kann. Die Versuchsperson entspricht dem Raumschiff, dessen Automatismen ausschließlich vom Kontrollzentrum aus gesteuert werden und das seine Wahrnehmungen dorthin zurückfunkt. Je mehr aber der Hypnotiseur zurücktritt, je selbständiger die Versuchsperson ihre Reise bestimmt, um so mehr nähert man sich der »bemannten Raumfahrt«. Es erübrigt sich, die Vorteile zu betonen, die sich dadurch für die Wissenschaft ergeben. Nicht umsonst werden die Astronauten für eine Weltraumfahrt gründlich geschult und vorher auf Simulatoren trainiert, um sich während des Fluges voll und ganz ihren Beobachtungsaufgaben widmen zu können. Nach ihrer Rückkehr werden sie über alle Einzelheiten ausführlich befragt. Hat man dies je mit den Versuchspersonen der Rückführungsexperimente getan? Oder werden diese Personen nicht in vielen Fällen unvorbereitet (viele Berichte erwähnen ausdrücklich, daß das Medium vorher nicht wußte, worum es sich handelte) in eine andere Erlebniswelt katapultiert? Man mag so versucht haben, eine Beeinflussung der beteiligten Personen auszuschalten. Aber der Hypnotiseur kennt den Zweck des Experiments, und es wurde bereits gezeigt, wie leicht sich seine Einstellung auf den Hypnotisierten übertragen läßt.

So war es notwendig, hier nochmals auf diese Tatsachen hinzuweisen. Man kann bei derartigen Experimenten, die ohnehin schon mehrere Unbekannte enthalten, in der Ausschaltung von Fehlerquellen nicht genug tun, wenn man auch nur einigermaßen objektive Ergebnisse erhalten will. Das soll im Auge behalten werden, wenn wir uns nun zum Aufbruch für unsere Zeitreise rüsten.

Es wurde bereits erläutert (Seite 2 3), warum bei den hier beschriebenen Rückführungen eine weibliche Person die Hypnosen durchführte. Soweit es sich um die hypnotische Technik handelt, beherrscht sie eine Frau ebensogut wie ein männlicher Hypnotiseur. Für unsere Untersuchungen war es jedoch wichtig, die Versuchsperson besonders subtil zu führen und die Übertragung eigener Vorstellungen weitestgehend auszuschalten. Daher soll im Folgenden auch nicht mehr von » Hypnotiseur « die Rede sein, sondern von einem M o d e r a t o r, weil dieser Ausdruck die Experimentalsituation besser wiedergibt. Der Begriff ist vom Fernsehen her bekannt: der Moderator ist jene Person, die durch die einzelnen Teile einer Sendung führt oder die eine Diskussion koordiniert. Der Moderator » macht « die Sendung nicht, aber er trägt wesentlich zu ihrem Gelingen bei. Auch in der Kerntechnik findet sich der Ausdruck Moderator für die Bremssubstanz der Neutronen, die verhindert, daß die Reaktion außer Kontrolle gerät.

In unserer Versuchsanordnung ist es die Aufgabe des Moderators, die Zeitreise so zu lenken, daß trotz des Heraustretens aus unserer

Zeit die Relation zur Gegenwart aufrechterhalten bleibt (»Du hörst
mich... du kannst alles hören, was ich sage... Du erzählst mir, was du
siehst...«). Er muß aber auch den »Reisenden« vor Gefahren
bewahren, falls er in eine für ihn kritische Situation gerät, und ihn
schließlich bei Beendigung des Versuchs sicher in unsere Gegenwart
zurückgeleiten. All dies gehört zum Sinn der Moderation.

Auch für die »Versuchsperson« wird im Folgenden ein anderer
Ausdruck gewählt, indem er, wie es zum Teil bereits geschehen ist,
»der Reisende« genannt wird. Damit sollen die größere Bewegungsfreiheit und aktivere Beteiligung am Experiment gegenüber dem
Medium oder der Versuchsperson dokumentiert werden. In der
nachstehend beschriebenen Versuchsreihe handelte es sich um einen
Mann, der zudem fast zwanzig Jahre älter ist als die Moderatorin.
Das mag als zusätzliches Moment gewertet werden können, um
unerwünschte Beeinflussungen in der Hypnose auszuschalten. Der
Reisende in unserem Fall ist Akademiker, kennt einiges aus der neue-
ren Reinkarnationsliteratur und war selbstverständlich darüber orientiert, worum es sich bei unseren Rückführungen handelte. Vorerst
unterzogen sich nun Moderatorin und Reisender einer Art »Trai-
ning«. Unter anderem mußte ein geeigneter Weg gefunden werden,
um den Reisenden aus der Gegenwart herauszuführen. Auch mußten
er und die Moderatorin sich aufeinander abstimmen. Für die Einlei-
tung von Hypnosen sind die verschiedensten Methoden bekannt, auf
die hier nicht näher eingegangen werden soll. In unserem Fall erwies
sich das Spiegelbild einer Kerzenflamme in einem hochglanzpolierten
Eßlöffel als besonders wirkungsvoll. Der Löffel wurde dabei etwa in
Augenhöhe des auf einer Couch liegenden Reisenden gehalten, so
daß sich dieser bequem auf das Bild der Flamme konzentrieren
konnte und jede Verkrampfung vermieden wurde. Zugleich wurden
bei den ersten Versuchen die »klassischen« Suggestionen (Entspannen, Augenschließen, Schwerwerden der Glieder usw.) gegeben.
Übt man diesen Vorgang öfters unter jeweils genau gleichen Bedingungen, dann gelingt das »Weggehen« immer leichter in immer kür-
zeren Zeiten — ein Beweis dafür, daß sich solche Vorgänge im
Gehirn eingraben und damit automatisieren lassen.

Diese » Startautomatik« wird noch wirksamer, wenn man zugleich ein markantes Kennwort wählt, das man jedesmal mit dem Vorgang des Weggehens verbindet. Etwa in der Art: *» Wenn du dieses Wort hörst, wirst du dich leicht und frei fühlen... nichts hier ist mehr wichtig... Ich sage jetzt das Wort... Du gehst nun weg, zurück...«.* Man muß allerdings darauf achten, nicht ein gebräuchliches Wort dafür zu wählen, das bereits aus der Umgangssprache mit einer bestimmten Vorstellung behaftet ist. In einem solchen Fall würde zudem die Gefahr bestehen, daß die Versuchsperson unter Umständen Symptome des Weggehens auch dann zeigen könnte, wenn das » Codewort« zufällig in einer Unterhaltung fällt. Für unsere Versuche haben wir die wohlklingende Wortverbindung » Euphorbia smaragdina« gewählt, die sich in der Folge als sehr wirksam erwies. So wurde erreicht, daß bei den späteren eigentlichen Rückführungen für die » Abreise« nur ein Minimum an Zeit und Suggestivkraft aufzuwenden war.

Des weiteren war es wichtig, den Reisenden an das Wahrnehmen und Beschreiben von » Bildern« zu gewöhnen. Es kommt bei solchen Rückführungen nämlich weniger darauf an, einen besonders tiefen hypnotischen Zustand zu erreichen; vielmehr ist die Fähigkeit des visuellen Erkennens von Erlebnissituationen wichtig. Man glaube nicht, daß dies in der Hypnose eine Selbstverständlichkeit sei. Erfahrungen mit einer Reihe von Personen zeigten, daß sie sich zwar in Hypnose versetzen ließen und für Suggestionen aufnahmebereit waren, daß aber große Schwierigkeiten bestanden, selbst etwas zu » sehen« beziehungsweise zu beschreiben. Es wäre in diesen Fällen wohl notwendig gewesen, erst über längere Zeit offensichtlich bestehende Hemmungen abzubauen, die bei unserem Reisenden glücklicherweise nicht vorhanden waren, wozu auch die Art der Moderation wesentlich beigetragen haben dürfte. Wenn nämlich der Moderator bei den ersten Versuchen zu Szenen führt, die nur einige Wochen oder Monate zurückliegen und die man sich also auch noch im Wachbewußtsein gut vorstellen kann, läßt sich das visuelle Erkennen in Hypnose üben. Zur Kontrolle der Vorgänge sind solche Versuche ebenfalls wichtig. Hierzu ein Beispiel aus dem ersten Protokoll vom 26. Oktober 1977 (M. = Moderatorin, R. = Reisender; Personen- und Ortsnamen wurden geändert):

M.: *Du gehst ein paar Wochen zurück. Ein paar Wochen, bis du etwas Schönes siehst. Du siehst etwas Schönes, etwas, was dir Spaß macht, und das sagst du.*

R. (nach einiger Zeit): *Mm... das Meer.*

M.: *Das Meer.*

R.: *Hmhm* (Bejahung).

M.: *Ganz sanft?*

R.: *Hmhm. Kleine Kräuselwellen.*

M.: *Und was siehst du noch? Ist niemand da, am Meer?*

R.: *M-m* (Verneinung).

M.: *Es ist ganz, ganz leer. Keine Schiffe?*

(R. verneint.)

Der Reisende verbrachte den Sommerurlaub 1977 am Meer. Selbstverständlich gab es dort auch Schiffe. Wenn es sich um die bewußte Wiedergabe reiner Erinnerungen gehandelt hätte, wären Schiffe, Strand, Fischer usw. beschrieben worden. Das Meer stand hier symbolhaft für die ganze Urlaubsgegend. Differenziertere Bilder traten noch nicht auf.

M.: *Dann gehst du noch weiter zurück. Du bist nicht mehr am Meer. Du gehst etwas weiter zurück. Es ist Frühling 1977. Was siehst du da?*

R. antwortet noch nicht.

M.: *Frühling in unserer Gegend. Bilder gehen vorbei, und du siehst ein schönes Bild, und sagst mir, was.*

R.: *Alfreds Boot, auf... auf dem Wasser... es schaukelt...*

M.: *Es schaukelt? Dann bist du dort. Du siehst das Boot. Ist es voller Wasser?*

R.: *Hm.*

M.: *Es sieht schön aus? Das Boot — von außen...?*

R. antwortet nicht.

M.: *Es macht Arbeit?*

M.: *Hmhh. Ja. Macht Arbeit.*

M.: *Macht Arbeit.*

R.: *Hmhm. Weil... Wasser hat.*
M.: *Hmhm. Du pumpst Wasser raus?*
R.: *Hmhm.*
M.: *Viel Wasser?*
R.: *Hmhm.*

Nach dem Bild vom Meer könnte der heimatliche See eine Assoziation sein. Das Boot ist das Segelboot eines Freundes, der R. zuweilen zum Segeln einlud. M. war bekannt, daß dieses Boot etwas undicht war. Daher, versuchsweise, ihre Suggestivfrage, ob Wasser im Boot sei. R. geht sofort auf das vorgeschlagene Bild ein.

M.: *Gut. Du gehst jetzt drei Jahre zurück. Sommer 1974. Drei Jahre zurück. Du siehst Bilder von einem heißen Sommer. Was kannst du sehen? Du sagst mir, was.*
R.: *Viel durcheinander... Peggy im Auto... und Berge.*
M.: *Und Berge?*
R.: *Hmhm. Aber wo? Ganz durcheinander und undeutlich...*
M.: *Sind die Hügel hoch?*
R.: *M-m.*
M.: *Sind kleine Hügel... Fährst du zum Meer?*
R.: *M-m (jeweils Verneinung).*
M.: *Du bist im Land. Du bist in einem viereckigen Haus... Siehst du das Haus?*
R.: *M-m... nein, kein Haus.*

Auf diese Suggestivfragen, die sich auf Tatsachen aus dem Urlaub 1974 beziehen, die M. und R. bekannt sind, reagiert R. negativ. Er scheint bereits unabhängiger geworden zu sein, hat es aber oft noch schwer, die Bilder voneinander zu unterscheiden.

M.: *Du siehst kein Haus. Du siehst Straßen?*
R.: *Hmhm. Und roter Sand... ganz krümelig.*
M.: *Roten Sand...*
R.: *Und Ginster...*
M.: *Ginster?*
R.: *Hmhm.*
M.: *Und es ist heiß? Bist du alleine?*
R.: *Hmhm. Seh nichts anderes.*

M.: *Du siehst nichts anderes. Gut, das war Sommer 74...*
R.   (unterbricht):   *Tunnel...!*
M.: *Tunnel? Viele Tunnel?*
R.: *Ist nur einer...*
M.: *Nur ein Tunnel.*
R.: *Ganz gerader Tunnel. Aber hinten sieht man zum Rausfahren...*
M.: *Hinten sieht man Licht? — Du fühlst dich immer noch wohl?*
R.: *Hmhm...*

Das plötzlich ohne Zusammenhang mit der Moderation auftretende Bild des Tunnels ist bemerkenswert. Es könnte bereits als Übergangssymptom in die »andere Welt« gedeutet werden. Doch war dies bei der ersten Rückführung noch nicht beabsichtigt.

In der Folge wurden, ebenfalls noch als vorbereitende Schritte, Regressionen in die Jugend und schließlich bis zur Geburt durchgeführt. Sie förderten reiches, aber für unsere Zielsetzung nicht besonders wichtiges Material zutage. Lediglich eine (mögliche) Schilderung des Geburtsvorganges ist daraus erwähnenswert, weil sie von den aus der Literatur dafür bekannten Bildern abweicht:

M.: *...Du gehst jetzt noch weiter zurück. Du fühlst dich ganz wohl, du*
      gehst noch weiter zurück, was siehst du?
R.   (lange Pause):   *Hm, Tunnel... am Ende Licht... aber er geht*
      nach oben, das Licht ist oben — wie'n Bergwerk, glaube, bin im
      Bergwerk.
M.: *Arbeitest du dort?*
R.: *Nein, nicht ich. Die anderen... nebenan ist viel Lärm, höre*
      Maschinen...
M.: *Du fühlst dich ganz wohl?*
R.: *Es wird eng... es ist eng... ich muß hier raus!* (Wird erregter.)
M.: *Du fühlst dich ganz wohl... wir gehen nach vorn, wir gehen weiter.*
      Du bist wieder zwei Jahre alt und siehst dich mit deinem Hütchen
      im Spiegel (dies bezieht sich auf den vorangegangenen Teil der
      Regression), *du fühlst dich wieder ganz frei und gelöst und wohl,*
      ist das richtig?
R.: *Hmhm — das ist besser.*

Könnten das Bergwerk und der Lärm der Maschinen ein Bild des

Mutterleibs mit den die Geburt einleitenden Kontraktionen bedeuten? Bei all diesen Experimenten suchte man unbehagliche Situationen für den Reisenden nach Möglichkeit zu vermeiden, um keine Abwehrreaktionen gegen die Methodik aufzubauen. Daher mußte hier die Moderatorin eingreifen und in eine unkritische Situation überleiten.

Zum Abschluß dieses Kapitels noch einige technische Einzelheiten: Bei allen Rückführungen wurden die Aussagen von Moderatorin und Reisendem auf Tonband mitgeschnitten. Dazu diente eine Vierspur-Stereotonbandmaschine. Anfangs wurden für M. und R. zwei getrennte Mikrophone benützt, die auf je einen der beiden Stereokanäle geschaltet waren. Später verwendeten wir ein einziges Hochleistungsmikrophon, das direkt über dem Mund von R. angebracht war. So war, obwohl er mit sehr schwacher Stimme sprach, die Möglichkeit unverständlicher oder falsch verstandener Worte praktisch ausgeschaltet. Auch konnten auf diese Weise die wichtigen emotional bedingten Färbungen in der Stimme bei einer Bandgeschwindigkeit von 9,5 Zentimetern pro Sekunde einwandfrei aufgezeichnet werden.

Nach den Rückführungen hat R. das Band jeweils abgehört und war daher immer über die Ergebnisse orientiert. Er äußerte sich begeistert über das angenehme Gefühl der Entspannung, das noch längere Zeit nach den Versuchen anhielt. Auf die Frage, was ihn bei den einleitenden Suggestionen am meisten beeindrucke, zitierte er: »Nichts ist mehr wichtig!« Das vermittle ihm am deutlichsten die Empfindung, aus dem Hier und Jetzt herauszutreten.

Schon im Laufe dieser ersten Regressionen ergab sich, daß eine »Vollhypnose« nicht mehr notwendig war. Das Wachbewußtsein konnte zum Teil erhaltenbleiben. Dagegen fehlte der »normale« Zeitbegriff vollständig. Der Reisende war jeweils sehr erstaunt, daß das Abspielen des Tonbandes ein bis zwei Stunden dauerte, während für ihn die Zeit »im Nu« verflogen war. — Damit waren die Voraussetzungen geschaffen, um über den Beginn dieses Lebens hinaus in die Pentawelt vorzustoßen.

6
Reportagen aus der Pentawelt

Im Folgenden soll eine Reihe von Ausschnitten aus unseren Regressionsberichten Eindrücke aus dem Bereich zwischen den Inkarnationen schildern, wie sie » der Reisende « erlebt hat. Nicht etwa, um damit den » Beweis « für die Fortexistenz in dieser jenseitigen Welt anzutreten! Ein solcher wäre auch nicht erbracht, wenn statt eines einzelnen zehn oder hundert Versuchspersonen Zeugnis ablegten. Aber es bedarf eines Beweises deshalb nicht, weil ohnehin nur zwei Möglichkeiten bestehen: entweder tritt das Wesen oder die » Seele « unmittelbar nach dem Tod in einen neuen Körper ein, was jedoch aufgrund aller bisher bekanntgewordenen Regressionsberichte und zahlreicher anderer Wahrnehmungen auszuschließen ist; oder die Weiterexistenz des Individuums geht eben über eine kürzere oder ausgedehntere Phase unkörperlichen Seins in das neue » Leben « über.

Der » Reisende « unserer Versuchsreihen ist mit seinen Schilderungen gewiß ein brillantes Beispiel, aber durchaus kein Einzelfall. Regressionen mit anderen Personen erbringen ähnliche Symbole beim Übergang in frühere Existenzen. Uns ging es zunächst darum, mittels verschiedenster Regressionen ein und derselben Person das Experimentierverfahren an sich kritisch zu prüfen und es den Gegebenheiten anzupassen. Sodann wollen wir am Beispiel des einzelnen Individuums zu einer Gesamtschau überzeitlicher Art gelangen, die sich kaum durch Aneinanderreihen von Eindrücken einer möglichst großen Zahl von Versuchspersonen erreichen ließe.

Anfänglich wurde für dieses Gebiet der außerkörperlichen Existenz der Ausdruck » Zwischenreich « verwendet, den auch schon andere Autoren benützten. Nachdem sich jedoch das Bild dieser immateriellen Welt allmählich deutlicher abzeichnete und die bereits in Kapitel vier beschriebene Zeittheorie entwickelt wurde, kann man nicht mehr von einem Zwischenreich sprechen. Ein solches bezieht sich bestenfalls auf die kontinuierlich in die Vergangenheit zurückreichende r e l a t i v e Zeitachse. Auf ihr wird eine bestimmte Strecke »zwischen« früherem Lebensende und jetziger Geburt abgegrenzt. Diese Strecke mag beispielsweise fünfzig Jahre »lang« sein, wenn der betreffende Mensch nach dieser Zeit wiederkehrt. So registriert man es als Außenstehender in unserer körperlichen Welt. Das Wesen selbst, das in dieser Phase seiner Entwicklung den Gesetzen der unstofflichen Parallelwelt folgt, kann sich nicht zugleich in einem endlichen und begrenzten Zeitabschnitt befinden.

Hinzu kommt, daß der Ausdruck »zwischen« eine einschränkende und abwertende Bedeutung hat, wie etwa in »Zwischenstation«, »Zwischenlösung« usw. Die Wichtigkeit der Parallelwelt wird damit nicht annähernd wiedergegeben. Weil jedoch bisher fast alle Hypnotiseure dieser Zwischenphase keine größere Bedeutung beigemessen haben und Berichte aus dem früheren Leben im Vordergrund standen, registrierten die Versuchspersonen nur selten Bilder aus diesem Bereich — eine erneute Bestätigung dafür, wie unbewußte Übertragung die Versuchsergebnisse beeinflussen kann. Bei unserer ersten Rückführung über die Geburt hinaus passierte übrigens etwas Ähnliches, wie der nachstehende Ausschnitt aus dem Protokoll gleich zeigen wird.

Die in diesem Kapitel beschriebenen Regressionen erfolgten mehrheitlich in der Weise, daß erst zwei bis drei Zeitpunkte in der Jugend des jetzigen Lebens (meist in den ersten zehn bis zwölf Jahren) angesteuert wurden. Von dort aus gelang der Übergang in den vorgeburtlichen Bereich ohne Schwierigkeiten, weil Kinder dem »Vorleben« noch viel näher sind als die Erwachsenen. Das ist nicht nur durch den geringeren Zeitabstand von der Geburt bedingt, und es wird darauf an gegebener Stelle noch einzugehen sein.

Unsere Reportagen entstanden außerdem nicht nur beim Übergang aus der jetzigen in die frühere Existenz, sondern auch in umgekehrter Richtung; ferner sind Regressionen in weiter zurückliegende Daseinsbereiche vorgenommen worden. Die Berichte sind meist in derselben Reihenfolge wiedergegeben, in der die Tonbandaufnahmen entstanden sind.

Der folgende Ausschnitt aus dem ersten Phonogramm bezieht ein Bild aus früher Jugend des gegenwärtigen Lebens mit ein, weil es für die Deutung wichtig ist. (Regression vom 28. Oktober 1977, M. = Moderatorin, R. = Reisender):

M. (nach Führung über zwölf, neun und sechs Jahre): *Du warst drei Jahre, du gehst noch weiter zurück...*

R.: *Hab 'n Kleidchen an, glaub ich..., ja...*

M.: *Du hast ein Kleidchen an. Ist jemand bei dir?*

R.: *Jaaa, da ist ein Mann und eine Frau — die Frau ist wahrscheinlich Mutti.*

M.: *Wie sieht die Frau aus?*

R.: *Das seh ich nur undeutlich... das Kleidchen ist ganz hellweiß... und ist so abgesetzt, nicht einfach lang runter... hat so 'ne Art Rüschen oder so...*

M.: *Und du bist sehr klein?*

R.: *Hmhm* (Bejahung).

M.: *Und du fühlst dich wohl?*

R.: *Hmhm.*

M.: *Gut. Du entspannst dich. Du gehst durch Zeit und Raum an deiner Geburt vorbei weiter zurück, du gehst so weit zurück, bis du wieder Bilder siehst von dir, es geht ganz leicht... es macht dir keine Mühe...*

R.: *Es ist alles verkehrt... in 'ner Seifenblase, bunt und verkehrt...*

M.: *Dann gehst du noch weiter zurück, du sinkst noch weiter zurück* (Vertiefung und weitere Rückführung).

R.: *Komm von der Seifenblase nicht los.*

M.: *Die Seifenblase ist bunt?*

R.: *Hmhm. Da sind Häuser und irgend sowas, Bäume, alles verkehrt.*

M.: *Dann schaust du durch eine Seifenblase die Häuser an?*

R. (widerspricht): *Die schwebt aber im Raum!...* (Lange Pause.)

M.: *Du verläßt jetzt die Seifenblase!*

R.: *Hmhm* (zufrieden).

M.: *Die Seifenblase bleibt so bunt, die bleibt dort stehen, und du gehst*

zurück. Du verläßt die Seifenblase, die ist jetzt nicht mehr wichtig!
R.:   *Sie war aber wichtig* (nachdrücklich). *Unheimlich wichtig!*
M.:   *Das war sie, aber sie ist es jetzt nicht mehr. Du bist noch weiter
        zurückgegangen* (Vertiefung und Rückführung). *Du siehst anders
        aus, aber du weißt, daß du es bist. Du gehst so weit zurück, bis du
        Bilder von dir siehst.*
(R. beschreibt nun Bilder aus der früheren Existenz.)

Bei der »Seifenblase« bestand offensichtlich ein Mißverständnis,
indem M. glaubte, R. schildere bereits Bilder einer Landschaft aus
der früheren Existenz (Häuser, Bäume). Oder es hätte sich noch um
ein Bild aus der vorher erlebten Kindheitsphase handeln können,
weshalb M. auf »Weitergehen« drängte. Daß die bunte kugelförmige
Erscheinung ein globales Bild des Paralleluniversums sein könnte,
daran dachte man im damaligen Zeitpunkt noch nicht. Wesen und
Bedeutung einer solchen Welt, wie auch manche anderen Zusammenhänge, mit denen wir uns noch befassen werden, haben sich
erst nach und nach aus den »Reiseberichten« herauskristalli-
siert. Es spricht für die Brauchbarkeit unserer Methode, daß R. dennoch von der Seifenblase nicht loskam und auf ihrer Wichtigkeit beharrte. Eine Versuchsperson, die dem Hypnotiseur widerspricht, wäre in der bisher üblichen Hypnose kaum denkbar — es
sei denn, man verlangte etwas Unmögliches. In diesem Fall würde jedoch ein Zusammenbruch der Hypnose die Folge sein.
Übrigens erinnerte sich R. beim späteren Abhören des Tonbandes an die Seifenblase und beschrieb sie als eine eindrucks-
volle Erscheinung. Sie sei »viel größer« gewesen als die Seifen-
blasen der Kinder und hätte etwa den Umfang eines Erdglobus
gehabt.

Wie selbständig R. in den Regressionen zu erleben vermag, zeigt
sich ebenfalls am Beginn dieses Protokollausschnitts auf die Frage,
wie die Frau (»wahrscheinlich Mutti«) aussehe. Mutti bleibt aber
undeutlich, und R. besteht darauf, das »Kleidchen« genauer zu
beschreiben. Für ein Kind in jenem Alter durchaus verständlich: die
Mutter ist ein Bestandteil der gewohnten Umwelt. Das Kleidchen
aber hatte das Kind vielleicht zum ersten Mal an, es ist voll damit

beschäftigt, sich zu bewundern. (Zu jener Zeit war es üblich, daß auch kleine Jungen Kleidchen trugen.)

Zurück zur »Seifenblase«: sie ist bunt, man sieht in ihr alles verkehrt. Erinnern wir uns der optischen Effekte, die wir bereits als für die Pentawelt typisch bezeichnet haben. Hier begegnen uns gleich zwei Erscheinungen dieser Art, nämlich die Lichtbrechung in das farbige Spektrum und die Umkehrung, ähnlich wie man durch eine Sammellinse alles auf dem Kopf stehend sieht. Was bedeuten jedoch die Häuser und Bäume? Es könnten Symbole für Vorstellungen in der Pentawelt sein. Vorstellungen des »Reisenden«? Erinnerungen an die vorhergehende Existenz? Oder eine »drüben« existierende »Landschaft«? Diese Fragen müssen vorerst unbeantwortet bleiben, bis weitere Aussagen zur Verfügung stehen. Solche vermittelte bereits das nächste Phonogramm (vom 30. Oktober 1977):

M. (nach einem kurzen »Halt« beim Alter von zehn und fünf Jahren): *Dein Geist geht weiter zurück, geht über die Geburt weiter zurück, bis zu deinem letzten Leben davor.*

R. (nach einiger Zeit): *Seh nicht mich. Aber was... was sehr Schönes...*

M.: *Was?*

R.: *Da sind ganz weit hinten... Berge, und die leuchten blau, aber von innen raus... und oben auf dem Grat ist 'ne ganz helle blaue Linie, bißchen ausgefranst, darüber schwebt was.*

M.: *Da schwebt was?*

R.: *Hmhm* (offensichtlich in das Bild versunken — kurze Pause).

M.: *Kannst du erkennen, was?*

R.: *Auch so bläulich, ist 'ne Kugel vielleicht oder was...*

M.: *Groß?*

R.: *...aber seeehr schön... hm, ziemlich groß, aber ist wahrscheinlich näher...*

M.: *Sind die Berge weit weg?*

R.: *Hmhm.* (Pause.)

M.: *Und die Kugel schwebt?*

R.: *Hmhm.*

M.: *Welche Farbe hat die Kugel?*

R.: *Durchsichtig, aber auch so bläulich — irisierend... so... seeehr schön...*

M.: *Was ist vor den Bergen?*

R.: *Seh ich nichts — dunkel...* (Pause.) *Macht Mmmmmm* (er summt).

M.: *Wer macht das?*

R.: *Macht so in der Luft... da ist so 'n Ton — aber viel, noch höher —*

M.: *Aber schön?*

R.: *Hmhm.*

M.: *Du gehst noch ein bißchen weiter zurück, nicht sehr viel.*

R.: *...Immer noch sehr schön. Aber ich... irgendwie sieht man's jetzt von oben. Und die Berge sind Hügel — und 'ne große Fläche — vielleicht das Meer...?*

M.: *Und die Kugel?*

R.: *Die ist nicht mehr da.*

M.: *Nicht mehr da?*

R.: *M-m* (Verneinung) *... Schade!*

M.: *Vielleicht bist du in der Kugel?*

R.: *Weiß nicht... ja, ja, da ist die Küste und das Meer — und Land — vielleicht... wie aus 'm Flugzeug — alles wieder so bläulich schimmernd...*

M.: *Die Hügel — und das Meer?*

R.: *Hmhm.*

M.: *Gehen die Hügel bis ans Meer?*

R.: *Ja, glaube fast — ja —*

M.: *Und es ist schön?*

R.: *Hm, sehr. — Jetzt ist es weg...*

M.: *Du läßt dich noch tiefer hinabgleiten.*

R.: *'s geht runter.*

M.: *Weiter?*

R.: *Immer noch runter.*

M.: *Noch weiter?*

R.: *Hmhm.*

M.: *Ist es angenehm?*

R.: *Ja, sehr!*

M.: *Siehst du immer noch die blauen Hügel?*

R.: *Hm, geht jetzt. Geht jetzt weg... ist eigentlich dunkel, sieht nichts mehr...*

M. (Pause, Vertiefung): *Du wirst dich in einem Bild sehen und sagst es mir.*

R.: *Hmhm. Da sind viele Büsche — und hügelig — und da ist so 'n gelbbrauner Weg.*

M.: *Sind die Büsche grün?*

R.: *Hmhm. Staubig. Manche stechen.*

M.: *Wohin geht der Weg?*

R.: *Er geht runter. Geht jetzt ziemlich runter.* (Lange Pause.)

M.: *Was siehst du?*

R.: *Mna, ich geh dort runter — aber ich seh nicht mich, wie ich ausseh — es geht einfach da runter.*

M.: *Du gehst den Weg hinunter. Wo willst du hingehen?*

R.: *Mnntja, hab was in der Hand — 'n Stock.*

(Offensichtlich ist R. inzwischen in der früheren Inkarnation angelangt. Er beschreibt dann Bilder aus jener Zeit.)

Die Bilder aus der Parallelwelt sind differenzierter geworden! Obwohl R. nicht eigentlich dazu veranlaßt wurde, sondern »bis zu seinem Leben davor« gehen sollte, beschreibt er die typischen Farbeffekte der Pentawelt. M. stellt sich darauf ein und erfragt Einzelheiten. Wieder erscheint ein schwebendes, durchsichtiges rundes Gebilde in Analogie zur »Seifenblase«, diesmal aber deutlich in eine surrealistisch empfundene Landschaft eingegliedert. Abstände sind schwer zu bestimmen (»wahrscheinlich« näher als die Berge, aber nur aufgrund des Größenverhältnisses). Nach dem, was wir bereits über die »Entfernungen« in der Pentawelt wissen, ist dies verständlich.

Eine seltsame Feststellung ist der hohe summende oder sirrende Ton. Da akustische Vorgänge ohne unsere irdische Atmosphäre nicht denkbar sind, kann die Empfindung des anhaltenden Klingens ein »Übersetzungsversuch« sein. Es soll damit etwas nicht direkt Aussprechbares mitgeteilt werden. Beim späteren Abhören dieser Bandstelle nach seinem Eindruck befragt, erklärte R., er hätte vor

Jahren die Radiosendung einer Aufführung von Goethes *Faust*
gehört. Da sei während des Prologs (»Die Sonne tönt, nach alter
Weise, in Brudersphären Wettgesang...«) ein ähnlich konstanter
Ton als Untermalung verwendet worden. — Sollte die Tonempfin-
dung einfach das Erhebende beim Anblick der Pentawelt anzeigen,
oder ist sie mehr? Vielleicht Ausdruck eines Kontinuums im Sinne
der höheren Zeitdimension?

Die anschließend beschriebene umfassende Sicht (»wie aus einem
Flugzeug«) läßt sich wieder mit dem Zusammenschrumpfen der Entfernungen in Einklang bringen. Überhaupt dominieren diesmal die
Landschaftsbilder. Wenn sie auch keine Einzelheiten enthalten wie
die Häuser und Bäume in der Seifenblase, so scheint das bläuliche
Licht (»wie von innen heraus«) für alle Wahrnehmungen typisch zu
sein.

Sodann ist hier der Übertritt aus der Pentawelt in den Bereich der
Inkarnation interessant. Er wird als Hinabgleiten geschildert (»es
geht runter«). Dann erscheint ein Weg, er führt ebenfalls abwärts,
und R. folgt ihm. Ein fließender Übergang, ähnlich einer Überblendung im Film. Das einleitende, gedehnt gesprochene »Mna« und
»Mnntja« in den beiden letzten Antworten von R. zeigt, daß er sich
noch nicht zurechtfindet. Es ist kaum festzustellen, wo sich die Parallelwelt wieder zum Diesseits verdichtet. Solchen kontinuierlichen
Übergängen werden wir noch mehrfach begegnen.

Nun wenden wir uns zwei aufeinanderfolgenden Reportagen zu,
bei denen die »Reise« in der umgekehrten Richtung verläuft, nämlich von der früheren Inkarnation wieder in die Gegenwart. Zuerst
die entsprechende Stelle aus dem Phonogramm vom 30. Oktober
1977:

R.   (nach einem ausführlichen Bericht über Erlebnisse aus jener
      Inkarnation): *Seh ich nicht* (er strengt sich an), *seh ich nicht
      mehr gut.*

M.: *Das macht nichts. Ruh dich aus... Du bist noch in dem Zwischen-
      reich, kannst du was sehen?*

R.: *...Da ist Glas, aber es ist beschlagen...* (Pause), *es laufen Tropfen
      runter... aber ist dunkel draußen, der Mond* (gedehnt)... *oder 'ne*

Lampe. Nein, der Mond, ja (sicher). *Drumrum sind farbige Krei-se, immer größer, immer größer, immer größer, immer größer* (leiser werdend).

M.: *Ist es schön?*

R.: *Hmhm* (man hört, daß es schön ist).

M.: *Siehst du dich?*

R.: *Ich bin ganz leicht — ich bin nicht... da.*

M.: *Wie fühlst du dich?*

R.: *Schön* (so wie »einfach schön, ganz selbstverständlich schön«).

M.: *Schön, gut.*

R. (unterbricht): *Laß mich 'n bißchen...* (leise, sehnsüchtig flü-sternd) *da... ich...*

M.: *Hmhm. Du bleibst dort* (Pause).

R.: *...die Kreise um den Mond, das wird wieder 'ne farbige Kugel, jetzt... da! — ineinander drin...* (Pause).

M.: *Hmhm.*

R.: *Wieder Tropfen, aber die kommen jetzt aus einer Kugel, schön gelb, wie Honig... Hmhm.* (Pause — immer etwa eine halbe Minute bis zu einer Minute.) *Jetzt verblaßt's allmählich...*

M. (nach entsprechender Pause): *Hmhm.*

R.: *Aber 's tropft immer noch* (Pause). *Es kommt Nebel, aber wenn er durch die Kugel geht, dann wird er ganz... ganz bunt* (begeistert).

M.: *Ganz bunt.*

R.: *Schimmert, und auf der anderen Seite ist er wieder grau...*

M.: *Und das alles siehst du?*

R.: *Hmhm... steigt er höher, es wird — alles zu... jetzt ist wieder das Glas... das beschlagene...*

M.: *Entspann dich wieder. Siehst du noch etwas?*

R.: *...* (längere Pause).

M.: *Du siehst nichts?*

R.: *M-m* (verneint).

M.: *Du gehst weiter voraus. Du gehst jetzt wieder in die Gegenwart. Du kommst wieder in die Gegenwart, langsam.*

R.: *Hmhm* (zufrieden bestätigend).

Hier gleich noch ein zweites Beispiel für die Rückkehr aus dem früheren Leben in die Gegenwart über die Parallelwelt (aus dem Protokoll vom 1. November 1977):

M.   (nachdem R. eine Katastrophe im früheren Dasein erlebt hat): *Du bist ganz ruhig. Es wird also besser. Du gehst ein bißchen voraus...*

R.:   *...'s wird besser... (Pause). Jetzt wird's hell, und da hängen lange Schnüre runter...*

M.:   *Lange Schnüre?*

R.:   *Hmhm, und daran sind glitzernde Perlen...*

M.:   *Was siehst du noch?*

R.:   *Nein, Tropfen sind das — nein, Perlen — ja, das glitzert und gleißt... da geh ich durch.*

M.:   *Da geht's dir wieder besser?*

R.:   *Ja, da geh ich ganz leicht durch.*

M.:   *Und du fühlst dich wohl?*

R.:   *Hmhm.*

M.:   *Und wie alt bist du?*

R.:   *Weiß ich nicht. Seh mich nicht.*

M.:   *Und du fühlst dich ganz wohl?*

R.:   *Hmhm* (zufrieden und ruhig).

M.:   *Da gehst du weiter.*

R.:   *Mnja. Das ist nicht auf der Erde, das ist in... wie...*

M.:   *Hmhm, ich verstehe.*

R.:   *Das schwebt so!*

M.:   *Es ist schön?*

R.:   ˙ *Hmhm.*

M.:   *Willst du noch ein bißchen schweben?*

R.:   *Hmhm* (singend, wie »o ja!«).

M.:   *Gut, dann schwebst du jetzt... Du schwebst im Zwischenreich und fühlst dich ganz wohl — du siehst noch etwas Schönes, und das sagst du mir dann...*

R.:   *...* (Längere Pause).

M.:   *Wie fühlst du dich?*

R.:   *Mm, schön — und da unten glitzert alles so, als ob's mit Eis über-*

zogen wäre und die Sonne draufschiene... (Pause), *aber es ist nicht kalt* (beruhigend)...

M.: *Du schwebst und ruhst dich dabei wunderbar aus.*

R.: *Hmhm* (Pause).

M.: *Jetzt gehst du langsam weiter nach vorne, weiter nach vorne... siehst du wieder etwas Schönes im Schweben?*

R.: *Ich hab das Gefühl, ich komm zurück.*

M.: *Gut, du kommst jetzt in die Gegenwart.*

R.: *Hmhm* (folgsam und zufrieden).

M.: *Du bist jetzt wieder...* (nennt seinen jetzigen Namen), *du fühlst dich ganz wohl, wir sind hier in... es ist der 1. November 1977* (usw.).

Beiden Berichten ist gemeinsam, daß sich unser Reisender in der »normalen« Zeitrichtung, also von der Vergangenheit in die Gegenwart bewegt. Soweit dabei die Parallelwelt berührt wird, gelangt er an eine G r e n z e : im ersten Fall das beschlagene Glas, an dem Tropfen herunterlaufen, im zweiten die glitzernden Schnüre, bei denen er im Zweifel ist, ob es sich um Tropfen oder Perlen handelt. Erst »dahinter« liegt der Bereich des Schwebens und der optischen Erscheinungen, in dem R. verweilen möchte.

Das wirft die Frage auf, ob es zwischen dem Diesseits und der Pentawelt eine scharf definierte Grenze gibt, eine Art Wand oder Vorhang, wodurch beide Bereiche voneinander geschieden werden. Eigentlich wäre dies naheliegend, wenn man an die großen physikalischen Unterschiede denkt, die hüben und drüben bestehen. Andererseits ist es derselbe Raum, was die Dimensionalität betrifft und was im kontinuierlichen Übergang des vorangegangenen Berichts seine Bestätigung findet. Man könnte annehmen, daß die Vorstellung einer Grenze durch die jeweilige Bewußtseinssituation von R. bedingt ist. Im ersten Fall könnte die Feststellung der Moderatorin (»Du bist im Zwischenreich«) R. die plötzliche Veränderung bewußtmachen, auf die er mit dem beschlagenen Glas reagiert. Beim zweiten Bericht wäre es das unmittelbar vorher erlebte Ende jener Inkarnation (Einzelheiten erfahren wir später), das die Vorstellung von etwas Neuem, ganz Andersartigem produzierte.

Es gibt aber auch noch eine andere Möglichkeit: diese diskontinuierlichen Übergänge könnten mit der diesmal in die Gegenrichtung führenden Reise zusammenhängen! Das würde einen ganz neuen Aspekt ergeben. Wenn man in der Zeitrichtung der E n t w i c k l u n g reist, also von der Vergangenheit in die Gegenwart, oder in unserem Fall vom letzten Leben aus in die Pentawelt, dann ergeben sich Grenzen beziehungsweise plötzliche Veränderungen. Führt die Reise jedoch im Sinne der E r i n n e r u n g von der Gegenwart in die Vergangenheit, also von der Parallelwelt aus in frühere Inkarnationen, dann verläuft der Übergang weicher, stetiger, im Sinne eines Kontinuums. Ein äußerst wichtiges Ergebnis! Es muß aber erst durch weitere Berichte erhärtet werden, bevor wir dazu Stellung beziehen können.

Übereinstimmend mit den bereits mitgeteilten Reportagen findet sich auch hier wieder die Schilderung des Leichten, in einer » Höhe « Schwebenden, von der aus R. auf die Landschaft herabsieht (» da unten « glitzert alles so). Vielleicht ist auch das wieder eine Übersetzung in die irdische Ausdrucksweise; denn wir sind hier gewohnt, das Leichte oben zu sehen. Oder es ist (wie bereits einmal als Möglichkeit angedeutet) auch in der Pentawelt irgendeine Empfindung für das Gravitationsfeld vorhanden, das die eine Raumachse nach oben/unten orientiert.

Hierzu noch ein kurzer Ausschnitt aus einem weiteren Bericht (Phonogramm vom 18. November 1977):

M.: *Was siehst du?*

R.: *Da unten sind viele glitzernde Wellen, die haben farbige Schaumkronen — so rötlich und gelblich... und immer, wenn sie sich überschlagen, wechseln sie die Farbe... (längere Pause, dann begeistert): Sieht das schön aus! Hm, da sind Vögel drauf, blaue Vögel, wie 'ne Art Möwen aber viel schlanker — die steigen auf und dann gehen sie wieder runter...*

M.: *Und du, was machst du?*

R.: *Kann ich nicht sagen... ich seh das...*

M.: *Immer noch?*

R.: *Hmhm.*

Die Sicht von oben, also die Differenzierung einer Raumstruktur wird auch hier wieder deutlich. Zugleich treten Lebewesen ins Bild, nachdem R. auf den ersten »Reisen« nur Landschaftseindrücke und geometrisch-räumliche Symbole übermittelte. Die Vögel als Symbol des schwerelosen Zustandes sind dagegen individualisierte Erscheinungen — sie könnten hier generell für »geistige Wesenheiten« stehen. Man muß sich immer wieder vergegenwärtigen, daß alle diese Bilder Übersetzungen von unsichtbaren Vorgängen in die Beschreibungsart unserer sichtbaren Welt sind. Die Form oder Ausdrucksmöglichkeit der Beschreibungen variiert jedoch. Dies soll an einem Ausschnitt aus einer anderen Reportage (Phonogramm vom 5. November 1977) gezeigt werden, in dem Individuen der Pentawelt in noch viel eigenartigerer Struktur beschrieben werden:

M.   (nachdem R. den Bericht aus dem früheren Leben beendet hat): *... Und jetzt kommst du allmählich wieder zurück... erst gehst du in das Zwischenreich... Was siehst du dort, siehst du etwas?*

R.:   *Hm-hm* (Pause).

M.:   *Du kannst es mir sagen.*

R.:   *Da ist ganz plötzlich ein heller Punkt — der ist aber nicht ruhig, sondern... der lebt... von dem gehen Kreise aus, bunte Kreise, so wie... Wellen, wenn man einen Stein irgendwo reinwirft, und der Punkt macht auch so, wie wenn er 'n bißchen spritzt... die Kreise gehen weiter und weiter... und der Raum wird immer größer, ganz riesig groß dadurch...*

M.:   *Und du, wie fühlst du dich?*

R.:   *Schööön, ganz schön...*

M.:   *Kannst du dich sehen?*

R.:   *Hm — Nicht mich... aber ich bin da. Und immer diese Kreise mit dem Punkt und... und kommen wieder andere Punkte — das geht dann durcheinander, die Kreise,* (begeistert) *das ist schööön...*

M.:   *Geh noch weiter voraus. Geh bis zum Punkt deiner Zeugung! Geh so weit nach vorn bis zum Punkt deiner Zeugung für dein jetziges Leben und sag mir, was du siehst.*

R.:   *Das gibt's — gibt's nicht... gibt's nichts anderes...*

M.: *Es bleiben Kreise?*

R.: *Ja — ich bin ja schon da —*

M.: *Du bist schon da?*

R.: *Hmhm.*

M.: *Gut, Ruh dich jetzt noch aus. Fühlst du dich wohl?*

R.: *Sehr... ganz leicht... Ich mach mit den Kreisen mit — mnja, jetzt komm ich selber in die Kreise... geht rum... möglich, daß es 'ne Spirale gibt...*

M.: *Ist schön?*

R.: *Sehr schön! Werd' gar nicht schwindlig, hmhm.*

M.: *Du gehst mit den Kreisen mit?*

R.: *Hmhm. Ja... jetzt sind deutlich Spiralen, aber sind mehrere, sind viele da... mehrere... mit der Spitze suchen die...* (Pause).

M.: *Was suchen die?*

R.: *Die Erde wahrscheinlich, oder so... runter und rauf — ist das schööön... hm, ja, dann gehen manche weg — hm, weg, schon wieder eine... sind große und kleine, ganz verschieden... glaub, ich bin 'ne kleine...*

M.: *Eine kleine Spirale?*

R.: *Hmhm.*

M.: *Und du gehst immer weiter?*

R.: *Das... das dreht immer noch — das macht so hübsch* (beglückt) *— die schwanken so'n bißchen hin und her, wie... so wenn Wind ginge — ja, jetzt kommt 'n starker Wind... hm, biegt sich alles... ist ganz... noch stärkerer Wind — dann ist alles weg... ist alles weg* (leiser).

M.: *Und wie fühlst du dich?*

R.: *Schön.*

M.: *Gut. Aber du siehst nichts?*

R.: *Gar nichts.*

M.: *Aber es ist immer noch schön?*

R.: *Hmhm.*

M.: *So schön wie vorher oder anders?*

R.: *Nein, ist anders, man ist irgendwo...*

M.: *Wie anders — kannst du dich sehen?*

R.: *Mnjaa* (zögernd) *... nicht sehen... es fühlt sich irgendwie verpackt...*
    ja, verpackt...
M.: *Aber schön?*
R.: *Hmhm.*

Der Reisende erlebt die Pentawelt in Richtung der Entwicklung, nämlich der früheren zur jetzigen Inkarnation. Wieder der diskontinuierliche Übergang: »Ganz plötzlich ein heller Punkt«, aus dem sich die Parallelwelt »ganz riesig groß« entwickelt. Diesmal ist R. jedoch nicht nur unbeteiligter Beobachter, sondern er wird selbst in den Prozeß mit einbezogen (»Ich mach mit den Kreisen mit«). Dabei ist er nicht allein, sondern er unterscheidet deutlich zwischen mehreren Leuchtpunkten beziehungsweise zwischen sich und anderen Spiralen (»Glaub, ich bin 'ne kleinere«).

Die Moderatorin zielte diesmal darauf ab, etwas über Zeugung und Geburt zu erfahren. Es ist daher möglich, daß sich R. hierbei in einem »Teil« oder besser: in einer Phase der Pentawelt befindet, die der unmittelbaren Vorbereitung auf die neue Verkörperung entspricht. Das Individuum gerät nach der Ruhe des »Schwebens« allmählich wieder in Bewegung, die als Rotation empfunden wird. Bestehen Analogien zur Bildung der Weltkörper im All? Entsteht durch die Wirbelbewegung ein spiraliger »Trichter«, dessen Energie Geist zu Materie verdichtet? »Mit der Spitze suchen die... die Erde wahrscheinlich.« Welch prachtvolles Bild — diese wirbelnden Spiralwesen, noch unsicher schwankend, wie sie sich an die stoffliche Welt herantasten, vom Wind des Entwicklungsgesetzes getrieben!

Der Schöpfungsakt der Zeugung? Doch dieses für uns so emotionsgeladene Wort macht auf R. wenig Eindruck. »Das gibt's nicht«, denn: »Ich bin ja schon da.« Lapidarer könnte man es wohl kaum ausdrücken. Da »ich« nicht ausgelöscht wurde, bedarf »ich« auch keiner neuen Zeugung! Die Moderatorin beharrte denn auch nicht darauf, und so konnte R. ungehindert weiter berichten, bis er an einen neuen Punkt gelangt. Nach der stürmischen Bewegung sieht er sich plötzlich »verpackt«. Mit diesem hübschen Bild ist ebenso der intrauterine Entwicklungsabschnitt gemeint wie auch der Eintritt in die enger begrenzte eindimensionale Zeitvorstellung. Eine folgende Aussage bezog sich nämlich auf den Geburtsvorgang, sie vermittelte jedoch keine neuen Gesichtspunkte mehr, so daß unmittelbar anschließend die Ankunft in der Gegenwart eingeleitet wurde.

Zur Empfindung der spiraligen Rotationsbewegung übermittelte R. anläßlich einer folgenden Regression weitere Bilder (aus dem Phonogramm vom 8. November 1977). Wieder führt die »Reiserichtung« in der Zeit nach vorn, also aus der Vergangenheit in die Gegenwart.

R.: *Da sind die Farben! Daraus wird 'ne ganz große Muschel... aber ganz duftig... 'ne ganz große Muschel* (gedehnt).

M.: *Und du fühlst dich wohl?*

R.: *Hmhm.*

M.: *Bist du allein?*

R.: *Mn-ja, ja sonst sieht man nichts, und ich fühl mich... fühl mich... fühl mich da reingezogen...*

M.: *Es ist schön?*

R.: *Hmhm. — Und jetzt geht's in die Gänge rein, das ist so 'ne Art Schneckenmuschel. So... wieder die Spirale... geht rein... rein bis in die Mitte... ich glaube... jetzt bin ich die Muschel.*

M.: *Was macht das jetzt?*

R.: *Die Muschel dreht sich auch... mit, jetzt... Und jetzt geht's wieder raus, werden die Windungen immer größer, immer größer... dann kommt man wieder raus... aber das ist nicht so... gar nicht so einfach — das geht ganz lang und kompliziert, aber schööön...*

M.: *Und jetzt, wo bist du jetzt?*

R.: *Hah,* (erstaunt) *jetzt ist nichts mehr zu sehen, ist dunkel... keine Farben mehr.*

M.: *Und wo bist du?*

R. (zögernd): *Das weiß ich nicht...*

M.: *Kannst du nicht sagen?*

R.: *M-m, kann ich nicht sagen.*

M.: *Gut, entspann dich. Du fühlst dich wohl?*

R.: *Hmhm* (nachdrücklich betont).

(Sodann Weiterführung in die Gegenwart.)

Am Anfang steht auch diesmal das Bild der Ausweitung: »Da-

raus wird 'ne ganz große Muschel«, wie im anderen Bericht zuerst
bunte Kreise »immer weiter« gehen und der Raum dadurch »ganz
riesig groß« wird. Der Reisende selbst ist ebenfalls wieder in das
Geschehen mit einbezogen, und der spiralförmige Vorgang wird
erwähnt. Aber an die Stelle der vorangegangenen abstrakten Schilderung ist der Vergleich mit der »Schneckenmuschel« getreten. Wirkt
er anschaulicher? Vielleicht, denn die Vorstellung des Hineingezo-
genwerdens kommt deutlicher zum Ausdruck. Es ist jener Sog, der
der rotierenden Spirale entspricht. Auch diesmal die Identifizierung
mit der Bewegung: »Jetzt bin ich die Muschel«. Dann kommt man
wieder heraus, aber offenbar nicht im Sinne eines reversiblen Vor-
gangs, daß man also den Spiralgängen entlang zurückfindet; sondern »das geht lang und kompliziert, ist aber schön«. Jedenfalls
scheint danach alles anders zu sein. Im ersten Bericht fühlt sich R.
»verpackt«, diesmal »ist dunkel — keine Farben mehr«. Übereinstimmend dürfte damit der Übertritt aus dem Jenseits ins Diesseits
vor der neuen Geburt angedeutet sein.

Mit diesem Vergleich sollte zudem demonstriert werden, wie bei
solchen Berichten derselbe Vorgang manchmal in ganz verschiedenen Bildern ausgedrückt werden kann, was die Interpretation nicht
gerade erleichtert. Ein weiterer Grund, längere Versuchsreihen mit
derselben Person durchzuführen, weil man dabei deren Bildmaterial
allmählich beurteilen lernt.

Den Abschluß dieser Reportagen aus der Pentawelt mögen zwei
Berichte bilden, die dadurch miteinander in Beziehung stehen, daß
sie derselben Regression (vom 29. Dezember 1977) angehören. Von
den bisherigen »Reisen« unterscheiden sie sich auch deshalb, weil
das »Ziel« viel weiter in der Vergangenheit liegt, in einer sehr frühen Inkarnation, vermutlich in vorchristlicher Zeit.

Hier zuerst der Bericht vom »Hinweg«, also in Richtung Vergangenheit, und zwar ohne vorher die jetzige Jugend oder die vor
diesem Leben liegende Verkörperung anzusteuern.

R.: *Es ist alles blau... aber schön blau...*

M.: *Hell? Oder dunkel?*

R.: *Hell. — Dann kommt so 'n Strick, mit Knoten drin, die gehen...*

vorbei — dann wieder 'n Knoten von Zeit zu Zeit... sieht aus, wie wenn man Zug fährt...

M.: *Ist immer noch Blau?*

R.: *Hmhm. — Ziemlich eintönig.*

M.: *Siehst du dich?*

R.: *M-m — das fährt... also nur die Schnur fährt mit den Knoten... man muß warten...*

M.: *Entspann dich. Du gehst in dein Leben, das früher war, und bist etwa fünfundzwanzig Jahre alt.*

R.: *Schade* (bedauernd), *ich hätt die Knoten zählen sollen...*

M.: *Und jetzt ist's vorbei?*

R.: *Kommen immer noch... vorhin war ein größerer... sind nun kleiner... das sind vielleicht schon zehn, zwölf gewesen — vierzehn, fünfzehn — jetzt hört's auf.*

M.: *Was macht's jetzt?*

R.: *Jetzt kommt ein großer, bunter Vogel runter — deckt... runter auf die Erde und deckt die Erde zu mit seinen Flügeln und so... hmmmm* (seufzt), *der Vogel — nein, der ist auf dem Boden gemalt — oder Mosaik sowas, ganz bunt, schööön... ja, der ist* (fragend) *auf dem Boden...?*

M.: *Hmhm. — Mosaik?*

R.: *Ja, ich glaube — sieht so aus. So viele kleine bunte Steinchen, aber das ist 'n Vogel... mit weit geöffneten Flügeln, und am Rand hat er so... lange Federn...*

M.: *Und der Kopf?*

R.: *Der ist ganz... symmetrisch, in der Mitte — der Kopf ist klein und... schwarz und dann kommt noch 'n ziemlich langer Schnabel.*

M.: *Ein langer Schnabel?*

R.: *Hmhm.*

M.: *Hat der Vogel alle Farben oder eine besonders?*

R.: *Hm — außen die Federn sind so rotblau — und dann nach innen wird es dunkel, ist fast schwarz und der Schnabel so gelbrot...*

M.: *Du kannst es gut sehen?*

R.: *Hmhm.*

M.: *Sieht man die Füße?*

R.:   *Mja... die sind in der Mitte...*

M.:   *Sieht man den Vogel von vorne?*

R.:   *Hm — der ist ganz komisch dargestellt... Da ist alles drauf, die Flügel und zugleich die Füße und der Hals und der Schnabel...*

M.:   *Jetzt sinkst du noch tiefer, entspann dich. Es wird wieder ein Bild kommen.*

R.:   *Hm... das ist ja — hm, ist in einem Haus* (sehr erstaunt), *der Vogel oder das Mosaik ist der Boden, und oben ist wieder Blau, wie vorhin — die Wände sind weiß, und oben in den Wänden geht so 'n Band rum, und auf den Seiten manchmal kleine... Säulchen...*

M.:   *Ist es ein hoher Raum?*

R.:   *Hm — nicht sehr hoch* (dann Fortsetzung der Beschreibung des Hauses).

Diese Reise sollte, wie bereits erwähnt, in eine recht ferne Vergangenheit führen, nachdem frühere Regressionen bereits das Vorhandensein einer damaligen Inkarnation bestätigt hatten. Die vorüberziehende Schnur mit den Knoten ist wahrscheinlich das Bild des langen Reiseweges, wenn nicht das Symbol der Zeitachse selbst. Die Knoten könnten Zeitmarken bedeuten, zum Beispiel die einzelnen Jahrhunderte. Daher bedauerte R. wohl auch, sie nicht gezählt zu haben — es hätte die Zeitbestimmung für jenes frühere Dasein erleichtert. Wieder einmal mehr beachtet R., mit diesen Knoten beschäftigt, eine Aufforderung der Moderation nicht, sondern er wartet, bis der Vorgang zum Abschluß gelangt. Erst dann ist er offenbar über die Parallelwelt in die Nähe des Reiseziels gelangt und kann Bilder aus jenem Leben erhalten.

Der Übergang erfolgt hier besonders eindrucksvoll durch den großen bunten Vogel, der erst »die Erde« mit seinen Flügeln zudeckt. Allmählich wird er dann zum Mosaikbild, das als der Boden eines Hauses erkannt wird. Unmöglich, genau festzustellen, wo hier die Grenze zwischen jenseitiger und diesseitiger Welt verläuft! Es ist eine erneute Bestätigung für die uns bereits bekannte kontinuierliche Überblendung, wenn man sich »gegen die Zeit«

bewegt, also aus dem Paralleluniversum eine vergangene Inkarnation ansteuert.

Nun folgt noch der Bericht vom Abschluß dieser Reise, also vom Weg in die Gegenwart:

R.   (von den Berichten aus jener fernen Zeit offenbar ermüdet): *...sieht man nicht mehr viel...*

M.:   *Es geht weg?*

R.:   *Hmhm... wird jetzt auch alles undeutlich...*

M.:   *Hmhm, ruh dich aus, laß es weggehen...* (Führung in die Penta- welt). *Wenn du hier noch etwas siehst, dann sagst du's.*

R.:   *Ein langer Gang... mit so gelben Steinen, Platten belegt, und an den Seiten ist es schön hell... an den Seiten sind Nischen, und da stehen Tafeln drin und... Steintafeln oder... ja, sind schon Steintafeln...*

M.:   *Und weiter? Ist es hübsch dort?*

R.:   *Ja, da ist so... in halber Höhe ist auch so Verzierung an der Wand, da steht alles mögliche drauf geschrieben, und da geht man entlang... lang, lang, lang... manchmal brennt 'ne Kerze — oder 'n Lämpchen...*

M.:   *Und du bist dort?*

R.:   *Ich geh da durch.— Ist auch so 'n schönes... gleichmäßiges Gehen... oder man wird geschoben wie so 'ne Art Förderband, ja... hmhm... und das summt, und bei jeder Nische macht's klick...*

M.:   *Und geht immer weiter?*

R.:   *Immer weiter... immer weiter...*

M.:   *Gut, laß es jetzt verschwinden, geh weiter voraus.*

R.:   *Hm* (seufzt) *— geht in so ein bläuliches Dunkel rein jetzt... sieht man nur noch die Lichter... jetzt geht's immer schneller —*

M.:   *Aber du fühlst dich wohl?*

R.:   *Hmhm. Ist hübsch... die Lichter kommen immer schneller... ist fast nur noch wie 'n leuchtendes Band... Es geht auch langsam weg — jetzt.*

M.:   *Gut, du kommst jetzt langsam in die Gegenwart — siehst du noch etwas?*

R.:   *M-m* (Verneinung).

M.:   *Dann kommst du jetzt in die Gegenwart zurück.*

R.   (Pause, dann):   *Muß noch 'ne Tür aufmachen.*

M.: *Du mußt noch eine Tür aufmachen?*

R.: *Hmhm. — Hm...* (seufzt) *schade...*

M.: *Ist sie weg?*

R.: *Hmhm.*

M.: *Wie sah sie aus?*

R.: *Hm — ganz schwer... mit Gold beschlagen und viel draufgemacht und... großer Griff, also... hm.*

M.: *Die ist jetzt offen?*

R.: *Hmhm.*

M.: *Du bist durch?*

R.: *Hmhm.*

M.: *Wo bist du jetzt?*

R.: *Hm — ich bin nicht da... Kannst du weiter sagen?*

M.: *Du kommst jetzt wieder in die Gegenwart, du bist jetzt wieder in der Gegenwart.*

R.: *Ich bin schon da... ja...*

(Behutsame Moderation der Ankunft in der Jetztzeit.)

Der endlos lange Gang, den R. passiert, ist mit Sicherheit eine Parallele zur Schnur mit den Knoten auf der »Hinreise«. Den Knoten entsprechen hier die Nischen und Lichter. Deutlich ist die Vorstellung eines mechanischen Ablaufs: »'ne Art Förderband«, das summt und bei jeder Nische »klick« macht, bis die ganze Vergangenheit, die auf dem Hinweg sozusagen als Schnur abgewickelt wurde, nun wieder aufgespult ist. Gegen das Ende hin geht dies immer schneller — beinahe ist man versucht, an ein Garnknäuel zu denken, das den Faden um so rascher gleiten läßt, je größer es durch das Aufwickeln wird.

Danach könnte R. eigentlich in unsere Zeit, in die Gegenwart zurückkehren, was M. auch einleitet. Aber halt — erst muß R. noch irgendwo »durch«. Die Tür, die geöffnet wird, versinnbildlicht den diskontinuierlichen Übergang: eine besonders schwere und prunkvolle Tür diesmal, wahrscheinlich weil es nach einer sehr weiten Reise schwieriger ist, wieder zurückzufinden. So muß es R. vorkommen. Er ist erschöpft und, obwohl er »durch« ist, noch »nicht da«. Da

versteht man die Bitte an M., sie möge » weiter sagen« — die hilf-
reichen Rückführungsformeln weiter sprechen...

Auch körperlich war R. nach solchen Reisen in eine weit zurückliegende Zeit deutlich erschöpft, doch schwand die Ermüdung
jeweils rasch wieder. Gerade diese » Fernreisen« erbrachten die
interessantesten Aufschlüsse, nicht nur über die Pentawelt, sondern
über die Regressionsvorgänge überhaupt.

7
Regression oder Transition?

Fassen wir nochmals kurz zusammen, was uns diese Berichte aus dem Paralleluniversum vor Augen geführt haben:

1. Die Pentawelt wird deutlich als in sich geschlossenes Ganzes empfunden, wobei Durchsichtigkeit, Schwebezustand und das damit zusammenhängende Gefühl der Befreiung und Beglückung registriert wird.

2. Allen Berichten gemeinsam sind optische Eindrücke wie Lichterscheinungen und Lichtbrechung (Spektralfarben). Bei den Farbtönen scheint Blau vorzuherrschen.

3. Es werden Bewegungserscheinungen geschildert, die sich zum Teil auf die Pentawelt selbst, zum Teil auf individualisierte Vorgänge beziehen und für die oft ein automatischer Ablauf typisch zu sein scheint.

4. In der Pentawelt existieren selektive Wesenheiten oder Erscheinungsformen von Individuen, die sich unabhängig voneinander bewegen.

5. Von den Koordinaten des Raumes wird vor allem die Unterscheidung zwischen oben und unten erwähnt. Entfernungen sind unsicher, die Raumvorstellung ist veränderlich.

6. Gewisse Vorgänge sind von der Bewegungs- oder Erlebnisrichtung abhängig. In Richtung der Vergangenheit gelingt ein kontinuierlicher Übergang zu früheren Inkarnationen. In Richtung zur Gegenwart muß meist eine »Grenze« überschritten werden.

Diese sechs Punkte sollen nun daraufhin untersucht werden, inwieweit sie unserer in Kapitel vier abgeleiteten Formel für die Pentawelt entsprechen und welche neuen Gesichtspunkte gegebenenfalls zutage treten.

Punkt 1: Daß eine Welt, in der definierte Gesetze gelten, in sich einheitlich und gegenüber anderen Welten niedrigerer oder höherer Dimensionalität abgegrenzt ist, erscheint selbstverständlich, auch wenn die eine Welt der anderen bezüglich des Raumes integriert ist. Bei einer unsichtbaren Welt, deren Ausdehnung sich nicht ohne weiteres abstecken läßt, ist eine Bestätigung dieser Tatsache doch recht wichtig. Außerdem wird bei den Regressionsversuchen die Parallelwelt einer bestimmten Absicht dienstbar gemacht, nämlich aus unserer Zeit heraus in frühere Inkarnationen zu gelangen. Es ist also möglicherweise nicht dasselbe, ob ein Wesen am Ende seiner Verkörperung in die Pentawelt übergeht oder ob man sich als » Reisender « dort aufhält. In diesem Fall könnte man sogar annehmen, eine solche Welt sei ihm vielleicht nur suggeriert worden.

Dagegen spricht allerdings allein schon die Tatsache, daß die Versuchspersonen sehr oft (nicht nur in unseren Beispielen) Phänomene einer solchen Welt beschreiben, ohne daß besondere Aufforderungen gegeben werden. Bei unseren Rückführungen ergaben sich entsprechende Bilder mehrfach sogar entgegen den Direktiven der Moderatorin.

Aber auch die unbewußte Übertragung eines Hypnotiseurs bei den bisher üblichen Verfahren könnte bestenfalls eine globale Vorstellung der jenseitigen Welt bewirken. Um solch mannigfaltige Bilder und sich nicht widersprechende Einzelheiten zu erhalten, müßte ein Hypnotiseur ständig mit ganz gezielten Verbalsuggestionen arbeiten. Das würde aber genau das Gegenteil der von uns angewandten Moderation bedeuten. Die Möglichkeit einer nur suggestiv aufgebauten Parallelwelt ist daher bei unserer Methodik eindeutig auszuschließen.

Punkt 2 : Die optischen Wahrnehmungen bestätigen die Theorie hinsichtlich der zweiten Zeitdimension und der damit verbundenen Differenzierung der Gegenwart. Nur in diesem Fall ist es nämlich möglich, Licht unter denselben Bedingungen als Summe (weiß) und als Nebeneinander seiner Schwingungen (Farben) wahrzunehmen. Wertet man unsere neun Berichte aus der Pentawelt hinsichtlich der Häufigkeit von Licht- beziehungsweise Farbeindrücken statistisch aus, dann ergibt sich die folgende Verteilung:

Hell oder weißes Licht:	6 Hinweise
Mehrere Farben zugleich (»bunt«):	8 Hinweise
Einzelne Farben:	12 Hinweise
davon für Blau:	8 Hinweise
für Gelb:	3 Hinweise
für Rotblau:	1 Hinweis
für Grün:	keinen Hinweis

Eine physikalische Erklärung dafür, daß Blau als einzelne Farbe am häufigsten, Grün dagegen überhaupt nie erwähnt wird, läßt sich kaum geben. Diese beiden Farben liegen im Spektrum direkt nebeneinander, unterscheiden sich also hinsichtlich der Wellenlänge nur wenig. Man müßte an einen selektiven Filter- oder Absorptionseffekt denken oder an Lichtquellen, die hauptsächlich Blau emittieren. Das ist jedoch wenig wahrscheinlich, weil Weiß oder Bunt ebenfalls oft erwähnt werden.

Besser läßt sich das psychologische Farbempfinden zur Begründung heranziehen. Blau vermittelt den Eindruck der Klarheit, der Ruhe, der geistigen Konzentration. Es bringt den immateriellen Zustand des Schwebens und der Durchsichtigkeit von allen Farben am besten zum Ausdruck. Da in der Pentawelt (auch bei einer zweidimensionalen Zeit) der subjektive Zeitaspekt vorherrscht, wenn nicht sogar ausschließlich Geltung hat, wird Blau als ein Charakteristikum bei der spektralen Zerlegung durch die Zeit am besten oder häufigsten wahrgenommen.

Punkt 3: In der Pentawelt herrscht keineswegs ein statischer Zustand der Ruhe und Erstarrung. Vielmehr erwähnen nahezu alle Berichte Bewegungsvorgänge. Manchmal vollziehen sich diese unabhängig vom »Reisenden«, oft ist auch er selbst in Bewegung oder Teil einer Bewegung. Eine Bestätigung dafür, daß man sich dort nicht in der »Ewigkeit« befindet, denn wo Bewegung ist, verläuft diese in der Zeit, und es sind zugleich die Voraussetzungen für Veränderung und Entwicklung geschaffen. Es ist aber wohl nicht richtig, hier von »Kräften« zu sprechen, die die Bewegungen verursachen. Denn in unserem physikalischen Begriff der Kraft ist zugleich die Masse enthalten, auf die die Kraft wirkt. Wenn man hier überhaupt noch mit physikalischen Vorstellungen im Sinne unserer Raum-Zeit-Welt weiterkommen will, müßte man mit dem (entsprechend modifizierten) Begriff des Kraftfeldes operieren. Besser ist es jedoch auch hier wieder, psychomentale Einflüsse heranzuziehen. In erster Linie dürften es die Faktoren »Bewußtwerdung« und »Entwicklung« sein, die Bewegungen in der Pentawelt auslösen. Gedanken, Ideen, Wünsche, Emotionen genügen hierzu vollauf, da ja keine Masse bewegt werden muß.

Diesen Voraussetzungen folgt mit großer Wahrscheinlichkeit auch der »Reisende«, wenn er sich in der Pentawelt befindet. Es genügt demnach sein Wunsch oder seine Absicht, einen bestimmten Punkt anzusteuern, um eine entsprechende Bewegung auszuführen. Das gilt jedoch nicht ohne weiteres für die Intentionen des Moderators. Nur wenn sie den Reisenden erreichen und von ihm akzeptiert, somit als eigener Gedanke oder Wunsch wieder »ausgestrahlt« werden, kann der Reisende entsprechende Operationen in der Pentawelt ausführen.

Damit wird erneut unterstrichen, wie enorm wichtig die hier immer wieder geforderte Selbständigkeit des Reisenden ist, um brauchbare Übermittlungen zu erhalten. Je mehr eine solche Versuchsperson durch einschränkende Suggestionen manipuliert wird, um so schwächer werden seine Bewegungsimpulse in jener Welt und um so verwaschener oder dürftiger die vermittelten Bilder. Es wird sich bei der Analyse von Punkt 6 noch zeigen, wie sich diese Tatsachen nicht nur auf die Bilder aus der Pentawelt, sondern auch auf die Ergebnisse der ganzen weiteren Rückführung auswirken.

Punkt 4: Man ist im Paralleluniversum nicht allein — es sei denn, man wäre ausschließlich mit sich selbst beschäftigt. Aus Gründen, die gerade erläutert wurden, ist jedoch die Absicht notwendig, mit anderen Wesen Kontakt zu erhalten, um ihnen zu begegnen. Möglicherweise wirken dabei weitere Faktoren mit, wie zum Beispiel Wesensart oder Entwicklungsstufe des Individuums. Unser Reisender registrierte insgesamt nur zweimal andere Wesen in der Pentawelt, nämlich die blauen Vögel und die Spiralen. Er war eben ausschließlich auf die Verbindung mit der Moderatorin und auf seine eigenen Wahrnehmungen ausgerichtet. Außerdem wird ein Reisender, der sozusagen als Fremder vorübergehend in der Pentawelt weilt, wahrscheinlich höchst selten direktere Verbindungen zu dort existierenden Wesenheiten erlangen. Hierfür müßte wohl eine viel weitergehende Loslösung von unserer Welt und damit auch vom Körper erfolgen, als sie durch unsere Art der Moderation erreicht wird. Ein Kontakt mit »jenseitigen Wesen« wurde von uns nie angestrebt, nicht nur weil die Zielsetzung der Versuche eine andere war, sondern auch um unseren Reisenden keinen psychophysischen Gefahren auszusetzen.

Punkt 5: Bilder, die Raumvorstellungen beinhalten, erscheinen recht häufig in unseren Berichten. Hierbei kann der Reisende mit vertrauten Begriffen operieren, denn die Pentawelt ist räumlich unserer dreidimensionalen sichtbaren Welt überlagert. Dennoch ergeben sich einige Besonderheiten. So wird der Raum manchmal als variabel, vor allem im Sinne einer Ausweitung, geschildert. Man könnte in solchen Fällen wohl Raum mit dem Bewußtsein oder einem Bewußtseinsinhalt gleichsetzen. Oft findet sich auch die Vorstellung, daß es »hinunter« geht, wenn sich der Reisende aus der Pentawelt in den Bereich einer Inkarnation oder auf die Gegenwart zu bewegt. Die Raumkoordinate oben/unten wird also deutlich empfunden, während die Ebene der Waagrechten nie erwähnt wird. Das bedeutet jedoch nicht, daß diese Ebene nicht vorhanden wäre und man es vielleicht nur mit einem »eindimensionalen Raum« zu tun hätte. Der Grund liegt vielmehr darin, daß die Orientierung in der Waagrechten, also nach vorn und hinten beziehungsweise rechts und links, nicht nach Naturgesetzen, sondern nach vereinbarten Begriffen geschieht. Man kann sich in dieser Ebene willkürlich nach allen Richtungen bewegen. Die Senkrechte ist dagegen durch die Schwerkraft festgelegt — ein Körper fällt immer nur von oben nach unten, solange keine andere Kraft auf ihn wirkt.

In der Pentawelt gibt es nun aber keine Masse, die der Gravitation unterworfen wäre. Existiert somit diese Kraft dort nicht? Gewiß nicht im irdischen Sinne, solange es sich um massefreie Vorgänge handelt. Da aber die Pentawelt unserem Raum integriert ist, wird sie ebenfalls von den Kraftlinien des Gravitationsfeldes durchzogen, weil das Wesen der Pentawelt Feldwirkungen nicht ausschließt. Sie können unter Umständen für Bewegungs- und Entwicklungsvorgänge eine größere Rolle spielen als in der Materiewelt. Nur drückt sich dabei der Effekt nicht in einem »Hinunterfallen« aus, sondern vielleicht in Beschleunigung oder Verzögerung von Bewußtseinsvorgängen oder Modulation des psychischen Erlebens.

Wenn nun unser Reisender jeweils gerade dann, wenn er sich dem (früheren oder gegenwärtigen) irdischen Leben nähert, oben und unten zu unterscheiden beginnt, könnte das bedeuten, daß sich seine Empfindungen allmählich wieder mit Materie anreichern. Er gerät damit wieder in den Bereich der Schwere, und die Senkrechte erscheint in den übermittelten Bildern.

Man darf jedenfalls annehmen, daß Gravitationsfelder über den physikalischen Begriff der Masseanziehung hinaus noch weitere Funktionen haben können. Unsere Erde existiert zwar für die Pentawelt nicht als Massekugel; aber jenes Feld, das einst die Ansammlung von Materie um den Erdmittelpunkt bewirkte, dürfte auch für Vorgänge in der Parallelwelt bedeutsam sein. Nicht zuletzt deshalb, weil die Individuen, die sich dort aufhalten, aus der Materiewelt herkommen und sich auf einen weiteren stofflichen Daseinsabschnitt hin entwickeln. Für solche Überlegungen werden sich später noch weitere Anhaltspunkte finden.

Punkt 6: Wir kommen nun zum wichtigsten Ergebnis der Analyse unserer Berichte aus der Pentawelt: einem Ergebnis, das nicht nur die Vorgänge in der Parallelwelt in eine neues Licht rückt, sondern für die ganze Regressionsforschung Bedeutung erlangen dürfte.

Bei unseren Versuchen zeigte es sich, daß das »Hinübergehen« aus der irdischen Zeitvorstellung in die zweidimensionale Zeit weniger Schwierigkeiten bereitete, als wir anfänglich erwartet hatten. Daher konnte bei den späteren Regressionen auch auf die einleitende Führung entlang der Zeitachse zu Jugenderlebnissen des jetzigen Lebens verzichtet werden. Bei der Weiterführung ergab sich jedoch etwas Unerwartetes: es ist offenbar nicht gleichgültig, in welcher

Richtung oder besser »Absicht« der Reisende die Pentawelt durch-
quert. Deren Abgrenzung im Bereich einer früheren Inkarnation
scheint sich anders zu verhalten als die Grenze nach dem jetzigen
Leben. Ja oft ergibt sich sogar für denselben Grenzbereich ein unter-
schiedliches Verhalten, je nachdem, ob ihn der Reisende in Richtung
auf das frühere Leben hin oder auf dem Rückweg in die Gegenwart
passiert. In die Vergangenheit gelangt er meist kontinuierlicher oder
»eleganter«; zurück (vor allem in das jetzige Leben) ist die Rückkehr beschwerlicher. Dafür gab es vorerst keine Erklärung, denn
normalerweise ist eine Fahrt ins Unbekannte schwieriger als die
Rückkehr in die vertraute Umgebung.

Anfänglich versuchten wir, das Phänomen mit der Annahme
zweier unterschiedlicher Zeitqualitäten zu erklären. Der Weg aus der
Gegenwart in Richtung Vergangenheit wird mittels der Erinnerung
begangen. Dies gilt gleicherweise für das Wachbewußtsein wie für
den hypnotischen Zustand, wenn auch der Fachausdruck für das mittels Hypnose gesteigerte Erinnerungsvermögen »Hypermnesie«
(Übererinnerung) lautet. Der Weg in umgekehrter Richtung, nämlich der aus der Vergangenheit in die Zukunft, entspricht dagegen
der Entwicklung. Je mehr man in der Zeit voranschreitet, je älter
man wird, um so mehr Erfahrungen verdichten sich zum Entwick-
lungsvorgang. Die Entwicklungsrichtung ist sicher beschwerlicher
als die Richtung des Sicherinnerns. Dies könnte sich also in den oft
komplizierteren Bildern ausdrücken, wenn sich unser Reisender in
der Zeitrichtung auf die Gegenwart (und Zukunft) hin befindet. Nur
hinkt dieser Vergleich insofern, als es sich bei der Rückreise ja nicht
um einen noch zu durchlaufenden Entwicklungsweg, also um das
Erarbeiten neuer Erkenntnisse handelt.

Die Widersprüche verschwanden erst, als wir zu einer ganz neuen
Deutung der Regressionsvorgänge fanden. Sie sei hier vorerst als
Hypothese mitgeteilt, wird sich jedoch bei den später beschriebenen
Zeitreisen immer deutlicher bestätigen, weil damit eine Reihe bisher
nicht verständlicher Phänomene erklärt werden kann.

Hier also unsere Auffassung:

Der Reisende geht wohl aus unserer Zeitvorstellung in den

Bereich der Pentawelt hinüber. Diese braucht er im weiteren Verlauf des Experiments jedoch nicht mehr zu verlassen, weil dort die »Erinnerung« an frühere Inkarnationen anders funktioniert als mittels der unserem Gehirn eingeprägten eindimensionalen Zeitvorstellung. Infolge der zweidimensionalen Zeit der Pentawelt ist dort die Vergangenheit eine Zeitebene. In dieser sind die Erlebnisse aus früheren Inkarnationen in einer Form gespeichert, die man etwa als »Erlebniskerne« bezeichnen kann. Da in einer solchen Zeitebene der »Augenblick« eine Gerade innerhalb dieser Ebene ist, wie wir bereits aus früheren Überlegungen wissen, braucht der Reisende nicht Schritt für Schritt einer Zeitachse entlang in frühere Zeiten zurückgeführt werden, sondern er kann sehr rasch (»augenblicklich«) ganze Reihen von Erlebnissen überblicken und sie einander zuordnen.

Durch die Fragen oder Anregungen des Moderators wird der Reisende zu einzelnen Erlebniskernen oder -gruppen geleitet. Diese gespeicherten »Kerne« enthalten die Daten der betreffenden früheren Begebenheiten, soweit sie für den Bewußtwerdungsprozeß des Individuums von Bedeutung waren, ebenfalls die mit dem Erleben verbundenen Emotionen, gewissermaßen den »Stellenwert«, den das Erlebnis in der damaligen Inkarnation für diesen Menschen besaß. So ist der Reisende imstande, solche Erlebnisse nicht nur zu beschreiben, sondern auch gewisse Emotionen (wenn auch in abgeschwächter Form) erneut zu empfinden.

Wie man sich diesen Vorgang der »Speicherung« denken kann, soll später zu erläutern versucht werden, wenn das Bildmaterial einer ganzen Inkarnation analysiert wird. Vorerst wollen wir diese neue Auffassung als Arbeitshypothese benützen. Wir vergessen dabei auch nicht, daß es sich in der Pentawelt vorwiegend um eine subjektive Zeit handelt, daß also auch die in der Zeitebene der Vergangenheit gespeicherten Erlebniskerne den Gesichtspunkt des subjektiven Erlebens ausdrücken.

Im Endeffekt werden durch diese Hypothese die bisher bekanntgewordenen Ergebnisse der Regressionsversuche nicht berührt. Denn die Versuchsperson berichtet nach wie vor Einzelheiten aus ihrem früheren Leben. Aber man kann nun diese Aussagen viel kritischer beurteilen und die Versuchsbedingungen entsprechend anpassen. So besteht nun ein grundlegender Unterschied zwischen Berichten über Jugenderlebnisse in der jetzigen Inkarnation und Bildern aus einem früheren Leben. Im ersten Fall geht der Weg entlang der eindimensionalen Zeitachse mittels der Hypermnesie, und man kann von einer echten Rückführung sprechen. Im zweiten Fall verläßt man diese Zeitachse und geht in das fündimensionale Kontinuum über, um von dort aus mittels eines ganz anders gearteten Erinnerungsvorgangs die erreichbaren Informationen zu übermitteln. Anstelle einer Regression (Zurückschreiten) wäre es in diesem Fall angebrachter, von Transition* zu sprechen, einem Durchschreiten unserer Zeitbarriere, einem Hinübergehen in die Welt, wo Gegenwart und Vergangenheit nebeneinanderliegen, um dort für den Zugang zu früheren Daseinsperioden frei und bereit zu werden.

Nun verstehen wir noch mehr die Bedeutung dessen, was sich bei Punkt 4 bezüglich der Bewegung in der Pentawelt durch Gedankenimpulse ergeben hat. Je ungehinderter der Reisende dort durch entsprechende Moderation seine Erlebniskerne erreichen und reaktivieren kann, um so mehr nähern sich seine »Bilder« dem tatsächlichen Geschehen im früheren Dasein.

Im weiteren wird nun verständlich, warum eine Versuchsperson bei den Berichten nicht erst ans Lebensende der früheren Inkarnation gelangt, wie es der chronologischen Reise entlang unserer Zeitachse entsprechen würde. Der Reisende greift vielmehr aus der Fülle der gespeicherten Informationen eine beliebige Situation heraus und berichtet darüber. Oft kann er, auf Befragung, auch das dazugehörige Alter oder die Jahreszahl sowie weitere Einzelheiten dem Speicher entnehmen, je nach dem »Stellenwert« der Aufzeichnung. Von diesem Punkt aus geht der Moderator beliebig vor oder zurück entlang der Zeitachse jenes Lebens und erhält so weitere Informationen. Daraus baut sich allmählich — nötigenfalls als Ergebnis mehrerer Transitionen — ein chronologisches Bild jener Inkarnation auf.

Die beim Übergang in das frühere Leben auftretenden Überblen-

---

*Lateinisch *transire* = hinübergehen, durchgehen.

dungen werden ebenfalls mit dieser neuen Hypothese verständlich. Der Reisende befindet sich in der Pentawelt. Nun nimmt er (auf Anregung des Moderators) das erste Bild aus der Aufzeichnung seiner früheren Inkarnation wahr. Er soll es aus der unstofflichen Welt in jenes körperliche Dasein übertragen. So gleitet das Bild aus dem körperlosen Bereich in die materielle Welt hinüber. Das »Nach-unten-Gehen« wird allmählich zum Weg, der abwärts führt; oder das spätere Mosaikbild des Vogels wird erst als lebendige Erscheinung empfunden, die aus der Pentawelt zur Erde gesandt wird. Ist die Verbindung mit der »Verkörperung« hergestellt, bleibt sie für die Dauer einer Transition bestehen. Meist ist dann sogar in nachfolgenden Versuchen (wenn diese zeitlich nicht zu weit auseinanderliegen) eine solche Überblendung nicht mehr erforderlich. Der Reisende ordnet sofort die gespeicherten Kerne dem damaligen Erleben zu.

Schließlich werden nach dieser Hypothese auch die Vorgänge bei der Rückkehr verständlich. Der Reisende hat sich also während der ganzen Transition in der Parallelwelt aufgehalten. Er verweilt immer in der zweidimensionalen Zeitlandschaft. Nun soll er wieder in unsere irdische Zeit zurückkehren. Nur hier gelangt er mithin wirklich an eine »Grenze«, deren Überschreitung nicht ganz einfach ist. Bis zu einem gewissen Grad kommt es einer neuen »Geburt« gleich. Daher erscheinen hier Bilder des Durchgehens, bisweilen von eigentlichen Geburtsvorstellungen begleitet.

Handelt es sich um Aussagen über mehrere länger zurückliegende Inkarnationen desselben Individuums, dann sind diese überhaupt nur aufgrund der Transitionshypothese verständlich, wie sich noch zeigen wird. Doch vorerst wollen wir, mit diesen Voraussetzungen ausgerüstet, unseren Reisenden in seine Inkarnation vor seinem jetzigen Leben begleiten!

8
Begegnung mit Mando

Die folgenden Auszüge sind denselben Transitionen entnommen, deren Anfangs- und Endphasen wir bereits aus den Berichten über die Pentawelt kennen. Diese Transitionen erfolgten in einem relativ kurzen Zeitabschnitt (zwischen dem 28. Oktober und 18. November 1977). Sie sind in der Reihenfolge wiedergegeben, in der auch die »Reisen« durchgeführt wurden. So wird sich nicht nur das Gesamtbild einer Inkarnation allmählich vor unseren Augen entfalten, sondern wir werden an verschiedenen Stellen zugleich auch den Übermittlungsvorgang des »Reisenden« aus der Zeitebene der Pentawelt verfolgen können.

TRANSITION VOM 28. OKTOBER 1977

M. (anschließend an das Bild der »Seifenblase«): *Du bist nun weiter zurückgegangen und berichtest mir, was du siehst. Du siehst anders aus, aber du weißt, daß du es bist. Du gehst so weit zurück, bis du Bilder von dir siehst.*

R.: *Sehr hübscher brauner Junge... nur das Gesicht... weiße Zähne... leuchten.*

M.: *Ein Junge. Das Gesicht. Was macht der Junge?*

R.: *Hat die Arme so verschränkt und den Kopf draufgelegt und lacht schelmisch.*

M.: *Du siehst ganz deutlich, wo der Junge ist. Wo ist der Junge?*

R.: *Seh ich nicht. Auf irgendeiner Mauer liegen seine Arme, und er lacht.*

M.: *Bist du der Junge?*

R.: *Mm* (zweifelnd) — *wahrscheinlich... seh ihn... nur oben, guckt über die Mauer.*

M.: *Sehr gut. — Der Junge wird älter, ein bißchen älter, nicht viel, nur ein klein wenig. Was siehst du? Du kannst es sehen.*

R.: *Hat 'ne verrostete Petroleumkanne in der Hand.*

M.: *Wie alt ist er jetzt?*

R.: *Mmnja...* (unsicher) *... er ist sieben... acht...*

M.: *Und hat eine verrostete Petroleumkanne in der Hand.*

R.: *Hmhm* (bejahend).

M.: *Wo geht er hin damit?*

R.: *Hm... steht da...*

M.: *Und es ist derselbe Junge, braun...*

R. (überzeugt): *Ja, ja!*

M.: *Wie heißt er? Denk daran, du bist der Junge, du kannst wissen, wie du heißt, du wirst dich daran erinnern.*

R.: *...*(Pause).

M.: *Fällt es dir ein?*

R.: *Ich warte drauf... Vielleicht irgendwas... was mit Man... anfängt* (Pause). *Nicht Manfred... Man, Mano, Mani... Ich weiß nicht...*

M.: *Wir lassen dich wieder ein Stückchen weiter vorgehen, ein klein wenig älter werden, nur zwei Jahre älter — der braune Junge wird zwei Jahre älter, und du siehst ein ganz neues Bild mit ihm. Was siehst du?*

R.: *Hm* (Seufzer) *— ist komisch... er sitzt irgendwo und spielt, er spielt 'n Instrument und sitzt auf Steinplatten. Da sind Ornamente drin oder sowas, in den Steinplatten wie Marmor...*

M.: *Gut, du siehst dem Jungen zu...*

R. (unterbricht): *Leute stehen drumrum...*

M.: *Die Leute haben was an — was haben die an?*

R.: *Hm, so wie Decken übergeworfen oder so... nicht richtige Kleider, so Decken...* (unverständlich).

M.: *Und der Junge spielt?*

R.: *Hmhm. Glaub fast, das ist drei... eckig, das Instrument, unten da sind Saiten, dreieckig... hm...*

M.: *Und die Leute hören ihm zu?*

R.: *Wahrscheinlich, ja. Aber ich hör nichts, ich seh es nur.*

M.: *Du wartest... du fängst auch an zu hören... kannst du hören, was der Junge spielt?*

R. (Pause): *N-nein... aber 's geht jetzt einer mit 'ner Ziege vorbei, und die kann ich laufen hören.*

M.: *Du hörst die Ziege laufen. Gut. Du gehst jetzt noch ein bißchen weiter nach vorn. Du siehst den Jungen, wie er zehn Jahre alt ist... oder zwölf Jahre. Du siehst ihn, wie er zwölf Jahre alt ist.*

R.: *Hmmn, seh ihn nicht mehr. Aber die Leute rennen durch die Straßen... große Aufregung.*

M.: *Du siehst nur die Leute?*

R.: *Ja, Leute rennen... vor irgendwas weg...*

M.: *Dann geh noch ein Stück weiter. Nicht viel, bis du den Jungen wieder siehst. Kannst du den Jungen noch sehn?*

R. (lange Pause): *Ich glaube, es ist, ist was passiert... Erdbeben oder so was, ein großes Durcheinander.*

M.: *Da siehst du viele Leute?*

R.: *Ja, waren da, und jetzt ist es aber so still* (hebt die Stimme bei »still«, fühlt sich offenbar ungemütlich oder unsicher).

M.: *Dann gehen wir wieder zurück. Du bist ganz ruhig... Du gehst zurück, bis du den Jungen wieder siehst, bis du ihn mit dem Instrument spielen siehst, du sagst es mir, wenn du ihn siehst.*

R.: *Hmhm, kann ich wieder herholen, ja. Er sitzt mit anderen Jungen zusammen... und sie haben Geldstücke.*

M.: *Kannst du mir jetzt sagen, wie der Junge heißt?*

R.: *Es ist alles sehr schwer, ich glaube, ich brauch viel mehr Zeit... zu warten, bis was kommt... jetzt besser. Jetzt bin ich... hm* (wie ein Lächeln) *Mantro, Mantro heiß ich... Komisch!*

M.: *Sehr gut. Du bist Mantro, und ihr habt Geldstücke. Was macht ihr damit?*

R.: *Weiß nicht... zählen vielleicht, oder machen ein Spiel damit...*

M.: *Wie sehen die Geldstücke aus?*

R.: *So silbern, aber dumpfes Silber, stumpfes, nicht glänzend, sehr abgegriffen...*

M.: *Und du hast auch das Instrument?*

R.: *Mn — hmhm. Ein dreieckiges Brett, da drück ich auf die Saiten...*

immer mit einem Finger und dem andern... und mit der anderen Hand spiel ich.

M.: *Du spielst gerne?*

R.: *Ja, aber ich glaube, daß ich... ich kann das noch nicht gut, das ist nur so wie 'n Probieren oder ein — ein Üben — ich k... (Pause). Es ist nun alles wieder undeutlich...*

M.: *Du bleibst ruhig und wartest, bis wieder etwas kommt.*

R.: *'s is warm, (entzückt) 's is warm... und ich hab ganz kurze Ärmel.*

M.: *Wie groß bist du? — Du bist ein Junge, nicht sehr groß?*

R.: *Hm-hm. Neun, neun Jahre oder zehn.*

M.: *Und es ist warm?*

R.: *Hm — ganz braune Arme.*

M.: *Bist du alleine oder mit Freunden?*

R.: *Hm... es sind andere Jungen da und große Leute, ziemlich viele Leute. Ziemlich viel Lärm ist jetzt da... Markt is...*

M.: *Es ist Markt?*

R.: *Ganz komische Sachen verkaufen die da... Ketten und Ringe und so... sehr schön (begeistert).*

M.: *Was noch?*

R.: *Flache Brote — ganz flach... Kürbisse...*

M.: *Möchtest du was kaufen?*

R.: *Hm... nein... ich bin halt da, seh das nur... Es is... ziemlich undeutlich.*

M.: *In welchem Land ist der Markt? Kannst du das sehen? Du sagst es mir, wenn es dir einfällt.*

R. (Pause): *... is alles schwer zu sehen...*

M.: *Es macht nichts. Du siehst jetzt etwas und kannst es mir sagen.*

R.: *Wir sitzen auf dem Boden, so im Halbkreis, und ist wie 'ne Schule.*

M.: *Hmhm.*

R.: *Und ein Mann sagt immer was vor, und wir müssen das nachsagen... so fast 'n bißchen wie gesungen.*

M.: *Kannst du hören, was er sagt?*

R.: *Na — es klingt so komisch...*

M.: *Ist es eine andere Sprache oder...*

R. (unterbricht): ... *so wie »Scholet Aleika« oder so... und das müssen wir dann auch sagen: »Scholet Aleika«* (bestätigend).

M. (nach längerer Pause): *Noch etwas? — Du gehst voraus, ein Stück weiter.*

R. (sofort): *Wieder das Erdbeben.*

M.: *Du gehst darüber hinweg, du gehst weiter. Das Erdbeben ist vorbei, es ist vorüber. Du gehst weiter, was siehst du?*

R.: *Ich seh nicht mich mehr. Sehr viele marmorne Steine, überall.*

M.: *Hmhm. Du fühlst dich wohl... Du gehst jetzt wieder zurück, bis du den braunen Jungen spielen siehst. Soweit gehst du zurück. Das Bild kommt wieder. Du siehst dich wieder spielen. Kannst du es sehen?*

R.: *M-m* (verneinend), *ich seh 'n nicht mehr.*

M.: *Du fühlst dich wohl?*

R.: *Hmhm.*

M.: *Möchtest du warten? Möchtest du auf Bilder warten?*

R.: *M-m* (verneint)... *es geht jetzt nicht mehr so gut...*

M.: *Gut. — Dann gehen wir wieder nach vorn, wir gehen in die Gegenwart...* (usw.).

Bei diesem ersten Verweilen in der Parallelwelt bereitet es R. noch Mühe, sich zurechtzufinden. Es ist ja oft schon schwer, mit dem uns vertrauten Erinnerungsvorgang Ereignisse heranzuholen, die nur einige Jahre zurückliegen. Um so eher wird man eine entsprechende Übung benötigen, um sich mit dem Speicherungsmechanismus der höheren Zeitdimension und seiner Auswertung vertrautzumachen. Das bestätigt R. an mehreren Stellen: »Ich glaube, ich brauch viel mehr Zeit zu warten, bis was kommt«, oder wenn er öfter wiederholt, daß »alles schwer zu sehen« sei.

Gerade diese letztere Aussage mag noch auf eine andere Ursache zurückzuführen sein. Schon in dieser Transition wurde nämlich R. mit einem emotional stark befrachteten Ereignispunkt konfrontiert, einem Erdbeben, das er im Alter von etwa zwölf Jahren erlebt zu haben scheint. Wenn auch die Moderatorin, der es hier hauptsächlich um die Feststellung der Identität ging, R. sofort zurückführte, mag dieses Ereignis doch einige Verwirrung ausgelöst haben, zumal der Junge dann »nicht sich mehr« sah, sondern nur »viele marmorne Steine, überall«. Es dauerte längere Zeit, bis er seinen (wie wir sehen werden, noch nicht genau erfaßten) Namen mitteilte und von sich nicht mehr in der dritten Person sprach.

Der Ort und die Zeit, wo sich »Mantro« damals befand, konnte noch nicht übermittelt werden, doch ist ein sprachlicher Ausdruck interessant, der »wie Scholet Aleika« klingt. Könnte es vielleicht das hebräische »Schalom aleichen« (Friede sei mit euch) bedeuten? Es scheint sich jedoch nicht um die Muttersprache von »Mantro« zu handeln, da es sich für ihn »komisch« anhört und offenbar in einer Art Schule im Chor geübt wird. Doch in dieser Hinsicht erbrachte bereits die nächste »Reise« weitere Aufschlüsse.

Transition vom 30. Oktober 1977

M. (im Anschluß an das Bild von der bläulichen Kugel in der Pentawelt und das Gefühl des Hinuntergehens): *Du gehst den Weg hinunter. Wo willst du hingehen?*

R.: *Mnntja, hab was in der Hand — 'n Stock.*

M.: *Ein großer Stock?*

R.: *Hmhm.*

M.: *Ist es warm?*

R.: *Hmhm. Aber nicht unangenehm. Kühler Wind... es ist schöön... hab was in 'nem Tuch* (hebt fragend die Stimme) *...in so 'm grünlichen Tuch trag ich was in der anderen Hand...* (Pause).

M.: *Du entspannst dich... Wenn du was siehst, sagst du es.*

R.: *...Häuser... nein, eine Brücke — Brücke, eine große Mauer...*

M.: *Die Brücke geht über einen Fluß?*

R.: *Das... seh keinen Fluß. Nur 'ne Brücke, die geht durch die Mauer — auf die Mauer zu... Und da kommt man irgendwie durch...* (Pause).

M.: *Und du bist dort?*

R.: *Hmhm. Kommt man irgendwo rein... ist ein Hof — oder 'n großes*

Haus oder 'n Palast (erstaunt)... hm, weiß nicht — 'n Hof glaub ich, ja.

M.: *Und da gehst du hin?*

R.: *Hmhm.*

M.: *Ist jemand dort?*

R.: *Hmm... zwei Frauen... haben Kopftücher...*

M.: *Wie alt bist du?*

R.: *... acht... hm, sicher acht.*

M.: *Hast du Schuhe an?*

R.: *Ja, aber komische... mit Riemchen.*

M.: *Und du läufst in den Hof?*

R.: *Hm... ist aber groß, ganzes herum* (undeutlich, staunend) *— ist ja riesig!*

M.: *Hast du was in der Hand?*

R.: *Immer noch den Stock — und das Tuch oder den Beutel... is komisch, aber is keine Erde oder Sand — is wie 'n Fußboden...* (wird schwieriger).

M.: *Du ruhst dich jetzt wieder aus, du kannst mir gleich sagen, wie du heißt und wo du hingehst. — Siehst du etwas?*

R.: *Hmhm. Kommen Leute. Reden so...* (Pause).

M.: *Mit dir?*

R.: *M-m. Unter sich... ziemlich aufgeregt...*

M.: *Was haben die an?*

R.: *Hm - ganz verschieden. Hemden... Hosen... einer ist ziemlich zerrissen, ich glaube... hmhm... die bringen den und schleppen ihn irgendwo hin... sie führen den...*

M.: *Und sind aufgeregt?*

R.: *Hmhm... vielleicht hat der was gemacht...?*

M.: *Und du bist immer noch dort? — Wie heißt du?*

R.: *Hm...*

M.: *Du bist ein Junge?*

R.: *Hmhm.*

M.: *Wie ruft man dich? — Du kannst es mir sagen.*

R. (strengt sich sehr an): *'s is aber komisch, das geht jetzt... das geht auf »a«... Man... Man-do-la... is irgendwie so...*

M.: *Irgendwie so wie Mandola?*

R.: *Mando... Mandola — ja, das »la«... dann kommt aber noch was...* (lange Pause).

M.: *Entspanne dich wieder. Du bist jetzt nicht mehr acht, du bist neun Jahre, du bist der kleine Junge und neun Jahre alt.*

R.: *...da ist... wieder die Häuser oder... Stadt — und 'n See* (gedehnt)... *mitten in der Stadt?... kann doch nicht sein* (ungläubig).

M.: *Mitten in der Stadt ein See?*

R.: *Hmhm!* (Immer noch erstaunt.)

M.: *Häuser drumrum? Beschreibe die Häuser.*

R.: *Hmhm... Stein und glatte Wände. Schöne Häuser — hoch. Manche kleiner.*

M.: *Und Fenster?*

R.: *Auch, ja — ziemlich schmal, glaub ich... ja.*

M.: *Und ein See. Du stehst dort?*

R.: *Hm-hm... ja, mit 'ner Angel — ich fische. Ist ganz dunkles Wasser — ganz dunkelgrün... Ja, hab 'ne Angel, hmhm.*

M.: *Stehst du im Wasser drin?*

R.: *Nein, aber ich hab nackte braune Füsse — und... da ist so 'n... Geländer und unten, ja, da sind Steinplatten und dann 'ne kleine Mauer, und dann kommt das Wasser.*

M.: *Und wie alt bist du jetzt?*

R.: *Neun... neun Jahre.*

M.: *Siehst du, was du anhast? Schau an dir hinab, trägst du Hosen?*

R.: *Hmhm. Nur Hosen, kein Hemd.*

M.: *Kurze Hosen?*

R.: *Mn-ein, sind, glaube ich, lange... ja, sind lange Hosen. Nicht ganz lang, aber seh meine Füße und 'n kleinen Teil der Beine.*

M.: *Hast du Fische?*

R.: *Ja, neben mir liegt was, aber das sind... doch, könnte ein Fisch sein, aber der hat den Bauch schon aufgeschlitzt... ja, is 'n Fisch.*

M.: *Und wie heißt du?*

R.: *Man... Mando* (letzte Silbe angehoben, als sei das selbstverständlich)... *Mando* (befriedigt).

M.: *Gut. Entspann dich. Du bist jetzt in der Schule, was siehst du?*

R.: *M-m... 'ne Schule ist das nicht.*

M.: *Das ist keine Schule?*

R.: *Blinkt irgendwo die Sonne auf dem Wasser, wird immer so hell und dann wieder weg... ist, glaub ich, kein See, das ist... das ist ja 'n Hafen!* (Gedehnt und erstaunt) *... oder so was...*

M.: *Ein Hafen?*

R.: *Könnte sein, ja.*

M.: *Was siehst du noch im Hafen?*

R.: *Mm... warte mal, da steht was drauf... ist ein Schiff, und steht was drauf* (ganz leise, seufzt) *...da steht Ragusa...*

M.: *Auf dem Schiff, da steht Ragusa?*

R.: *Hmhm. Und... so heißt, glaub ich, die Stadt... na, das is ja komisch...*

M.: *Ist das der Name des Schiffs?*

R.: *Ja, steht auf dem Schiff...*

M.: *Wo steht es, auf der Seitenwand?*

R.: *Vorne drauf, ja...*

M.: *Sind auch Leute auf dem Schiff?*

R.: *Hmhm... ja, jetzt seh ich's ganz deutlich, die haben so Bretter, und auf denen lassen sie irgendwas runterrutschen, Säcke oder sowas... ja, so zusammengeschnürt...*

M.: *Was siehst du noch?*

R.: *Aber die v... die verjagen mir die ganzen Fische* (sichtlich empört).

M.: *Das hast du nicht gern.*

R.: *M-m. Das lärmt... hat mal sehr geknallt... aber, glaub ich, war im Schiff.*

M.: *Ist nur ein Schiff dort?*

R.: *Ja, das steht da, wo ich fische — aber weiter weg sind noch mehr... weiter weg ist undeutlich... seh jetzt nur gerade, was nah ist.*

M.: *Hmhm. Entspann dich wieder. — Geh ein paar Tage weiter.*

R.: *Muß später sein... ich hab was Schöööenes an* (ist hell begeistert). *...ohhh...* (ganz hingegeben) *... Jacke, ist wie gestickt, schön... und, glaub ich, bunt... und so 'ne Art Mantel drüber...*

M.: *Was noch? Hosen?*

R.: *Nnnein — is mehr wie 'n Kleid... und Sandalen* (andächtig) *...
     auch schön... rote, rote Sandalen...*

M.: *Es ist schön?*

R.: *Hmhm. Hübsche Füße hab ich...*

M.: *Brauner als die anderen Jungen?*

R.: *Ja, schon... die Nägel schimmern ganz weiß... sieht gut aus.*

M.: *Wo bist du?*

R.: *In der Stadt... immer in der Stadt... oder wo das ist.*

M.: *Zu Hause?*

R.: *Nein, draußen, draußen... oh, das ist irgendein Fest!*

M.: *Was siehst du vom Fest?*

R.: *Da hängen vor 'n... vor 'n paar Häuser da hängen Tücher runter,
     dann großer Platz... Leute... die haben Stäbe in der Hand... ja,
     und da ist was drumgewickelt, grün... oder so...*

M.: *Um die Stäbe?*

R.: *Hmhm. Und die Leute sind auch schön angezogen... viel Rot und
     Weiß.*

M.: *Rot und Weiß, hmhm. Und die Tücher? Ist auf den Tüchern was
     drauf?*

R.: *Nein — die sind nur bunt. Auch viel Rot, Weiß und Grün.*

M.: *Was machen die Leute? Kannst du es sehen?*

R.: *Die gehen hin und her — weiß nicht, was sie machen... ist viel
     Betrieb...* (Pause). *Ah, die schreien jetzt was...* (Pause)... *klingt
     wie »Viva« oder »Evviva« oder so was* (sehr begeistert)... *da
     kommt irgendwas vorbei, aber ich kann's nicht sehen... da stehen
     Leute davor.*

M.: *Ist es am Hafen?*

R.: *Hm — den Hafen seh ich jetzt nicht, größerer Platz... da liegen
     manchmal — komisch... Früchte am Boden, Äpfel oder sowas...
     hm, nein, könnten Orangen sein...* (Pause, dann erstaunt) *Fei-
     gen!... glaub ich auch... alles ist... sehr schön, sehr schön.*

M.: *Hmhm. Wie heißt die Stadt?*

R.   (längere Pause): *Hm — heißt... Ragusa, ja Ragusa... Ja, da
     sind wir drin. Aber... ich bin immer allein...* (etwas bekümmert).

M.: *Keine Jungen um dich rum? Keine Eltern?*

R.: *M-m, keine Eltern, keine anderen Jungen. Das seh ich nicht.*

M.: *Weißt du, welches Jahr ihr schreibt? In Ragusa, bei dem Fest?*

R. (kleine Pause): *Hm — milleottocentocinquanta* (sehr fließend gesprochen wie auswendig gelernt nennt er die Zahl 1850).

M.: *Milleottocentocinquanta!* (Anmerkung der Moderatorin: Das wiederholte ich ziemlich fassungslos, ohne überhaupt die Zahl an sich zu begreifen; lediglich »achtzehnhundert« wurde mir klar.)

R.: *Hm-hm* (ganz selbstverständlich).

M.: *Ist es Sommer oder Winter?*

R.: *Hm — sicher Sommer... noch was is komisch — ich glaube, ich bin... ich sollte irgendwo anders sein und bin irgendwo... weggelaufen, damit ich das Fest sehen kann.*

M.: *Hmhm. Dann sind vielleicht deine Eltern dort, wo du sein solltest?*

R.: *Weiß nicht.*

M.: *Schaun die Leute dich an?*

R.: *Nein, die sind alle weiter weg... ich bin irgendwie allein da. Auf 'm größen Platz und die Leute sind weiter drüben.*

M.: *Du gehst nun ein bißchen weiter vor. Du hast immer noch diese schönen Kleider an, du gehst jetzt nach Hause, wo du wohnst, und wenn du es siehst, sagst du es mir. Du sagst mir, wenn du dich zu Hause siehst.*

R.: *...Treppe rauf...*

M.: *Du gehst 'ne Treppe rauf?*

R.: *Hmhm... die Treppe rauf, da oben ist... 'ne Tür...* (zögernd)... *und dann kommt man in einen Hof... oder ist das 'n Zimmer... man kommt irgendwo rein... ja, da ist ein Zimmer, da steht ein Bett oder so was... hm...*

M.: *Ist das dein Zimmer?*

R.: *Mnnja... ich gehör schon irgendwie hierher... glaube ich... sehr schwer zu sagen... da sitzt jemand auf dem Bett... das ist 'n Mädchen, aber komisch — es ist so schwarz angezogen...*

M.: *Und du? Du hast immer noch — was hast du an?*

R.: *Ja, die schönen Sachen...*

M.: *Immer noch — hmhm. Was macht das Mädchen?*

R.: *Gar nichts, sitzt nur da. Dahinten steht noch jemand. Die machen auch nichts... sind wie Statuen... oder... was weiß ich* (ganz leise)... *aber 's sind richtige Menschen...*

M.: *Ist das Zimmer groß?*

R.: *Nicht besonders. Ich sehe aber auch keine Decke... nur so.. mmmh, geht weg...*

M.: *Es geht weg, das Bild?*

R.: *Hmhm. War auch nicht schön...*

M.: *Entspanne dich.* (Pause, Ausruhen.) *Du bist immer noch neun Jahre alt und du siehst ein anderes Bild. Was siehst du?*

R.: *...bin irgendwie traurig* (sagt es auch traurig)... *Ich bin... hab was Weißes an... und 'n weißes Tuch um den Kopf...*

M.: *Und wo bist du?*

R.: *Wieder draußen, irgendwo... Ich — ich hab was verloren, glaube ich — ich suche was. Zwischen Felsen oder was... aber 's is glaub ich, am Meer. Es liegen zwischen den Felsen Sand und so Muschelreste, aber das Meer seh ich nicht... wenn ich nur wüßte, was ich verloren hab.*

M.: *Und du suchst es?*

R.: *Ja, ich klettere da 'rum. Ist irgend was runtergefallen, glaub ich. Muß ziemlich... wichtig sein... wird jetzt viel schwerer, seh das nicht deutlich...*

M.: *Entspanne dich* (Pause). *Du bist neun Jahre alt. Du bist wieder in der Stadt.*

R.: *...seh, glaub ich, unser Haus. Das liegt auf einem kleinen Hügel oder einer Anhöhe... bei der Stadt, und da gehen Treppen rauf.*

M.: *In der Stadt?*

R.: *Nein, 'n bißchen neben der Stadt... Da is erst 'ne Mauer, und dann fängt erst die Stadt an, glaub ich, ja... und da kommen oft Leute rauf, die gehn in unser Haus.*

M.: *Hat das Haus einen Garten?*

R.: *Ja, hat 'n Garten, und da sind Bäume, niedrige Bäume drum... mit Früchten dran... und ein Eingang, für die Leute, die kommen.*

M.: *Und da gehst du rein?*

R.: *Nein, ich geh die Treppe rauf, grade rein. 'ne Halle ist da zuerst und dann kommen 'n paar Türen... man darf nicht in alle reingehen... nur in — hm zwei, drei... darf man reingehen.*

M.: *Hmhm. Und du gehst ins Haus?*

R.: *M-m, ich geh nicht rein... Wenn man drin ist, irgendwo, ist immer sehr schwer was zu sehen, zuwenig Licht, draußen ist viel besser.*

M.: *Du gehst wieder raus, schau das Haus von außen an, und du sagst mir, was du siehst.*

R.: *Ja, 'n Teil seh ich. Ist weiß, hat auch so wie Säulen am Eingang... 's... sehr schön und oben... die Säulen haben oben so 'n goldenen Ring oder angemalt...*

M.: *Steht ein Name dran, vielleicht an der Tür?*

R.: *Nicht an der Tür... dort, wo die Leute reingehen.*

M.: *Was steht dort? Lies, was da steht, vielleicht kannst du die Buchstaben einzeln lesen. Probier's.*

R.: *Hm — zuerst... ja zuerst... 's kommt »D« — »dot«* Dot steht da zuerst...*

M.: *Gut. Und dann?*

R.: *Dann kommt »La«... »la«... dri...* (sehr mühsam)... *driga oder drigal... is sehr verwaschen...*

M.: *Hmhm. Erst kommt »La« und dann »driga«?*

R.: *»Driga«... glaub ich... ja, »La-driga«* (sicher).

M.: *Wo steht das? An der Tür?*

R.: *Ist... aufgemalt, auf der Mauer... erst ein halbrundes Vordach oder Vorsprung, dann so 'n bißchen senkrecht, und dann geht so schräg das Dach zurück... da wo's senkrecht ist, da steht's drauf.*

M.: *Ist das der Name deines Vaters?*

R.: *Das könnte sein... ja... ja, das glaub ich... ist unser Haus... sicher.. ja.*

M.: *Hmhm. Weißt du, was dein Vater arbeitet?*

R.: *Hm — könnte Arzt sein... oder sowas... ja, da kommen immer Leute... seh ihn sehr, sehr selten... überhaupt is komisch... kein richtiges Zuhause eigentlich... oder ganz anders.*

M.: *Und deine Mutter — wo ist die?*

---

*Dot (= Dott.) ist die Abkürzung für italienisch *dottore* (Doktor).

R.: *Da kommt nichts... keine Vorstellung...*

M.: *Kannst du dir deinen Vater vorstellen? Versuch, ihn zu sehen.*

R.: *Mmmm — schwarzer Spitzbart... ziemlich groß... und Hut... hoher Hut.*

M.: *Ist er schlank — oder sehr breit, dein Vater?*

R.: *Er ist schlank, ja. Hmhm... und 'n Stock hat er auch oft. Schön poliert.*

M.: *Du siehst ihn selten?*

R.: *Hmhm.*

M.: *Und du bist nicht immer zu Hause — du gehst auch in eine Schule?*

R.: *Hm... schwierig... ich glaube, 'n anderes Haus, und da ist sowas wie 'ne Schule, und da bin ich... aber öfters als zu Hause.*

M.: *Mit anderen Kindern?*

R.: *Ja, nicht sehr viele... die Schule is... ist nicht für alle... ist nicht mehr deutlich... geht immer weg...*

(Nach einigen weiteren Fragen, die aber nur mehr »alles durcheinander« erbringen, langsame Führung über die Pentawelt — »beschlagenes Glas« — in die Gegenwart.)

Allmählich erhält das Bild des »hübschen braunen Jungen« festere Umrisse. Wir wissen nun, daß er »Mando« gerufen wird, daß er in Ragusa (dem heutigen Dubrovnik) wohnt und daß sein Vater, der wahrscheinlich Arzt ist, ein hübsches Haus nahe der Stadt auf einer Anhöhe besitzt. Im Grunde genommen ist das recht wenig, könnte man meinen, wenn man den Aufwand an Fragen bedenkt, der dazu von seiten der Moderation notwendig war. Berücksichtigt man zudem, daß dieser Versuch insgesamt über zwei Stunden (von 16.30 bis 18.40 Uhr) dauerte und daß hier manche Fragen und Antworten weggelassen wurden, weil sie Wiederholungen und unwichtige Dinge betrafen, mag man unser Verfahren als recht umständlich betrachten — dies besonders, wenn man es mit den neuerdings in der Literatur veröffentlichten Rückführungsprotokollen vergleicht, die sich kaum von einer normalen, flüssigen Unterhaltung im Alltag unterscheiden.

Wir werden jedoch hier weiterhin bei der wortgetreuen Wiedergabe der Aussagen des Reisenden und der Originalfassung der Moderation bleiben: einerseits um die Anwendung unserer Methode zu verdeutlichen, andererseits weil man damit nicht nur Angaben über äußere Lebensumstände, sondern die mindestens ebenso wichtigen Gefühle und psychologischen Vorgänge in der früheren Inkarnation erhält. Zudem ist oft der Ablauf der für die Übermittlung typischen Vorgänge bei dieser Methodik zu erkennen. Hierfür ein Beispiel:

Auf die Frage »Wie ruft man dich?«, staunt R. erst einmal darüber, daß ein Jungenname auf die (weibliche) Endung »a« lauten soll (»komisch — das geht auf ›a‹«). Wahrscheinlich erfaßt er die gesamte Information »Mando Ladriga«, reproduziert aber erst nur den Teil »Mandola« und bemerkt dazu: »Dann kommt noch etwas.« Auf die später erneut gestellte Frage nach seinem Namen bestätigt er dann »Mando«, als sei das selbstverständlich. Wir glauben nicht, daß dies mit der geringeren Ausdrucksfähigkeit des kleinen Jungen zusammenhängt. Im allgemeinen zeugen die Aussagen von R., auch wenn er als »Mando« spricht, von recht kritischer Beobachtungsgabe. So drückt er meist sein Erstaunen aus, wenn sich eine unerwartete oder nicht verständliche Situation ergibt. Man darf also wohl auch hier wieder die Zweidimensionalität der Zeitebene zur Erklärung heranziehen. In der Pentawelt erscheint »Man-do-La-dri-ga« nicht als ein Hintereinander, wie wir es lesen, sondern als gleichzeitiger Eindruck. Bei der Übertragung in unsere Sprache, die sich entlang der eindimensionalen Zeitachse bewegt, muß der Eindruck aufgeschlüsselt werden. Man begreift, daß dabei über die Zusammengehörigkeit der Silben Unsicherheiten entstehen können, die erst mit weiterer Hilfe der Moderation (indem diese die bereits verfügbaren Silben fixiert) behoben werden.

Wie klar sich bei diesem Verfahren die emotionalen Faktoren herauskristallisieren, läßt sich immer wieder beobachten. So hat Mando deutlich Schwierigkeiten, sein Elternhaus zu beschreiben. »Ich gehöre schon irgendwie hierher«, bemerkt er zu den ersten Bildern, aber er sieht im Haus nur zwei schwarzgekleidete, »wie Statuen« dasitzende Personen. Gleich das nächste Bild zeigt ihn traurig, weil er etwas verloren hat, das »ziemlich wichtig« sein muß. Anschließend wieder das Haus, aber: »Ich geh nicht rein, wenn man drin ist, irgendwo, ist... zu wenig Licht, draußen ist viel besser.« Seinen Vater sieht Mando sehr selten — bereitet es deshalb viel Mühe, den Namen am Haus zu entziffern? »Kein richtiges Zuhause eigentlich«, erklärt er, und bei der Frage nach der Mutter »kommt nichts«.

Man darf wohl hieraus auf eine Tragik oder Problematik schließen, die über Familie und Herkunft von Mando liegt und die ihm den Zugang zu den Erlebnispunkten dieses Bereichs erschwert. Damit könnte auch das mehrfach erwähnte Alleinsein (»keine Eltern, keine anderen Jungen«, oder »die sind alle weiter weg... ich bin irgendwie allein«) zusammenhängen. So erinnern wir uns auch wieder der »komischen« Sprache in jener Schule, zumal nun bestätigt wird, daß »nicht sehr viele Kinder sind« und sich Mando dort »öfters als zu Hause« aufhält. Ob dies durch die Zugehörigkeit zu einem fremden Volk oder einem anderen religiösen Bekenntnis bedingt ist? Das könnte ebenfalls das Gefühl des Alleinseins verständlich machen.

Im ganzen macht jedoch Mando durchaus nicht den Eindruck eines depressiv veranlagten Kindes. Im Gegenteil bricht immer wieder die Freude an allen schönen Dingen (wie etwa anläßlich des Festes) durch. Sie kann sich bis zur Begeisterung steigern, wenn es sich um die Beschreibung seines Aussehens und seiner Kleidungsstücke handelt. Das ist bei einem Jungen im Alter von etwa zehn Jahren keineswegs selbstverständlich, wenn nicht der Wunsch, jemandem zu gefallen oder es einem anderen gleichzutun, im Hintergrund steht. Wir sollten darüber rascher Aufschluß erhalten, als wir es erwarteten!

TRANSITION VOM 1. NOVEMBER 1977

R.: *...m — großes Schiff ... größeres Schiff...* (Pause)... *da muß ich auch einsteigen.*

M.: *Hmhm. Und du steigst ein?*

R.: *Geht 'n paar Stufen rauf, 'ne Treppe... und ich hab wieder was in der Hand, 'n Beutel oder 'n Tuch.*

M.: *Welche Farbe hat das?*

R.: *Braun. Oben so 'n hellen Rand. So... wie 'n Taschentuch, aber viel größer.*

M.: *Und du gehst jetzt aufs Schiff?*

R.: *Da ist noch 'n Mann mit... paar Männer auf dem Schiff. Schönes großes Schiff — kann drauf rumlaufen.*

M.: *Und du läufst rum?*

R.: *Hmhm* (genießt es scheinbar).

M.: *Hast du Schuhe an?*

R.: *Jaha. Niedrige Schuhe — und Hosen, sind unterm Knie gebunden... 'n Kittel, glaub ich, auch zugebunden, unten... oder... irgendwie anliegend.*

M.: *Entspann dich, aber behalte das Bild. Was siehst du noch?*

R.: *Wir müssen irgendwohin fahren... zu jemand... oder jemand holen* (fragend) *oder zu jemand fahren...* (Pause). *Bin aufgeregt...* (er lebt es mit).

M.: *Wie alt bist du?*

R. (Pause, denkt nach, strengt sich an): *Hmhm. Ja, das bin ich* (als hätte er das Alter schon gesagt).

M.: *Entspann dich noch mehr.*

R.: *Zehn Jahre!*

M.: *Zehn Jahre. Hmhm. Wie sieht das Schiff aus? Hat es Schornsteine?*

R.: *Nein. Es ist oben flach... dann zwei Masten... schöööne Segel, und hinten geht's etwas rauf, da ist 'n kleines Haus, und dann kann man noch runtergehen...*

M.: *Sind die Segel gesetzt?*

R.: *Nur ein kleines. Und die Männer rufen was... das Schiff fährt schon langsam.*

M.: *War es in einem Hafen?*

R.: *Hmhm... ziemlich viel Wind, und der Wind macht mir immer die... die Haare vor die Augen.*

M.: *Wie heißt der Hafen, wo das Schiff war?*

R. : *Mnja... wo, wo ich bin... wo ich immer bin — wo ich war... weiß es nicht... ja, ich glaube, da bin ich zu Hause, ja.*

M. : *Und das Schiff fährt jetzt?*

R. : *Hm, ganz langsam* (gedehnt gesprochen).

M. : *Ist es schön?*

R. : *Sehr! Aufregend...*

M. : *Du bist auf dem Schiff, siehst das Schiff, es fährt weiter und weiter. Du siehst dann, wie das Schiff ankommt, und sagst es.*

R. : *Ja... fährt weg, das... fährt immer weiter, immer weiter... weiter wird es... weiter...*

M. : *Laß es jetzt wegfahren.*

R. : *Das Schiff...* (sehr begeistert) *das ist schön — fährt schnell jetzt... ganz schnell. Das rauscht! Hm...* (beglückt) *ich soll runtergehn, aber ich will vorne sitzen. Sitz, glaube ich, in einer Rolle drin, so von Tauen... dicke Stricke, und da sitz ich drin und guck raus. ... viel Wind... oh* (entzückt, die Sprache immer sehr ausdrucksvoll und melodisch, fast singend, wie Südländer sprechen, wenn sie sehr begeistert und engagiert sind).

M. : *Macht dir Spaß?*

R. : *Hmhm... schön...*

M. : *Und die Leute auf dem Schiff, die kennen dich?*

R. : *Na — ja, glaube schon. Ja, ja, die wissen, daß ich da bin.*

M. : *Wie heißt du?*

R. : *Mando —*

M. : *Du sitzt —*

R. (unterbricht): *Aber... die, die mich... ja, die Leute, die mich nicht so gut kennen — weiß nicht... die sagen 'n bißchen anders.*

M. : *Wie sagen die?*

R. : *Der vorhin gerufen hat, wie ich runter sollte, das war* (seufzt)*... hm, A —... Amando... Amando! Hmhm.*

M.. *Und Freunde rufen dich Mando?*

R. : *Hmhm.*

M. : *Das Schiff fährt immer noch?*

R. : *Hmhm. Ganz... schnell. Immer so fahren... das spritzt* (hell begeistert)*, oooh..*

M.: *Wo wollt ihr hin?*

R.: *Jemand besuchen oder... holen.*

M.: *Von wo?*

R.: *Die wohnen weiter unten, glaube ich... Oder weiter drüben... weiter drüben, hmhm.*

M.: *Was siehst du vom Schiff aus?*

R.: *Wasser, nur Wasser... Meer, Wellen... Es dauert aber lange.*

M.: *Du hast Zeit, laß es ruhig dauern.*

R.: *Wir haben zu essen mitgenommen... hab ich in dem Tuch oder... ja... da ist was drin. So 'n runden Kuchen oder Brot, aber süßes Brot* (ist stolz darauf).

M.: *Was noch?*

R.: *Und... hm, könnte Käse sein, ja, aber — komisch, der tropft, ist ganz weich.*

M.: *Auch Früchte?*

R.: *Früchte haben die... die haben sie auf dem Schiff.*

M.: *Wo wirst du schlafen auf dem Schiff? Es ist Abend, und du gehst schlafen.*

R.: *Hm, da muß ich runter. Is mir aber 'n bißchen unheimlich. Da hängt 'ne Lampe, und die wackelt hin und her und dann... so 'ne Matte... 'n paar hängen da, da schläft man wohl drin, ja. Ist aber hübsch* (freut sich). *Ja, da schlafen wir drin. Ein Mann, der mit mir ist — aber ist nicht... mein Vater oder so... der bringt mich hin. Und dann noch vier oder fünf andere Männer, vielleicht vom Schiff.*

M.: *Gut. Ruh dich jetzt aus. Du bist noch auf dem Schiff, und ihr kommt jetzt an. Wenn du das siehst, sagst du es mir.*

R.: *Da ist 'ne Lampe oben... aber die ist... ja, die ist auf dem Schiff, die ist oben am Mast. Aber es fährt nicht mehr.*

M.: *Wo bist du, oben?*

R.: *Vielleicht in der Nacht angekommen... noch warten. Die Männer arbeiten... legen was zusammen, lassen die Segel runter, sind sehr beschäftigt. Jetzt wird's hell.*

M.: *Wo bist du?*

R.: *Hmhm... ist immer noch das Schiff, ja, aber wir sind daah... sind da, ja.*

M.: *Wie sieht es aus?*

R.: *Ja, Häuser, aber die sind weiter weg, und vorne ist... andere Schiffe, wir sind gar nicht am Land, wird sind neben einem anderen Schiff, und da müssen wir drüberlaufen... und dann so 'n großer Stein und 'n paar Ringe drin mit Seilen, sind die Schiffe angebunden, ja.*

M.: *Und ihr geht an Land?*

R.: *Ja, der Mann geht mit — ich weiß nicht, wer ist der Mann... ach... nein* (gedehnt, sehr erstaunt und beeindruckt)... (lange Pause).

M.: *Was siehst du an dem Mann?*

R.: *Nicht der Mann... Jetzt weiß ich... hm* (immer noch sehr beeindruckt). *Wir besuchen meine Schwester... ist das möglich... ja, wir besuchen meine Schwester.*

M.: *Ihr geht dorthin?*

R.: *Hmhm. Mit dem Mann.*

M.: *Siehst du das Haus deiner Schwester?*

R.: *Noch nicht, wir gehen... da ist eine ganz, ganz enge Gasse, da geht's rauf... schräg rauf ein bißchen, nicht viel... und dann kommen rechts so Bögen...*

M.: *Ist eine kleine Stadt?*

R.: *Das weiß ich nicht, ich glaub aber nicht so groß wie unsere, aber sind auch viele Häuser, sind aber viel enger zusammen...*

M.: *Wie heißt die Stadt?*

R.: *Ancona* (Antwort sofort, ohne Zögern).

M.: *Wie heißt sie?*

R.: *Ancona!* (mit dem Beiklang: »sagte ich doch schon«) *hm... jetzt rauf, 'ne Treppe... schön! Da sind Blumen — und ein Baum... das ist, ja das ist Oleander, noch einer, noch einer... mit Blüten, ganz viele — jetzt scheint auch die Sonne. Und das ist so 'n Innenhof, da geht man durch 'n Tor...*

M.: *Ihr geht durch das Tor?*

R.: *Ja. Und hinten ist 'ne Tür, aber keine richtige Tür, nur 'ne Öffnung, und da ist so 'n Vorhang.*

M.: *Ein Vorhang?*

R.: *Ja, so... wie Schnüre, dicht nebeneinander. Jetzt kommt... mm... ja, jetzt kommt sie raus* (sehr ergriffen)*... es ist dann wieder weg, geht zwischendurch weg... und ist... kommt schon wieder... kommt sicher wieder...*

M.: *Du bleibst dort. Du entspannst dich. Siehst du das Bild wieder deutlicher?*

R.: *Aber ich seh nicht, ist alles verschwommen... ich glaub ich muß... ich muß weinen* (ganz kleine Stimme)*...*

M.: *Bist du traurig?*

R.: *Schön... hmhm. Ja, sie ist da, zwischen den Blumen, sie ist aus der Tür gekommen...*

M.: *Wie sieht sie aus? Schön für dich?*

R.: *Seeehr schön! Größer als ich.*

M.: *Und die Haare, wie?*

R.: *Dunkel und Locken... fallen so runter an beiden Seiten...*

M.: *Welche Hautfarbe? Hell?*

R.: *Sehr... ja, dunkelbraun. Ja, das ist sie... ist meine Schwester* (seufzt tief)*.*

M.: *Was hat sie an? Ein Kleid?*

R.: *Nein, kein ganzes Kleid — hm — is 'n Kittel oder 'ne Bluse... Bluse, so was Ähnliches, und dann... 'n Rock, aber ganz dicker Stoff, hmhm... eigentlich so wie Sackleinwand, sieht aber hübsch aus, so gewoben und verziert...*

M.: *Wie heißt deine Schwester? Wie nennst du sie?*

R.: *Gentiana* (sofort)*.*

M.: *Gentiana?*

R..: *Hmhm... weiß nicht... auch -ziana... is hübsch* (atmet ziemlich schwer)*.*

M.: *Hat sie einen Mann?*

R.: *Hm — nein, ist noch nicht so alt... Ein Mann ist auch da, und 'ne Frau und 'n ganz kleines Kind... is eigentlich nur sie da — das andere sind... ist ganz im Hintergrund...*

M.: *Entspann dich wieder. Sag mir, was du noch siehst.*

R.: *... wir sind in der Stadt... gehen wohin. Wir haben beide... nackte Füße... ist schön warm.*

M.: *Du und deine Schwester?*

R.: *Hmhm. Wir gehen irgendwohin — vielleicht was einkaufen?*

M.: *Und wie alt bist du?*

R.: *Zehn Jahre.*

M.: *Welches Jahr schreibt ihr, weißt du das?*

R.: *Hm — milleottocentocinquantuno (1851).*

M.: *Hmhm. Weißt du, wann du Geburtstag hast?*

R.: *Seh ich nicht, jetzt...*

M.: *Du bist Mando. Und du weißt, wann man deinen Geburtstag feiert. Du weißt, wann das war oder wann das sein wird.*

R.: *Hm — das war schon... is schon länger her* (strengt sich an) *— wir feiern Geburtstag nicht so...* (wie um sich zu entschuldigen, daß er es nicht weiß).

M.: *Es macht nichts, wenn du es nicht findest. Siehst du noch dich und deine Schwester?*

R.: *Mn — jetzt gar nicht — wollte den Geburtstag... is weg...* (Pause). *Jetzt... jetzt kommt... ah — nove Febbraio milleottocentoquarantuno* (9. Februar 1841).

M.: *Danke. Sehr gut, sehr gut. Siehst du etwas? Siehst du ein Bild?*

R.   (Pause): *Hm — schönes großes Haus, ganz aus Marmor... da kommen wir dran vorbei, da kann man unten so durchgehen...*

M.: *Du und deine Schwester?*

R.: *Hmhm — wir halten uns. Da sind viele... da sind Tische und... Händler oder was, sitzen am Boden... einer rührt in einem Topf — hm... da ist Rauch, da braten sie was... es brennt in den Augen...*

M.: *Nehmt ihr auch davon was?*

R.: *Riecht gut, aber 's brennt in den Augen — muß... äh... so über die Augen streichen* (ist unruhig).

M.   (streicht R. über die geschlossenen Augen): *So, jetzt ist es besser.*

R.: *Hmhm.*

M.: *Was macht ihr noch weiter? Ihr lauft so in der Stadt rum?*

R.: *Ich seh jetzt gerade nichts... hmhm. Wir sitzen jetzt wieder da beim Haus... in dem Garten... kleiner Steintisch... und... aber ganz niedrig, wir sitzen, glaub ich, am Boden, nein, nicht ganz... niedriger Hocker und schön rot bezogen... is hübsch.*

M.: *Eßt oder trinkt ihr was?*

R.: *Ja, 's is — Stücke Fleisch, gebratenes Fleisch — hm, gut, ja...*
Knochen zum Knabbern...

M.: *Knabbert deine Schwester auch?*

R.: *Hmhm... schöne Zähne...*

M.: *Wie alt ist deine Schwester?*

R.: *Sie ist... dreizehn — vierzehn... ja, vierzehn.*

M.: *Was hat sie für Augen?*

R.: *Hmm... ganz dunkle. Die lacht so hübsch — jetzt, wenn sie knab-*
bert, und dann hat sie so 'n paar Fältchen auf der Seite. Und über
der Stirn kräuseln sich die Haare so 'n bißchen... (Pause). *Die*
Hände, die passen nicht so ganz dazu, die sind... noch recht kind-
lich, find ich — aber sieht hübsch aus... leckt die Finger ab... is
wieder weg...

M.: *Schläfst du dann auch dort?*

R.: *Ja, ich glaub, ich bleib noch da... ja... da ist das Instrument wie-*
der... das dreieckige...

M.: *Ist es dasselbe — hast du es mitgebracht?*

R.: *Hab keines mitgebracht — ich hatte doch nur das Bündel da...*
muß da sein... vielleicht 'n anderes.

M.: *Und nun spielst du?*

R.: *Mnnein — sie spielt. Sie kann gut spielen, so einen Tanz... ist es,*
oder sowas... 's klimpert so, schöner Rhythmus.

M.: *Und — kannst du das tanzen?*

R.: *Ich tanz aber nicht, ich sitze nur und hör zu... hübsche Melodie...*

M.: *Summ sie mal mit. Hörst du sie?*

R.: *Hm...* (Pause, summt dann tatsächlich ein paar Takte) *...immer*
so in der Art...

M.: *Ist es schon dunkel?*

R.: *Ja, brennt 'ne kleine Lampe dahinten im Garten. Aber es ist rings-*
um zu. Und... oben ist auch noch 'n Licht... schön, Käfer so... flie-
gen um das Licht... hübsch so...

M.: *Es ist jetzt später, und ihr geht schlafen. Du siehst, wo du schläfst,*
du siehst das Zimmer.

R.: *Ist kein Zimmer — kleine Kammer.*

M.: *Da schläfst du allein? Oder mit deiner Schwester?*

R.: *M-m seh niemand anders, is auch nur so... kleiner Tisch drin und 'ne Schüssel oder was steht dadrauf — das Bett ist kein richtiges Bett, ist so 'n Sofa...*

M.: *Und am Morgen, wenn du aufwachst, gehst du wieder zu deiner Schwester?*

R. (nach Pause): *Ja, sie ist aber zu mir gekommen... 's ist noch ziemlich dunkel.*

M.: *Sitzt sie am Bett?*

R.: *Sie hat mir was zu trinken gebracht* (erstaunt)... *bin doch nicht krank? Nein — bin ich nicht...*

M.: *Was hat sie gebracht?*

R.: *Irgend sowas wie so... verdünnter Wein oder so... aber 's schmeckt gut. Und sie hat einen Arm unter mich gelegt... is... ist sehr lieb* (ganz gerührt)... *is schön... hm...*

M.: *Du hast das getrunken?*

R.: *Und dann... bleibt sie bei mir... wahrscheinlich schlafen wir... oder ich schlaf ein... 's geht jetzt weg.*

M.: *Hmhm. Du schläfst jetzt ein. Ruh dich aus. Jetzt ist es Morgen, und du siehst dich dort bei deiner Schwester, und du sagst mir, was du siehst.*

R.: *'s geht durcheinander, ich glaube... ich* (erstaunt), *das ist doch wieder Ragusa?*

M.: *Bist du noch mit deiner Schwester?*

R.: *Ja, Tiana ist auch hier* (erleichtert). *Aber etwas ist komisch — sie geht irgendwie weg.*

M.: *Geht sie woanders hin?*

R.: *Nein — wir gehen nach Hause, aber, 's ist — sie ist zu Hause anders oder... nein, ich glaube, wir sollen nicht zusammen nach Hause kommen.*

M.: *Kommst du schon zu Hause an?*

R.: *Ich bin schon zu Hause... nur erst sehen... ich seh noch nichts richtig.*

M.: *Entspann dich wieder. Du bist jetzt zu Hause. Siehst du etwas?*

R.: *Ist schwer zu sehen... man fühlt sich nicht richtig wohl... man muß noch warten mit Essen — vielleicht, bis mein Vater kommt...*

aber 's steht schon auf dem Tisch... Reis steht da, mit Früchten...

M.: *Ist Gentiana auch schon da?*

R.: *Die ist auch noch nicht da — doch, sie kommt runter, hat sich umgezogen... Aber sie ist wieder so weit weg... ja, sie...* (bekümmerte Pause). *Die sind alle so ernst, ich glaube, wir dürfen — nicht viel lachen oder so.*

M.: *Hmhm. Seid ihr beide allein im Zimmer?*

R.: *Nein, da ist noch eine Frau, die ist ziemlich rundlich... aber 's ist nicht meine Mutter... ist sie nicht... aber hat gekocht... Jetzt kommt mein Vater auch rein — mmmh, wir müssen aufstehen* (erstaunt, befremdet).

M.: *Und dann, was sagt er?*

R.: *Er betet was. Hat sich hingesetzt, und wir müssen stehen bleiben.*

M.: *Wer sitzt noch am Tisch?*

R.: *Die... die Frau, die rundliche — die sitzt an der schmalen Seite, und an der anderen schmalen Seite sitzt unser Vater, und dann sitzen wir uns gegenüber.*

M.: *Ist der Vater freundlich zu euch?*

R.: *Hm* (Pause). *Ich weiß nicht, ich glaube, hat vorher noch mit mir geschimpft... aber das war schon vorher... jetzt guckt er mich nicht an...*

M.: *Jetzt ißt er?*

R.: *Aber er ißt was anderes... die Frau tut uns von dem Reis mit Früchten auf.*

M.: *Und sonst ist niemand dort? Keine Mutter?*

R.: *Nein, seh ich nicht...*

M.: *Weißt du, wo du geboren wurdest?*

R. *... (Pause).*

M.: *Es macht nichts, wenn es dir jetzt nicht einfällt.*

R.: *Hmhm.*

M.: *Ihr seid also noch dort beim Essen? Wie alt bist du?*

R.: *Das ist jetzt auch weggegangen... nove... si, nove anni* (neun Jahre).

M.: *Parlate Italiano a casa?* (Sprecht ihr zu Hause Italienisch? — M. wollte R. veranlassen, sich weiter dieser Sprache zu bedienen.)

R.: *Sì... a casa sì — ma non sempre in scuola.* (Ja... zu Hause ja, aber nicht immer in der Schule.)

M.: *In scuola un' altra lingua?* (Gibt es in der Schule eine andere Sprache?)

R.: *Parliamo Latino... non sono molti bambini, è una scuola speciale, anche per un' altra lingua... credo Ebraico.* (Wir sprechen Lateinisch — es sind nicht viele Kinder, es ist eine besondere Schule, auch für eine andere Sprache, glaube Hebräisch.)

M.: *E sai perchè tu sei in questa scuola?* (Weißt du, weshalb du in dieser Schule bist?)

R.: *Hmmm... credo questo dipende di i miei genitori...* (Glaube, das hängt von meinen Eltern ab bzw. mit meinen Eltern zusammen...)

M.: *Deine Eltern wollen, daß du dorthin gehst?* (Das Gespräch wird nun wieder in Deutsch fortgesetzt.)

R.: *Mnnn — nein, weiß ich nicht genau... geht auch wieder weg...*

Einige weitere Fragen der Moderatorin zeigten, daß R. zu diesem Thema jetzt keinen Zugang finden konnte. Daher erfolgte Führung in die Gegenwart. Wie schon früher bereiteten die Bilder von Zuhause ziemliche Schwierigkeiten. Doch gelang R. diesmal die Übermittlung deutlicherer Eindrücke. Der Vater (falls es sich überhaupt um Mandos leiblichen Vater handelt) scheint ein recht autoritärer Mann zu sein. Die Kinder fühlen sich gehemmt, sie »dürfen nicht viel lachen«, und Gentiana »ist zu Hause anders«. Daß sie aber auch »nicht zusammen nach Hause kommen« sollen, mutet eigenartig an, und es spielen wahrscheinlich noch andere Gründe mit.

Die »besondere Schule«, die Mando besucht, bestätigt frühere Aussagen. Möglicherweise besteht hinsichtlich der Herkunft eine Beziehung zum israelitischen Kulturkreis. Die Tatsache, daß sich die Familie Ladriga in einer gewissen Isolation befindet, dürfte das Verhalten des Vaters mitbestimmen. Er sucht möglicherweise Traditionen aufrechtzuerhalten.

All dies hat sicher dazu beigetragen, daß sich die Geschwister sehr eng aneinander angeschlossen haben und daß die hübsche und lebhafte ältere Schwester für Mando seinen eigentlichen Lebensinhalt bedeutet. Das Glück, das er in ihrer Nähe empfindet, die Bewunderung, die er Gentiana entgegenbringt, wird auch wieder in einigen Berichten aus den beiden nächsten Transitionen zum Ausdruck gebracht. Ob in dieser für einen zehnjährigen Jungen unerwartet differenzierten Gefühlsentfaltung bereits die Ahnung einer bevorstehenden schicksalshaften Trennung liegt?

Zuweilen verfällt Mando in seine damalige Umgangssprache Italienisch. Es scheint hauptsächlich dann zu geschehen, wenn es sich um Daten (Jahreszahlen, Geburtstag) oder Angaben über die Schule handelt. Also bei angelernten oder unabhängig von ihm feststehenden Begriffen. Es ist möglich, daß solche Begriffe in der Parallelwelt auf andere Weise gespeichert sind als die persönlichen Erlebnisse. Die heutige Muttersprache von R. (und ebenfalls von M.) ist Deutsch, beide sprechen jedoch auch etwas Italienisch. Es fiel auf, daß R. in der Transition diese Sprache müheloser beherrschte, als es normalerweise der Fall ist.

Den Namen seiner Schwester spricht R. »Genziana« aus. Die italienische Schreibweise wäre in diesem Fall *Ghenziana*. Da die Kurzform jedoch *Tiana* ausgesprochen wird, nehmen wir an, daß die richtige Schreibweise dem Lateinischen *Gentiana* entspricht, wie wir sie hier verwenden.

In der folgenden Transition soll nun versucht werden, Aufschlüsse über die Herkunft von Mando zu erhalten.

M.: *Du bist Mando und zehn Jahre alt, und du sagst mir, was du siehst.*

R.: *...Auf einem Berg oder Hügel — wir haben ein Körbchen... wir haben Trauben gepflückt, und jetzt essen wir welche... wir haben uns hingesetzt.*

M.: *Wer — wir?*

R.: *Hm — Tiana und ich.*

M.: *Weißt du, welches Jahr es ist?*

R.: *Cinquantuno (51).*

M.: *Weißt du auch den Monat?*

R.: *Settembre... è Domenica.* (September... es ist Sonntag.)

M.: *Wart ihr in der Kirche?*

R.: *Hm — wir sind früher weg... nein, wir waren nicht in der Kirche, nein... Wir hätten irgendwo hingehen sollen, aber sind dann nicht gegangen oder früher weggegangen.*

M.: *Seid ihr nicht mit eurem Vater hingegangen?*

R.: *Nein... wir sind weggegangen, damit wir mehr Zeit haben, es ist ziemlich weit oben... rote Blumen sind da, 'ne schöne große Eidechse... oh, ist die grooß...*

M.: *Hast du mit Gentiana einmal darüber gesprochen, wo du geboren bist? Sicher doch.*

R.: *Hmhm... (Pause). Aber ich glaube... wir wissen nicht, wer unsere Eltern sind... wir waren... ist irgendwie dunkel... andere Leute haben uns... gekriegt... oder genommen...?*

M.: *Ihr sprecht manchmal davon?*

R.: *Nicht gerne.*

M.: *Von wo seid ihr gekommen?*

R.: *Von weiter... von weiter her... die Leute reden anders... Ja, jetzt weiß ich — deswegen gehen wir nicht in die Kirche wie die andern hier.*

M.: *Entspanne dich — du wirst es gleich wissen.*

R.: *Gentiana sucht immer was... hat 'ne Haarspange verloren, glaub ich... ich muß ihr suchen helfen...*

M.: *Wie sieht die Haarspange aus?*

R.: *Sehr schön. Gelb — Metall, weiß nicht... und dann sind rote Steine aufgesetzt... rote Steine, ja.*

M.: *Und die sucht ihr?*

R.: *Hm... Aber nein (lächelt)! Sie hat... sie gar nicht verloren. Sie hat nur Spaß gemacht. Macht oft so Sachen, und dann sagt sie's mir... und dann (unverständlich)... zieht mich und gibt mir 'n Kuß und sagt: »Bist 'n kleiner dummer Junge!«... so ähnlich.. aber hat mich dann sehr lieb...*

M.: *Weißt du noch, wie das Land hieß, wo ihr hergekommen seid? Das weiß Gentiana doch sicher.*

R.: *Hmhm. Sie weiß sehr viel... aber ich glaube, sagt nicht viel — nicht alles... ich seh jetzt nur die großen blauen Trauben...*

und das knackt, wenn sie reinbeißt... dann geht's weg (seufzt).

M.: *Entspann dich. Geh nun so weit zurück, bis du siehst, wo ihr früher wart, bevor ihr nach Ragusa gekommen seid.*

R.: *Hm... nicht wahr...* (unverständlich). *Hm, ich seh... so 'ne Art Moschee und Kuppeln, viele Kuppeln... auch am Meer...*

M.: *Du wirst gleich den Namen wissen — entspann dich.*

R.: *M-m, noch nicht... forse Cattaro?* (Vielleicht Cattaro?)

M.: *Catta...?*

R.: *Cattaro — is nicht... ist die andere Seite vom Meer, sind auch Berge im Hintergrund... richtige Berge, höher als bei Ragusa... viel felsiger.*

M.: *Weißt du, wie das Land heißt?*

R.: *M-m. Noch nicht... Wir sind hier... irgendwie... ja, lange auf der Straße gefahren, ja. Wir fahren auf der Straße... fahren auf der Straße... Gentiana ist da — hat 'ne rote Schürze um...*

M.: *Wie alt bist du?*

R.: *Und... hm... vielleicht vier oder fünf... fünf Jahre vielleicht.*

M.: *Womit fahrt ihr?*

R.: *Auf der Straße... mit 'm Wagen... große Räder, die knarren...*

M.: *Dein Vater auch?*

R.: *Seh ich nicht... nur... sind 'n paar Kinder auf dem Wagen, andere Kinder — und andere Leute gehen zu Fuß... oder wir kommen dran vorbei... keine Stadt jetzt, geht übers Land... hm... so 'n bißchen rauf und dann wieder runter.*

M.: *Hat Gentiana gesagt, wohin es geht?*

R.: *M-m, es hat niemand... ich glaub, wir sind ziemlich müde... paar Kinder schlafen... Kopf tut 'n bißchen weh, es rüttelt* (leicht vorwurfsvoll)...

M.: *Du gehst weiter nach vorn, bis ihr ankommt. Dann sagst du, was du siehst.*

R.: *..* (Pause).

M.: *Tut dein Kopf immer noch weh?*

R.: *M-m. Ist vorbei.* (Er seufzt) *hm... hebt man uns runter... oh — wir kriegen was zu essen... das ist so 'n Platz, und da stehen Häuser drum...*

M.: *Und da kriegt ihr zu essen?*

R.: *Hmhm. Aber draußen... so 'n Brei, schmeckt aber gut... Hirse oder sowas... is warm.*

M.: *Und dann fahrt ihr weiter?*

R.: *Ja, ich glaube... ja, wir sind noch nicht da.*

M.: *Entspann dich. Du gehst weiter nach vorn, bis ihr ankommt. Dann sagst du es.*

R.: *Hmhm... aber wir schlafen nur da... da ist so 'n großer Raum oder 'n Zimmer, und da liegen Decken und Stroh drunter oder sowas... Heu...*

M.: *Ist das Haus in einer Stadt?*

R.: *Hm — nur 'ne kleine... vielleicht Dorf...*

M.: *Du und deine Schwester — ihr seid zusammen?*

R.: *Hmhm — zum Glück* (tief empfunden).

M.: *Sie sagt nicht, wo ihr seid?*

R.: *M-m. Ich glaube, wir wissen es gar nicht. Man wird ziemlich rumgeschubst... vorher war's netter...*

M.: *Ruh dich wieder aus, geh weiter voraus. Ihr werdet weiterfahren, bis ihr ankommt, dort, wo ihr hinsollt. Du wirst mir sagen, wenn ihr ankommt, dort, wo ihr hinsollt.*

R.: *...* (Pause). *Ja, es ist... schon die Stadt jetzt und 'n großer Platz, und stehn wieder viele und wird...*

M.: *Und ihr seid angekommen?*

R.: *...und wird... ja, ich glaube schon... oder ist das später?... Da wird irgendwas verteilt... oder* (betont) *wir werden verteilt — is doch nicht möglich... Ja, da ist auch der Vater, und der nimmt uns, nimmt uns mit — wir gehen mit ihm mit...*

M.: *Und das ist euer Vater?*

R.: *Weiß nicht... ja... ja, das ist er... recht deutlich...*

M.: *Hat er eine dunkle oder eine helle Haut?*

R.: *Mmm — nicht so dunkel, wie wir... wir sind dunkler...*

M.: *Die Mutter ist nicht dabei?*

R.: *...m-m...* (verneint).

M.: *Kennt ihr den Vater von früher?*

R.: *Das weiß ich auch nicht, aber... ich glaube es wenigstens, sehr undeutlich... bin ja noch klein...*

M.: *Sagt er was Nettes zu euch?*

R.: *Hören kann ich nichts... sehe nur...*

M.: *Hat er einen Bart?*

R.: *Hmhm... 'n spitzen Bart, ja... und schwarze Haare.*

M.: *Wie alt ist deine Schwester jetzt, Gentiana?*

R.: *Hm... acht, neun — neun Jahre.*

M.: *Und ihr geht mit ihm jetzt nach Hause?*

R.: *Wir gehen irgendwohin* (betont »irgendwohin«) *— wahrscheinlich... nach Hause... dann geht's weg... ist so komisch, er geht voraus... und so ein dunkler Torbogen oder eine Hofeinfahrt, da gehn wir auch, und dann verschwindet das...*

M.: *Entspann dich wieder — laß es weggehen.*

R. (nach Pause): *Es riecht so gut... da blüht was... aromatisch und betäubend... 's jetzt wieder weg... aber sind sicher Blüten da... ja, mit weiß-rosa Blättern, ziemlich große Blüten — in einem Garten wahrscheinlich.*

M.: *Und wo bist du jetzt?*

R.: *...*(Pause).

M.: *Wie alt bist du?*

R.: *Zehn Jahre... bin schon ziemlich groß.*

M.: *Weißt du, welches Jahr ihr schreibt?*

R.: *Cinquantuno* (51).

M.: *E sai, dovè sei nato?*

R.: *Hm... credo sono nato in Cattaro (Kotor)... ma non sono sicuro... hm... difficile.* (Glaube, ich bin in Kotor geboren, bin aber nicht sicher... schwierig.)

M.: *Wo hast du gelebt vor Ragusa?*

R.: *Hm — einmal sicher in Cattaro, aber noch woanders — oder noch zweimal woanders... ja, noch zweimal woanders.*

M.: *Und jetzt bist du zehn Jahre alt und in Ragusa?*

R.: *Glaube nicht Ragusa... hm... könnte schon sein. Nur — weiß ich nicht — das ist mir neu... komisch... bin, ja, ich bin über 'ne Mauer geklettert, weil die Blumen da so gut dufteten...*

M.: *Entspann dich nun, geh ein bißchen nach vorn...*

R.: *Hm, dann kommt wieder das Schiff* (Reise zu seiner Schwester).

M.: *Geh noch weiter nach vorn. Du bist zehn Jahre alt, und es ist November. Was siehst du?*

R.: *Ich steh auf einem ziemlich langen Weg... der geht aber ins Meer raus wie 'ne Mole — und da steh ich, hab die Hände in den Taschen und den Kragen hoch... ist ziemlich viel kalter Wind.*

M.: *Du schaust aufs Meer?*

R.: *Hmhm... warte, glaub ich, auf ein Schiff... kleineres Schiff...*

M.: *Wer kommt mit dem Schiff?*

R.: *Kommt Tiana... da freu ich mich.*

M.: *Bleibt sie jetzt wieder bei euch in Ragusa?*

R.: *Ich glaube ja.*

M.: *Wenn sie ankommt, dann sag es mir. Du gehst soweit vor, bis sie ankommt.*

R.: *Muß jetzt da stehenbleiben. Da ist noch 'ne Glocke, an 'nem niedrigen Gestell, und da schlagen sie von Zeit zu Zeit dran, ja... ist Nebel, hmhm... da dauert es länger, bis das Schiff kommt.*

M.: *Bist du allein auf der Mole oder mit deinem Vater?*

R.: *Hmhm — ganz allein... weiß nicht, wie lange ich schon da stehe, aber jetzt kommt das Schiff.*

M.: *Wie sieht es denn aus?*

R.: *Hm — das ist... ganz dunkles Holz und sehr, sehr hoch jetzt... fährt jetzt langsam der Mole entlang, und ich laufe mit... da vorne machen sie's dann fest.*

M.: *Jetzt kommt sie gleich?*

R.: *Da kommen die Leute runter, aber ziemlich viele Leute, haben so Taschen und alles mögliche mit — vielleicht ist sie auch nur irgendwohin weggefahren. Da ist ihr Kopftuch... ja, jetzt kommt sie.*

M.: *Wie sieht ihr Kopftuch aus?*

R.: *Mit Punkten, schwarzen Punkten — und braun mit schwarzen Punkten... Hm... 's geht aber jetzt weg... hm, schade.*

M.: *Entspann dich. Es kommt gleich wieder.*

R.: *Sah hübsch aus... Hmhm, jetzt seh ich sie wieder. Hat große Ohrringe...*

M.: *Hat sie eine Tasche wie...*

R.: *Tja, aber 'ne andere Tasche als die Frauen — so mit Fell und Leder... und... ja, jetzt ist sie runtergekommen. Hm — geht wieder weg... aber wir gehen zusammen weg, ja, wir gehen zusammen nach Hause.*

M.: *Ihr freut euch?*

R.: *Hmhm. Sie hat mir was mitgebracht... schööön, 'n Kästchen mit... Muscheln drauf.*

M.: *Was tut man da rein?*

R.: *Innen glänzt es so wie Perlmutt oder so... gaaanz hübsch... ja, man kann reintun, was man will... da sind außen ringsum... ist eine Reihe ganz kleine Muscheln, die sind aber ziemlich rot, dann kommen größere... und dann kommen wieder kleinere und kleinere... Hmhm... schön* (immer noch entzückt).

M.: *Wie alt ist Gentiana jetzt?*

R.: *Hm — vierzehn... vierzehneinhalb.*

M.: *Sehr gut. Entspann dich. Siehst du noch etwas?*

R.: *M-m...* (Pause). *Wird ziemlich schwer, was zu sehen.*

(Führung aus der Pentawelt — mit dem Bild von der »ganz großen Muschel« — in die Gegenwart.)

Die ersten Lebensjahre von Mando scheinen ziemlich turbulent gewesen zu sein. Die Fragen nach dem Geburtsort führten zu keinem eindeutigen Ergebnis. Es ist bekanntlich schon im gegenwärtigen Leben schwierig, zu sehr frühen Jugenderlebnissen vorzudringen. Ähnlich liegt es auch bei vorangegangenen Inkarnationen. Die Differenziertheit der gespeicherten Erlebniskerne ist subjektiv bedingt, mithin abhängig vom Bewußtseinsradius des Individuums. Ein gewaltsam erzwungener Wohnsitzwechsel zum Beispiel wird vom kleinen Kind nicht unbedingt als katastrophal empfunden. Man wird wohl »rumgeschubst«, muß lange auf holprigen Wegen fahren, ist aber gleich wieder glücklich, wenn es »was Warmes zu essen« gibt. Wie anders wird der Erlebniskern desselben Ereignisses beim Erwachsenen strukturiert sein, der dabei vielleicht um sein Leben kämpfte und seine ganze Existenz zusammenbrechen sah! Immerhin dürfte bei Mando durch vermutlich tragische Ereignisse in den ersten Jahren (Verlust der Mutter?) eine zusätzliche Abneigung gegen das Eindringen in jene Zeit bestehen. Sofern ihm die Moderation freie Hand läßt, begibt er sich am liebsten in den Lebensabschnitt zwischen neun und elf Jahren. Wie zum Beispiel nach dem Empfang durch den » Vater «, wo der Blumenduft genügt, um sich in die späteren Jahre tragen zu lassen.

Gesichert scheint, daß er mit etwa fünf Jahren nach Ragusa kam und daß er vorher einmal in Cattaro (dem heutigen Kotor, etwa siebzig Kilometer südlich von Dubrovnik) lebte. » Aber noch einmal, nein zweimal woanders « war er, bevor er mit seiner Schwester nach Ragusa gebracht wurde. Demnach dürfte er kaum in Cattaro geboren sein. Das undeutliche Bild — » so 'ne Art Moschee und Kuppeln, viele Kuppeln « — könnte an einen weiter südlich (vielleicht in Mazedonien?) oder im kleinasiatischen Raum gelegenen Herkunftsort denken lassen. Darüber konnten erst in einer späteren Transition Aufschlüsse erhalten werden, die über » Mando « hinaus zurückführte.

Vorerst aber wollen wir sehen, wie sich Mandos Leben weiter gestaltet, wenn man über sein elftes Jahr hinausgeht. Bisher hatte das die Moderation bewußt vermieden, weil bereits einmal die Andeutung einer Katastrophe erfolgt war und eine entsprechende psychische Belastung seitens R. nicht auszuschließen war. Dadurch hätten zudem die weiteren Berichte beeinflußt werden können — eine Befürchtung, die sich zum Glück als unbegründet erwies.

M.: *Du bist Mando und zehn Jahre alt und sagst mir, was du siehst. Kannst du mich hören?*

R.: *Hmhm... (Pause). Wir — wir bauen was im Garten.*

M.: *Was ist das?*

R.: *Weiß noch nicht... da sind... ist so 'n Kreis — ach, jetzt weiß ich: das wird 'ne Sonnenuhr... ah, das ist hübsch! So 'n Metallstab, gebogen, und dann... hm... ja, das ist von der Schule. Da haben wir was aufgezeichnet, so auf Pappe. Da sind Striche und Zahlen...*

M.. *Wer baut mit?*

R.: *Hm — noch ein Junge, Alfredo, ist aber schon 'n bißchen größer als ich... dann ist aber noch ein Junge da, kleiner... aber der guckt, ja der guckt nur zu... is der Fabiano.*

M.: *Wo seid ihr — in eurem Garten?*

R.: *Hmhm... ja, das ist unser Garten.*

M.: *In welche Schule geht ihr?*

R.: *Hm... unsere Schule... gibt 'n paar Schulen... ah, da haben wir... hm, ein Teil vom Tierkreis ist auch da, müssen wir drunterlegen und dann so 'ne Einteilung drauf...*

M.: *Müßt ihr das in die Schule mitnehmen?*

R.: *Nein, die haben das aus der Schule gebracht... die Einteilung und den Kreis... und... stellen wir das auf... da ist Sagittario... Capricorno... Aquario (Schütze, Steinbock, Wassermann)... das ist... ja, das geht so schief rauf, ja.*

M.: *Aquario, das bist du?*

R.: *Hm... und wenn... der Schatten wird von dem Stab länger, immer 'n bißchen... und dann müssen wir den Zodiaco so legen, daß er jetzt stimmt...*

M.: *Und was ist jetzt?*

R.: *Jetzt ist Dicembre... und das ist ganz hübsch (entzückt)... und dann sind Zahlen — neun, zehn, zwölf und dann wieder zwei, vier... und da geht der Schatten auch drüber... dann haben wir noch 'ne Tabelle... ha, jetzt kommt das an die Mauer!*

M.: *Wohin?*

R.: *Die Mauer vom Haus... ziemlich vorne, wo die Sonne hinscheint...*

M.: *Und wie macht ihr das an?*

R.: *Wir haben zwei Löcher, und da stecken wir diesen gebogenen Stab... der kommt da rein, und dann hat Alfredo Hölzchen reingeschlagen... ist gut gegangen...*

M.: *Jetzt freut ihr euch?*

R.: *Hmhm... wir sind stolz!*

M.: *Sieht man vom Garten aus die Stadt?*

R.: *Hm... nicht von hier aus — es sind zwei Bäume davor, man muß 'n bißchen vorgehen... dann sieht man... ja... Der Alfredo zeigt mir die Tabelle noch... is 'n bißchen schwierig, hm, er ist nett (beeindruckt)... 's geht weg (leicht enttäuscht).*

M.:   *Ruh dich aus. Du gehst nun etwas weiter vor und bist elf Jahre alt.*
      Du bist elf Jahre alt und sagst mir, was du siehst.

R.:   *... 's geht durcheinander... ich kenne mich nicht aus, das ist doch so*
      'n hoher runder Turm, wie so 'n Minarett... so 'ne Galerie drum-
      rum... 'n Gang oder sowas... nicht Ragusa.

M.:   *Bist du bei dem Turm?*

R.:   *M-m... ist weiter weg, ragt über die Dächer... die Dächer... manche*
      sind so rund... Tiana sagt... Omania, heißt das...

M.:   *Kannst du das Meer sehen?*

R.:   *Weiter weg, aber man sieht's weil wir 'n bißchen höher stehen.*

M.:   *Seid ihr spazieren gegangen?*

R.:   *... Scheint so... is schön warm.*

M.:   *Welchen Monat habt ihr?*

R.:   *Hm — Maggio* (Mai).

M.:   *Wie alt ist deine Schwester?*

R.:   *So... ja, vierzehn.*

M.:   *Weißt du, an welchem Tag Gentiana geboren ist?*

R.:   *Hm* (überlegt angestrengt) *hm — könnte Mai sein... sì ventinove*
      Maggio... ventinove Maggio, sì (29. Mai).

M.:   *Und du — welcher Tag ist dein Geburtstag?* (Kontrollfrage.)

R.:   *... Nove Febbraio* (9. Februar).

M.:   *Weißt du vielleicht, um welche Zeit?*

R.:   *Hm — Gentiana hat mal was gesagt... ja, ich glaube... hübsch —*
      sie hat mal gesagt, ich sei gerade richtig zum Essen gekommen... aber
      was für 'n Essen... weiß ich nicht...

M.:   *Welches Jahr schreibt ihr jetzt?*

R.:   *Milleottocentocinquantadue* (1852).

M.:   *Ihr steht jetzt dort auf einem Hügel?*

R.:   *Hmhm. — Ja, die Häuser sind so 'n bißchen auf Hügeln verteilt*
      — nicht sehr viele, glaub ich. Hinten raucht was... is weiter weg...

M.:   *Was hast du an? Schau an dir hinab.*

R.:   *Em — meine Sandalen und die Hosen, sie sind komisch weit, daß*
      's fast wie 'n Kleid aussieht... sind aber schon Hosen... gehn fast bis
      an die Knöchel. Und dann hab ich noch 'n Hemdchen an... und
      'ne Jacke, hübsch mit Fell besetzt.

M.: *Und Gentiana?*

R.: *Ja, die hat jetzt 'n Kleid an. Auch Sandalen. Ja — hat 'n Kleid an und Sandalen.*

M.: *Ist es schönes Wetter?*

R.: *Hmhm... aber es sind ein paar schwarze Wolken... ganz dahinten ist immer der Rauch* (atmet schwer).

M.: *Wo kommt der her?*

R.: *Sieht man nicht... ziemlich viel Rauch.*

M.: *Kann es ein Brand sein?*

R.: *Man sieht kein Feuer... nein.*

M.: *Sieht man es von einem Berg?*

R.: *Weiß nicht, vielleicht... man sieht nur den Rauch.*

M.: *Vielleicht ein Vulkan?*

R.: *... weiß nicht... das kann... ja... mal abwarten, ob wir das sehn. Der Boden ist sehr warm... deswegen haben wir Schuhe an. Komisch* (geflüstert, Pause).

M.: *Gefällt es dir, hier zu sein?*

R.: *Bißchen unheimlich — aber ich weiß nicht, warum.*

M.: *Bleibt ihr lange dort?*

R.: *Glaub, wir machen einen Spaziergang oder so* (Pause).

M.: *Gut, ruh dich wieder aus* (er atmet unruhig, wird jedoch allmählich ruhiger).

R.: *Steht ein Haus da, und dann wieder Gestrüpp, 'n kleinen Garten und Haus, und weiter oben ist Wein... viel Wein.*

M.: *Wein ist oben? Wie sehn die Häuser aus, klein, groß?*

R.: *Mja... verschieden... flache Dächer, und ganz weiß und schön.*

M.: *Und dort geht ihr entlang?*

R.: *Wir müssen umkehren!* (Plötzlich hervorgestoßen, er atmet unruhig.)

M.: *Ihr müßt umkehren?*

R.: *Ja... ich glaube, es kommt ein Gewitter.*

M.: *Und ihr kehrt um?*

R.: *Hmhm* (nachdenklich, beobachtend).

M.: *Wo geht ihr hin?*

R.: *Zurück!... Es donnert.*

M.: *Ihr geht schnell?* (Weil er stoßweise atmet und manchmal seufzt.)

R.: *Hmhm... wollen in das* (betont) *Haus, aber das ist noch ziemlich weit.*

M.: *Ruh dich aus. — Ihr geht zu dem Haus mit dem kleinen Hof.* (Beruhigungsversuch.)

R.: *Mm... wir rennen...* (er stöhnt).

M.: *Gleich seid ihr da.*

R.: *Is... ammn... wir kommen nicht mehr hin...*

M.: *Warum nicht?*

R.: *Es donnert... das ist die Stadt, das Meer ist nun... auch da, das geht durcheinander... das Meer ist da und macht ganz wild...*

M.: *Bist du mit deiner Schwester dort?*

R.: *Na... ich seh sie nicht mehr... 's donnert immer so komisch... 's nicht mehr schön...*

M.: *Wo kommt der Donner her — vom Himmel?*

R.: *Weiß nicht* (er atmet tief ein und aus, seufzt)... *ist überall...*

M.: *Sind Leute dort?*

R.: *Hm... kann nichts mehr sehen, kommt alles auf einen zu... das ist sehr schlimm. Muß mich sehr anstrengen...*

M.: *Sehr anstrengen? Laß das Bild weggehen. Das Bild geht weg. Du entspannst dich* (Beruhigungsversuch).

R.: *Da fällt was um... ja, oder was runter... oh* (er seufzt)... *das hört noch nicht auf...*

M.: *Bist du draußen?*

R.: *Mnja... da sind Häuser... was weiß ich* (er seufzt)... *hm... mach das wieder weg...*

M.: *Du gehst davon weg. Ruh dich jetzt aus. Laß das Bild weggehen.*

R.: *... Brust und Arm tun noch weh...*

M.: *Wo bist du? Bist du allein?*

R.: *Hmhm... ist dunkel... ganz still...*

M.: *Wie fühlst du dich?*

R.: *Wird langsam besser* (er stöhnt irgend etwas, unverständlich).

M.: *Es wird also besser. Du bist ganz ruhig. Du gehst ein bißchen voraus.*

R.: *Da vorne kann man nicht durch... da sind große Steine, glaub ich,
oder was... aber 's wird besser* (längere Pause)*... jetzt wird's hell,
und da hängen lange Schnüre runter...*

M.: *Lange Schnüre?*

R.: *Hmhm, und daran sind glitzernde Perlen...*

(Es folgen noch einige Bilder aus der Pentawelt, dann ist die Rückkehr in die Gegenwart vollzogen.)

9
Karma und menschliche Freiheit

Wenn man das Phänomen der Wiedergeburt bejaht, wird man sich mit der Frage auseinandersetzen müssen, ob und inwieweit sich die Geschehnisse einer vorangegangenen Existenz auf das folgende Dasein auswirken. Man könnte ja annehmen, der Mensch folge in seiner mehrfachen Verkörperung einfach einem naturgesetzlichen Kreislauf — so, wie etwa ein Baum nach der Zeit der Winterruhe im Frühling wieder zum Leben erwacht und sich aufs neue mit Blättern und Blüten schmückt. Doch schon ein Baum ist dann nicht mehr genau derselbe — das vorangegangene Jahr hat seine Spuren hinterlassen. Zweige wurden von Stürmen geknickt, andere sind neu gewachsen, im Stamm hat sich ein weiterer Jahresring gebildet, dessen Struktur sogar verrät, ob das letzte Jahr für das Wachstum günstig oder zu trocken war.

Wenn dies schon für die Pflanze gilt, um wie vieles deutlicher wird dann ein wiedergeborenes Menschenwesen durch sein früheres Dasein »mitbestimmt« sein. Es wäre undenkbar, daß die früheren Erlebnisse nicht in irgendeiner Form Spuren in der fortexistierenden seelisch-geistigen Struktur hinterlassen. Diese Auffassung ist denn auch so alt wie die Reinkarnationslehre selbst. Das Wirken des Menschen wird im Sanskrit mit dem Ausdruck »Kamma« oder »Karma« bezeichnet. Damit ist jedoch keinerlei moralische Bewertung verbunden — gemäß dem Wort des Buddha: »Den Willen bezeichne ich als das Wirken, denn mit dem Willen wirkt man die Tat in Werken, Worten und Gedanken.« Dieses Wirken, also »Karma«, findet in der menschlichen Struktur seinen Niederschlag und zeigt sich auf irgendeine Weise in den weiteren Inkarnationen.

Erst die Theosophie (hervorgetreten 1875 mit der Gründung der Theosophischen Gesellschaft) hat den Karmabegriff mit dem negativen Vorzeichen der Schuld und der daraus folgenden Verpflichtung zur Sühne versehen, unter dem er heute allgemein bekannt ist. Da wurde unter Karma nicht mehr das Tun selbst verstanden, sondern die Folge eines falschen Handelns, die sich in der nächsten Inkarnation als belastendes Schicksal zeigen sollte. Diesen manipulierten Karmabegriff haben sich seither zahlreiche esoterische Organisationen zu eigen gemacht, und er ist als Standardvorstellung in die esoterische Literatur eingegangen. Dem mag die gewiß gutgemeinte Absicht zugrunde gelegen haben, den Menschen zum »rechten Wirken« anzuspornen. Er könne auf diese Weise sein Schicksal in der nächsten Inkarnation verbessern, lauten die Verheißungen. Was man ihm aber damit für das jetzige Leben aufbürdet, nämlich die Unterwerfung unter ein zwingend (»karmisch«) vorherbestimmtes Schicksal, kommt einer Verneinung der menschlichen Würde und Freiheit gleich. Es bleibt einem nur die Aussicht, einen ständigen Kampf gegen die Verstrickungen zu führen, die aus dem früheren Dasein entstanden sind.

Für die wissenschaftliche Betrachtungsweise steht allerdings außer Frage, daß, wenn man schon Kausalität zwischen vorhergehenden und folgenden Inkarnationen postuliert, diese für alle Handlungen und Folgen gleicherweise gelten muß. Das Gute und Schöne müßte sich »karmisch« ebenso als Förderung auswirken, wie falsches Handeln das folgende Leben belasten würde. Wohl neigt der Mensch dazu, Nachteile stärker zu registrieren als das Erfreuliche. Religiöse Anschauungen und zu eng gefaßte Erziehungs- und Moralvorstellungen tun ein übriges, um vor allem dem Leiden die hehre Aufgabe der Entwicklungsförderung zuzuordnen. Wie wenig dies jedoch der wahren menschlichen Natur entspricht, beweisen die vielen Neurotiker und gehemmten Menschen, die man heute in den Zivilisationsländern antrifft. Man wäre gewiß sehr viel weiter, wenn man die Freude als eine mindestens ebenso machtvolle gestaltende Komponente des menschlichen Wesens im »karmischen« Sinne erkennen würde

Aber wie weit folgt die Verbindung zweier aufeinanderfolgender Inkarnationen überhaupt dem Gesetz von Ursache und Wirkung?

Direkte Kausalität mag im Bereich der rein stofflichen Erscheinungen für die vierdimensionale Raum-Zeit-Welt erkennbar sein. Sobald aber immaterielle (geistige) Faktoren mitwirken, setzt das Kausalitätsprinzip zu enge Grenzen und führt zu falschen Schlüssen. Das muß bei allen Vorgängen berücksichtigt werden, die über die fünfdimensionale Parallelwelt ablaufen. In jener Welt gehört zu einer bestimmten Ursache nicht mehr eine einzige zwangsläufig folgende Wirkung, sondern es stehen mehrere Möglichkeiten zur Auswahl. Schematisch kann man sich dies etwa so vorstellen, wie dies aus dem nachstehenden Schaubild hervorgeht. U = Ursache, W = Wirkung, → = Zeitfluß von der Vergangenheit in die Gegenwart. Man erkennt daraus deutlich, wie die um Eins erhöhte » Gegenwartsdimension « unterschiedliche Wirkungen zuläßt, wobei das strenge Kausalprinzip jedoch nicht ausgeschlossen ist, aber einen » Sonderfall « darstellt.

Stoffliche Welt

eindimensionale Zeit

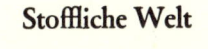

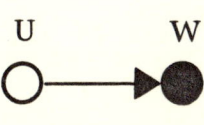

Gegenwart nulldimensional

(nur ein Punkt)

Pentawelt

zweidimensionale Zeit

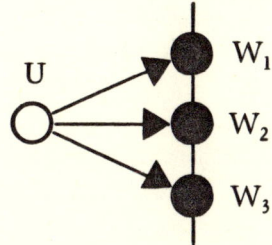

Gegenwart eindimensional

(Gerade, mehrere Punkte)

In der Pentawelt stehen in diesem Beispiel drei Wirkungsmöglichkeiten einer Ursache zur Disposition. Davon folgt nur der Fall W_2 dem strengen Kausalitätsprinzip, nur er könnte gegebenenfalls mit »Karma« bezeichnet werden.

Zwischen zwei aufeinanderfolgenden Verkörperungen liegt in jedem Fall für das menschliche Individuum der Seinszustand in der Pentawelt. Dort entstehen die Voraussetzungen für das neue Leben im stofflichen Bereich. So gelten für diese Voraussetzungen die Möglichkeiten der zweidimensionalen Zeit. Wenn in bestimmten Fällen das strenge Kausalprinzip Anwendung findet, geschieht dies vor allem für den stofflichen »Teil« der neuen Daseinsform, also für den K ö r p e r. Im unsichtbaren »Teil« des neuen Menschen k ö n n e n sich zuweilen auch direkte Kausalwirkungen ergeben; in den meisten Fällen besteht aber ein viel weiterer Spielraum, indem sich eine Ursache auf den verschiedensten Ebenen auswirken kann. Darin — und in dieser Auswahlmöglichkeit — besteht die menschliche Freiheit. Ob und inwieweit sie vom Individuum in seiner Verkörperung benützt wird, hängt von seinem Entfaltungswillen, seiner Gestaltungsfreudigkeit ab.

Gehen wir von diesen theoretischen Überlegungen zum praktischen Beispiel über, wie es uns der »Reisende« in Verbindung mit seiner »Inkarnation Mando« vor Augen führt! Erst zu den körperlichen Symptomen: Im jetzigen Leben R.s zeigt sein Knochenbau einige Anomalien. Der Brustkorb ist im oberen Teil schmal, wie »eingedrückt« und weitet sich nach unten ganz bedeutend. Außerdem besteht seit Geburt eine Deformation der Wirbelsäule. So mag man damals den jungen Mando unter den Trümmern gefunden haben...

Zugleich hat sich aber der 1919 geborene R. bis ins heutige Alter hinsichtlich Beweglichkeit und Aussehen einen »jungenhaften« Körper bewahrt, und er erfreut sich stets einer guten Gesundheit und Leistungsfähigkeit.

Aber auch schicksalsmäßig und im Wesen bestehen Parallelen zwischen der jetzigen und der früheren Inkarnation. So war R.s Elternhaus ebenfalls durch tragische Ereignisse belastet. In der Jugend entstanden Probleme aufgrund strenger religiöser Vorschriften. Von Geburt an ist er ein »Fremder« geblieben, der sich im Ausland ständig mit Verordnungen und behördlichen Bewilligungen herumschlagen mußte.

R. hat bis heute das Staunen, das Ergriffensein und die Begeisterungsfähigkeit des »kleinen Jungen« nicht verlernt. Das hat ihm über vieles hinweggeholfen, aber er wurde auch oft nicht »für voll« genommen. Dennoch hat er sich im Beruf eine maßgebende Stellung geschaffen, jedoch erst, als er auf seinem Lieblingsgebiet unabhängig arbeiten konnte. Mit Kindern und jungen Menschen versteht sich R. meist ausgezeichnet, dagegen kaum mit gesetzteren Personen seines Alters, soweit es sich nicht um beruflich bedingte Kontakte handelt. Jahrzehntelang hat er unbewußt nach jener Frau gesucht, die ihm zugleich ältere Schwester, Gespielin und junge Partnerin sein konnte. Warum er sie schließlich mit über fünfzig Jahren noch fand, wurde ihm wohl erst dank dieser Transitionen verständlich...

Man wird nun vielleicht einwenden, daß diese Übereinstimmungen R. bei seinen Berichten beeinflußt haben könnten, zumindest in der Weise, daß er vornehmlich solche Erlebniskerne anstrebte, die ihm infolge seiner jetzigen Wesensart besonders nahelagen. Daß dies jedoch nicht zutrifft, läßt sich leicht an Hand von Beispielen belegen:

R. schätzt Fischgerichte nicht besonders, er hatte deren Genuß sogar jahrzehntelang strikte abgelehnt. Es wäre also aus den heutigen Lebensgewohnheiten nicht erklärbar, weshalb gerade die folgende Szene für ihn einen besonderen »Erinnerungswert« haben sollte (aus der Transition vom 5. November 1977):

M.: *Du gehst soweit vor, bis du acht Jahre alt bist. Du bist Mando mit acht Jahren, und du sagst mir, was du siehst.*

R.: *Das ist die Stadt, ist Ragusa* (zufrieden)... *Aber was machen wir... das ist außerhalb der Mauer. Vielleicht in unserem Garten?... Nein... is 'n Garten, da ist noch ein Junge, sind noch ein Junge und Gentiana und ich... ach, das ist lustig... hm... ja... wir braten Fische.*

M.: *Wie macht ihr das?*

R.: *Wir haben Feuer gemacht... 's is aber wie 'n Garten... sind auch*

Büsche... haben wir Feuer gemacht... und die Fische an Stöcken
darüber...

M.: *Habt ihr die gefangen?*

R.: *Weiß ich nicht... wahrscheinlich... wir haben die Fische da...*

M.: *Und da ist noch jemand — ein Junge?*

R.: *Noch zwei Jungen. Die sind... sind bißchen größer, vielleicht neun,*
zehn. Ja — die haben uns gezeigt, wie man das macht... glaub, die
haben auch... ja, die haben die Fische gebracht... Zwei Fische liegen
noch da, die anderen braten wir...

R. war ein ausgezeichneter Schüler, er ging auch sehr gern zur
Schule. Mando dagegen läßt eher eine Abneigung gegen die Schule
durchblicken. Diese hätte R. sicher nicht so »naturgetreu« zu schildern vermocht, wenn er sich von den Eindrücken seines jetzigen
Lebens hätte leiten lassen.

Und ein letztes Beispiel: R. zeigt im jetzigen Leben eine deutliche
Abneigung gegen Theater-, Kino- und Konzertbesuche. Er möchte,
wie er es ausdrückt, nicht gern in so vielen Menschen eingeschlossen
sein; er fühlt sich dann unbehaglich. Als »Mando« berichtet er
jedoch begeistert von einem Theaterbesuch, wie folgender Transi-
tionsauszug zeigt (vom 18. Dezember 1977):
(Es ist Februar 1852.)

R.: *Ist ziemlich dunkel... nur ein paar Falten sind beleuchtet, da sieht*
man, daß sie rot sind... (Pause). Ja, da machen sie Musik und
alles... ich glaub, das ist 'n Theater... hm, ja... das ist... wir sind
alle da.

M.: *Du und wer noch?*

R.: *Und dann Gentiana und unser Vater, also der Mann mit dem*
Bart, dem dunklen... er sitzt ganz rechts und Gentiana in der Mit-
te, und dann komm ich — und dann neben mir sitzt 'ne ziemlich
große Frau mit 'm großen Hut...

M.: *Aber die gehört nicht zu euch?*

R.: *M-m, gehört nicht zu uns... aber... die macht sich so breit...*

M.: *Was hat Gentiana an?*

R.: *Ein weißes Kleid, und ich hab ein schwarzes Samtjäckchen... und*
auch schwarze Samthosen... und 'n roten Kragen.

M.: *Da bist du stolz?*

R.: *Hmhm. Und Gentiana hat noch so 'n blauen Gürtel und dann noch was Blaues, so 'n Umhang, den hat sie jetzt aber weggenommen. Ihr Haar hat sie hinten zusammengemacht, nur so mit 'm goldenen Band oder so... es liegt ganz eng am Kopf an...*

M.: *Und was schaut ihr euch an?*

R.: *Das ist 'n Stück mit Musik... vielleicht Oper... oder so...*

M.: *Welcher Monat ist jetzt?*

R.: *Das ist auch noch im Winter, ich glaube Februar — hm... es ist doch... ist doch mein Geburtstag, ja. Ach, deshalb sind wir vielleicht ins Theater gegangen... ist schön... ist sehr festlich...*

M.: *Und Gentiana freut sich auch?*

R.: *Hmhm. Wir halten uns an der Hand. Das ist hübsch... aber was die spielen, weiß ich noch nicht... ist immer noch nicht aufgegangen, der Vorhang.*

M.: *Unterhaltet ihr euch?*

R.: *M-m, jetzt nicht, wir warten... 's wird jetzt ganz dunkel... ich weiß nicht, fängt's jetzt an oder... 's geht vielleicht weg...*

Das dürfte genügen um darzulegen, daß die »Auswahl« der Bilder nicht durch die heutige Wesensstruktur von R. bedingt ist, was der Fall wäre, wenn das Kausalitätsprinzip im Sinne von »Karma« gelten würde. Damit wäre nämlich jeder heutige Erlebnisbereich einem verursachenden früheren Handeln zugeordnet — man würde sich bei Rückführungen immer in denselben Kreisen bewegen. Auch wäre mittels der Kausalitätsbegriffe kaum erklärbar, wie das »Tun« eines nur elf Jahre alt gewordenen Jungen die ganze folgende Inkarnation des Erwachsenen karmisch bestimmen sollte. Man müßte hierfür schon auf frühere Inkarnationen zurückgreifen. Dabei schalten sich jedoch ganz andere Vorgänge ein, wie gleich im nächsten Kapitel gezeigt werden wird.

Nochmals soll jedoch betont werden, daß mit der Ablehnung des kausal orientierten Karmabegriffs Parallelen oder »Induktionen« zwischen früherer und folgender Verkörperung nicht ausgeschlossen sind. Es ist dieselbe unzerstörbare Individualität, die uns in R. und in Mando entgegentritt. Nur hat die dazwischenliegende Seinsphase in

der höherdimensionalen Zeit eine Auffächerung der möglichen Wirkungen hervorgerufen, aus denen das Individuum sein neues Leben
gestaltet. Analogien zwischen Mando und R. wurden bereits angedeutet, und gewiß kann R. über sein früheres Leben nicht als völlig
Außenstehender berichten. Dadurch werden aber Auswahl und
Wahrheitsgehalt der Bilder nicht beeinträchtigt; nur haben diese
Analogien nichts mit Karma zu tun, sondern es handelt sich um
Wesenszüge, die ein bestimmtes Individuum charakterisieren. Das
wird später noch ausführlicher dargelegt werden. Einen ersten
Begriff erhält man vielleicht schon, wenn man nochmals die Schemazeichnung auf Seite 131 betrachtet. Diese läßt sich nämlich auch im
umgekehrten Sinne, also von rechts nach links lesen. Die Pfeile zeig-
ten dann in die entgegengesetzte Richtung. Man geht hierbei zuerst
von der Wirkung aus und schließt dann auf die Ursache. In der
eindimensionalen Zeit der stofflichen Welt heißt das zum Beispiel:
»Du bist jetzt satt — also hast du vorher etwas gegessen.« In der
Pentawelt jedoch muß R. erst verschiedene mögliche Zustände (W_1,
W_2, W_3 usw.) abtasten, um zum ursächlichen Ereignis zu gelangen.
Nur einer der verschiedenen Pfeile entsprach in Mandos damaligem
Leben den Tatsachen, R. muß jedoch auch einige weitere Möglichkeiten in Betracht ziehen. Daher das in den Beschreibungen häufig
auftretende »... oder so...« im Sinne von »oder so ähnlich«. Dasselbe liegt dem allmählichen Sichherantasten an eine Situation zugrunde: »... aber was machen wir... das ist außerhalb der Mauer... vielleicht in unserem Garten?... Nein... is 'n Garten... hm... ja, wir braten Fische.« Nur bei diesem Abtastungsvorgang mag vielleicht R.s
heutige Wesensart mitwirken, so daß der richtige Pfeil, der zur
Situation »U« führt, rascher gefunden wird. Eine Verfälschung von
»U« findet dadurch nicht statt.

Wie anders müßten jedoch die Berichte unseres Reisenden aussehen, wenn sein jetziges Leben mit damals durch das Karma im heute
allgemein verstandenen Sinn verknüpft wäre! Er würde vor allem zu
den markanten und schicksalsbestimmenden Fakten in Mandos
Leben geführt. Statt dessen erscheinen Begebenheiten aus dem Alltag. Man schreibe dies nicht Mandos Jugend zu! Auch in seinem

Alter müßte man eigentlich sofort wissen, wie man heißt, in welchem Ort man wohnt oder was für eine Schule man besucht. Unser Beispiel steht keineswegs vereinzelt da. Auch Erwachsene haben, wie Regressionsberichte aus der Literatur zeigen, oft Schwierigkeiten, ihren Beruf oder die Familienverhältnisse des früheren Lebens mitzuteilen. Die Ereignisse sind offenbar nicht nach den äußeren und für die Umwelt wichtigen Kriterien geordnet, sondern nach dem persönlichen Erlebnisgehalt, wobei auch symbolische Bedeutungen einen nicht zu unterschätzenden Einfluß ausüben. Wenn Mando ohne weiteres erkennen läßt, was es bei einem bestimmten Anlaß zu essen gab oder wie er gekleidet war, wird es sich nicht nur um das körperliche Wohlbehagen oder um Modefragen handeln, sondern die Bilder sind auch als Symbole für Stimmung und seelische Situation zu verstehen.

Damit erscheint das Leben des jungen Mando nicht nur als vollwertiges Beispiel einer Inkarnationsbeschreibung, sondern sogar als ein besonders geeignetes Forschungsobjekt. In dieser frühen Lebensphase wirken die psychischen Faktoren noch viel ungestörter als beim intellektuell betonten und auf feste Prinzipien ausgerichteten Erwachsenen. Das innere Erleben drückt sich bei den Aufzeichnungen in der Pentawelt nach beendeter Inkarnation wahrscheinlich noch eindeutiger aus, als es in der Inkarnation bewußt war. So wird offenbar das, was »Rang und Namen« schafft, nicht im selben Maße der Speicherung für wert befunden, wie es in den Augen der »Welt« erscheint. Vielleicht enttäuschend für alle, die sich von den »Rückführungen«, wie sie heute Mode geworden sind, Sensationen und Bestätigung großer Taten erhoffen, die man früher vollbracht haben könnte. Regressionen, die zu solchen Ergebnissen führen, sind immer mit Vorsicht zu bewerten; denn das Menschsein wird mit anderen Maßstäben gemessen, wenn man es aus der Sicht der Inkarnationen betrachtet.

Die Unterscheidung nach den Aspekten von Hoch oder Niedrig, Reich oder Arm, Gut oder Böse schließt den Begriff der Vergeltung ein, dem wiederum die Kausalität des Karma zugrunde liegt. Als Denkweise sind uns Belohnung und Bestrafung vertraut — aber entspricht sie deshalb auch unserer Lebensweise? Die Natur sucht, besonders wenn man sie als immer in Bewegung seiende Schöpfung betrachtet, nicht die Extreme, sondern das Gleichgewicht der Auswahl unter Möglichkeiten. Nur so vermag ein Erlebnisjahrzehnt des kleinen Mando die vielen Jahrzehnte seiner folgenden Inkarnation mit dem Reichtum immer neuer Impulse zu erfüllen.

10
Steine im Sand...

Wir haben das tragische Geschehen miterlebt, als unser Reisender von der Naturkatastrophe berichtete, die seinem früheren Leben ein Ende setzte. »Da liegen viele Steine überall... es ist so still — nein, seh mich nicht mehr...« hatte Mando früher schon gesagt, als er nach einem Bild aus seinem zwölften Lebensjahr gefragt wurde. Wüßte man, wo dieses »Omania« liegt — im Ortsnamenverzeichnis eines 1954 erschienenen Weltatlas ist es nicht enthalten —, dann würde man vielleicht noch heute einige Spuren jenes Erdbebens finden, überwachsene und versandete Reste von dem, was »alles auf Mando zu« kam. Oder man könnte Nachforschungen anstellen, wo die Opfer von damals begraben liegen, und sonstigen Relikten nachspüren, die der Schutt der Vergangenheit noch freigibt... Wir sind in einem solchen Fall gewohnt, von einem Menschen endgültig Abschied zu nehmen, was für uns bedeutet hätte, auf weitere Transitionen, die mit »Du bist Mando...« beginnen, pietätvoll zu verzichten.

Doch wir suchen nicht nach den sterblichen Überresten, sondern nach den Zeichen der Unvergänglichkeit! So mußte es auch R. empfunden haben, als er beim nachträglichen Abhören der Bandaufnahme keineswegs so erschüttert war, wie man es befürchten mußte. Auf die Frage, ob wir die Versuche damit beenden sollten, schüttelte er lächelnd den Kopf.

»Mando ist nicht tot«, entgegnete er überzeugt, »ich freue mich bereits auf das nächste Wiedersehen.«

So erbrachte die folgende Transition unter anderem die Bilder vom Theaterbesuch am elften Geburtstag, die wir im vorangegangenen Kapitel als Beispiel verwendeten.

Es wäre jedoch wenig sinnvoll gewesen, noch mehr «Reisen«

ausschließlich zu dem Zweck durchzuführen, weitere Einzelheiten aus diesem Vorleben aneinanderzureihen. Als wertvoll hätten sich lediglich noch Angaben über Mandos Herkunft und die ersten Jahre seines Lebens erwiesen. Jedoch war ein Zugang zu dieser Zeit durch einfaches Zurückschreiten in Mandos Leben nicht zu erlangen. Fragen in dieser Richtung führten zu keinem eindeutigen Ergebnis.

So mußte ein anderer Weg beschritten werden. Wir wollten versuchen, ob ein Vordringen in frühere Existenzen von R. möglich sei und ob man neben Aufschlüssen aus jenen ferneren Zeiten auf der »Rückreise« mehr über den Beginn von Mandos Leben in Erfahrung bringen könne.

Regressionen in mehrere Verkörperungen einer Versuchsperson sind bereits bekannt. Das Vorgehen schien einfach: genau so, wie man beim Zurückgehen über die jetzige Geburt der Zeitachse entlang auf die letzte Inkarnation vor diesem Leben trifft, kann man die Versuchsperson um beliebig viele Jahrhunderte weiter zurückführen. So erscheinen Bilder aus in weiter Vergangenheit liegenden Verkörperungen. Meist gelang dies mit aller wünschenswerten Präzision — die Länge des Zeitweges scheint keine Rolle zu spielen. Immerhin: An den Anfang seines Seins scheint auf diese Weise noch niemand gelangt zu sein.

Wir konnten im bisherigen Verlauf der Untersuchungen nachweisen, daß bereits die Übermittlungen aus der vorangegangenen Inkarnation nicht so einfach verlaufen, sondern daß zwischen Regressionen im gegenwärtigen Leben und Transitionen in die vorherige Verkörperung ein grundlegender Unterschied besteht. Dies führte zur Aufstellung der bereits Seite 85 dargelegten Hypothese. Nun erhebt sich die Frage, wie diese Hypothese auf Übermittlungen aus weiter zurückliegenden Inkarnationen anwendbar ist.

Wenn unser Reisender ohnehin in der Pentawelt weilt, etwa indem er zuerst aus seinem unmittelbaren Vorleben berichtet, scheinen keine Probleme zu bestehen. In derselben Weise, wie er aus dem »Erlebnisspeicher« des Mando Bilder aus dessen Leben schildert, findet er in der Zeitebene der Vergangenheit die Kerne aus früheren Daseinsperioden eingeprägt. Er braucht nur, angeregt durch die

Moderation, sich diesen anderen Speicherungen zuzuwenden, um die gewünschten Angaben für jede einzelne seiner früheren Inkarnationen zu übermitteln.

Daß dies jedoch nicht so sein kann, zeigt folgende Überlegung: Bei allen Verkörperungen handelt es sich immer um dasselbe Individuum. Mandos Leben induziert Parallelen im jetzigen Leben von R. In ähnlicher Weise ist dies aber auch bei Mando durch s e i n e frühere Inkarnation geschehen. Was Mando nach seinem Hinübergang in die Parallelwelt dort »speichert«, enthält somit neben seinem eigenen Erleben zugleich die Induktionen seiner früheren Verkörperungen. Ob diese nun für jeden Erlebniskern Mandos in einem einzigen Gebilde in verschlüsselter Form zusammengefaßt sind oder ob sich ähnliche Geschehnisse aus einer Reihe von Inkarnationen jeweils in der Zeitebene benachbart gruppieren, bleibt sich im Endeffekt gleich. Mit Sicherheit ist jedoch der Übermittlungsvorgang von Bildern aus weiter zurückliegenden Existenzen desselben Wesens ein anderer als der Bericht über das letzte Vorleben.

Hier können wir zur Verdeutlichung nochmals das früher (Seite 48) verwendete Beispiel aus der Raumfahrt benützen. Die Reisen in das Leben, das unmittelbar der jetzigen Existenz voranging, wurden mit Flügen von der Raumstation (Pentawelt) aus zu anderen Himmelskörpern unseres Sonnensystems verglichen. Einer Reise in weiter zurückliegende Verkörperungen würde dagegen ein Flug zu anderen Sonnensystemen, also zu den Fixsternen, entsprechen. Diese erreicht der Astronaut nicht durch einfache Verlängerung seiner Reisezeit mit demselben Raumschiff, das man zu Flügen in unserem Sonnensystem benützt. Da die Entfernung zur nächsten Sonne (dem Fixstern Alpha Centauri) bereits vierzig Billionen Kilometer beträgt, wäre ein prinzipiell anderes »Reisesystem« erforderlich, um Distanzen von dieser ganz anderen Größenordnung bewältigen zu können.

Nun haben wir bei unseren Reisen durch die Zeit keine Massen über räumliche Distanzen zu bewegen. Dafür sind aber unsere Ziele nicht genau definiert, sondern vom Auffinden bestimmter Bilder abhängig. Hier beginnen die Probleme. Schon die Aufschlüsse über

R.s vorletztes Dasein können wir eigentlich nicht mehr von ihm selbst erhalten, sondern wir müßten zu diesem Zweck Mando »befragen«. Aber es handelt sich immerhin um dasselbe Individuum, und R. hat ja zu Mandos Erlebniskernen Zutritt. Nur muß er sich bewußt sein, daß er die Bilder seiner vorletzten Existenz nur durch die Zwischenschaltung Mandos, also gewissermaßen wie durch einen Filter sehen kann, der Mandos Wesen entspricht. Je weiter er nach früheren »Leben« zurückgeht, um so mehr solcher Filter schalten sich dazwischen. Dadurch werden die Bilder undeutlicher, oder es beginnen sich die Eindrücke verschiedener Inkarnationen zu überlagern. Damit entsteht ein weiterer Unsicherheitsfaktor. Je schwieriger ein klares Erkennen und eine präzise Übermittlung werden, um so mehr versucht man, unbewußt »nachzuhelfen«. Mit anderen Worten: Der Reisende wird anfälliger für Autosuggestionen. Dagegen kann die Moderation wenig tun, denn die Suggestionen können zum Beispiel aus dem Wissen entstehen, das sich der Reisende über eine bestimmte geschichtliche Epoche angeeignet hat, in der die Inkarnation stattfand.

So ist jedenfalls der Vorgang der Entschlüsselung und Übertragung in der Pentawelt bei Reisen zu solchen Fernzielen wesentlich komplizierter und prinzipiell anders als bei den bisherigen Berichten. Wir waren uns bewußt, hier Neuland zu betreten, weshalb wir uns nur schrittweise vortasteten. Ein erster Versuch erfolgte derart, daß anfänglich eine Reihe von Bildern aus Mandos Leben übertragen wurden, damit sich R. mit ihm identifiziere. Erst dann war R. zur Weiterreise bereit. Ein Beispiel soll dies ausführlich zur Darstellung bringen.

R.   (als Mando im Dezember 1851): ... *alles ist so schwefelgelb... ah, das ist, ist 'n Bild* (ganz erstaunt), *'n richtiges Bild...*

M.: *Was ist drauf?*

R.: *Hm — Häuser und 'n Schiff und hohe Bogen... aber 's ist alles so komisch gelb...*

M.: *Wo hängt das Bild?*

R.: *Sind noch mehr Bilder da — so 'n Raum, vielleicht 'n Museum — scheint 'n altes Bild zu sein.*

M.: *In dem Raum bist du alleine?*

R.: *Na — ich seh jetzt niemand. Is sehr lang und schmal, und wenn man läuft, hallt das so komisch... so 'n Gewölbe... aber da hängen Bilder. Da vorne sind noch andere Leute — Jungen... vielleicht sind wir mit der Schule da.*

M.: *Von wem sind die Bilder, steht was drauf?*

R.: *Ja, da steht unten was, aber ich kann nicht lesen. Der Raum ist ziemlich kahl, und auch keine Tische drin und nichts... keine Stühle... und so 'n roter Boden aus 'ner Art Ziegelstein und ziemlich ausgetreten... ja, und dann auch Zeichnungen da, ganz altertümlich.*

M.: *Und du bist mit der Schule da?*

R.: *Ja, aber ich bin immer... die andern sind schon weiter, die gehen schneller — ich muß alles genau ansehen... sehr interessant... Da ist 'n Mann auf einem Bild, der hält 'ne Waage, und auf der einen Seite is 'n Herz drauf — und auf der anderen Seite so Schmuck, Ketten, und eine Kette hängt so 'n bißchen runter...*

M.: *Wie sieht das Herz aus?*

R.: *Das ist nur gezeichnet, ist schwarzweiß... so vergilbt schon. Das Herz ist... ziemlich so, wie 'n Herz aussieht, aber nicht stilisiert... richtig, und da oben gucken so zwei, drei Adern raus... hm... ist ganz komisch. Der Mann hat so 'n Hut auf mit 'ner Feder drauf — und so 'n Bart. Die Waage hält er in der Hand. Macht mir großen Eindruck!*

M.: *Und das schaust du lange an?*

R.: *Hmhm. — Das Herz ist schwerer als der Schmuck, das zieht runter. Und mit der anderen Hand da, die stützt der Mann auf ein Buch — da hält er so den Zeigefinger drauf... dann hat er so 'ne Halskrause...*

M.: *Ist er dir sympathisch?*

R.: *Hmhm. Hat auch 'n Spitzbart... 'n kurzen Spitzbart.*

M.: *Welches Jahr schreibt ihr jetzt?*

R.: *Cinquantuno... Dicembre cinquantuno...* (Dezember 51).

Anschließend folgte hier der bereits bekannte Theaterbesuch, auf den sich noch das Folgende bezieht:

M.: *Hat das Stück angefangen?*

R.: *Nja... es geht alles ein bißchen durcheinander — sehr schwer zu erkennen, ob das nun die Leute sind, die zugucken oder die auf der Bühne...*

M.: *Entspann dich wieder. Was siehst du noch im Theater? Du bist noch im Theater.*

R.: *Hmmm... glaub nicht, da liegen Steine rum... was ist denn das nun wieder...? Steine... nicht so groß, wie Eier vielleicht, bißchen größer noch...*

M.: *Scheint die Sonne drauf?*

R.: *Hm — ist hell... ja, jaja... scheint die Sonne... sind ganz eng beieinander... ach, das ist 'n Weg... der ist so aus Steinen gemacht, ist aber nicht flach, die sind so rund, ist ganz holprig... das geht irgendwo rauf.*

M.: *Siehst du eine Stadt?*

R.: *... den seh ich jetzt nur mal* (den Weg) *— und auf der Seite sind Mauern, niedrige Mauern... man sieht rüber — dann sind da so Gärten oder manchmal auch 'n Feld und Weinberge...*

Im folgenden ergab sich, daß Gentiana auch dabei war und Erdbeeren pflückte, daß sie immer weiter die Hügel hinaufgingen und was zu essen mitgenommen hatten. Wo sie sich befanden, konnte nicht ermittelt werden (nicht Ancona, aber »wo Gentiana ist, aber nicht, wo sie immer ist«). Es war der 15. Mai 1852, es war heiß, »der Boden ist warm, aber wir haben ja Schuhe an«. Es war möglicherweise wenige Tage vor dem Erdbeben, und da auch die Landschaft ähnlich beschrieben wurde, wollte M. vermeiden, daß Mando unaufhaltsam dem Erdbeben zustrebt. Daher leitete sie an dieser Stelle die weitere Rückführung ein:

M.: *Du gehst jetzt wieder zurück in die Vergangenheit — viel weiter zurück. Du gehst weit zurück, bis zu deinem Leben vor Mando — so tief, so weit gleitest du zurück* (lange Pause)... *Was siehst du?*

R.: *Hm — ich schwebe...*

M.: *Und du fühlst dich gut?*

R.: *Hmhm.*

M.: *Du gehst jetzt noch weiter zurück, du schwebst weiter zurück, bis zu deinem Leben vor Mando, so weit gehst du zurück* (lange Pause)...

R.: *Ich seh was — aber es ist noch ganz undeutlich...*

M.: *Entspann dich — es wird deutlicher werden* (Pause)...

R.: *Glaube, da liegt ein Boot auf dem Strand, und da sind ein paar Leute, und die haben sich gestritten, wem die Fische gehören, drei oder vier, die aus dem Boot kommen.*

M.: *Wie sehen die aus? Sind's Fischer?*

R.: *Ja, ich glaube schon — man sieht nicht deutlich, aber scheint so... Hemd und Hose haben sie... offenes Hemd... bißchen ärmlich und abgerissen...*

M.: *Und wo sind die Fische, im Boot oder schon am Strand?*

R.: *Nein, die liegen da im Sand... ja in einem Netz...*

M.: *Was siehst du noch?*

R.: *Man sieht gar nicht, was das ist... seh eigentlich nur den Sand vom Strand und keine Häuser... hie und da mal so 'n kleines Büschelchen Grün... so harte, spitze Blätter... ja, ich glaub, jetzt seh ich mich...*

M.: *Und was...*

R. (unterbricht): *...hab so 'n langes Kleid an und weite Ärmel und 'n Gürtel mit runder Schnalle...*

M.: *Trägst du Schuhe?*

R.: *Nein, nackte Füße, schmale Hände, ziemlich lang... ich bin aber schon groß...*

M.: *Hast du eine helle Haut?*

R.: *Glaub ja... nicht ganz hell, von der Sonne vielleicht braun... oder... hm, weiß nicht, fällt mir nichts auf...*

M.: *Und wo bist du?*

R.: *Das seh ich noch nicht.*

M.: *Wie sind deine Haare?*

R.: *Dunkelblond... ziemlich kurz, gelockt... eng anliegend...*

M.: *Wie heißt du?*

R.: *Kann ich nicht sagen... weiß nicht, ob ich das überhaupt bin... so fünfundzwanzig... dreißig Jahre alt etwa.*

M.: *Ein Mann?*

R.: *Hmhm* (lange Pause)... *sitzt da noch jemand, der hat so 'n rundes*

Käppchen auf — und auch so 'n Kleid... ob das 'ne Kutte ist oder... oder...

M.: *Und wo sitzt der?*

R.: *Ja, ich seh immer nur diesen gelben Sand und diese... Steine, die so lang sind und aus dem Sand ragen... wie Bänke.*

M.: *Und was macht der Mann?*

R.: *Der hat so 'n Papier in der Hand, 'ne Art Rolle oder so (Pause)... sehr weit weg...*

M.: *Laß das Bild jetzt weggehen, laß dich fallen, ruh dich aus... Siehst du wieder etwas?*

R.: *Hmhm — da sind auch zwei Frauen, die haben dunkle Haare und so 'n Goldreif um die Stirn... und so 'n hemdartiges Kleid, hell oder weiß...*

M.: *Was machen die?*

R.: *Die eine reibt was auf 'm Stein, macht so 'n Pulver... und die andere guckt glaub ich zu...*

M.: *Und du guckst auch zu?*

R.: *Ich... hab damit nichts zu tun, ich seh das nur...*

M.: *Siehst du dich?*

R.: *Jetzt nicht... weiß immer noch nicht, wo das ist... es kommen jetzt so Berge raus im Hintergrund... aber ziemlich kahl... ziemlich hoch und felsig... will das halten, geht aber immer wieder weg... sehr schwer...*

M.: *Sag einfach, was du gerade siehst.*

R.: *So vieles durcheinander, aber es ist immer gleich wieder weg... Da waren eben Häuser mit hohen Kuppeln, dann Palmen... Sand... kenn mich da gar nicht aus...*

M.: *Das macht nichts. Erzähl mir, was du siehst. Es wird dir bald vertraut werden.*

R.: *... da liegt so 'ne schmale, schön bemalte Leiste am Boden... sind Vierecke drauf... da ist braun und dann weiß, Vierecke, und in der Mitte sind die dann wieder rot... sieht hübsch aus.*

M.: *Und was kommt nun?*

R.: *Zwei kleine braune Jungen... in ganz weißen Hemdchen... eine Frau. Die hat so 'n flachen Korb, groß und flach — ist fast nur so* wie 'n Deckel... da sind grüne Blätter drin — und eine kleine dunkle Beere dran oder so...

M.: Siehst du noch was? Siehst du Straßen?

R.: Ist komisch... sieht alles so halb wie vom Sand verweht aus, guckt zum Teil aus dem Sand und... Da sind aber wieder ganze Häuser mit flachen Dächern und so Bogenfenstern, kleinen...

M.: Weiße Häuser?

R.: Hmhm. — Die haben keine richtigen Türen, so Matten... oder manchmal auch... Perlenvorhang oder so wie 'n Teppich (Pause)... dann 'n Mann, der einen zweirädrigen Karren zieht...

M.: Ist es windig?

R.: Man sieht nichts... nein... aber es ist hell... ganz grell... hm — ich hab 'n Armband um...

M.: Schön?

R.: Hmhm (freut sich dran) — mit ziemlich breiten flachen Gliedern... es ist Silber und mit... manche sind mit grünen Steinen besetzt...

M.: Trägst du es links oder rechts?

R.: Rechts... links hab ich 'n Ring... mit Stein, der ist wie 'ne kleine Kugel, 'ne Dreiviertelkugel... ziemlich groß... und der ist rot... das blinkt in der Sonne (kurze Pause)... seh ich wieder nichts mehr...

M.: Kannst du dich sehen?

R.: Ja, das bin — sicher ich... aber irgendwie... scheint das viel früher (erstaunt)... so schwer zu sehen... bin ich, glaub ich — auch ziemlich weit gelaufen, ganz staubige Füße... und bin auch müde... und hab 'ne ganz trockene... ganz trockenen Hals....

M.: Gehst du irgendwohin?

R.: So genau seh ich das nicht... bin jetzt müde...

M.: Soll ich noch weiter fragen?

R.: ... bin müde... ist sehr anstrengend alles...

(Daher erfolgte Überleitung in die Gegenwart.)

Wie schwer es für R. ist, sich in einer weiter zurückliegenden Existenz zurechtzufinden, gibt er deutlich kund. Weit gelaufen ist er und hat staubige Füße — das erzählt er, wie manches andere, nicht als Mann von fünfundzwanzig bis dreißig Jahren, sondern im Stil des kleinen Mando. Es bereitet wohl ziemliche Mühe, sich als »ein anderer« zu sehen. Auch scheinen sich manchmal Bilder aus mehreren Zeitabschnitten, vielleicht sogar aus verschiedenen Existenzen, zu überlagern. Schon hier beginnen sich unsere Vermutungen über die »dazwischengeschalteten Filter« zu bestätigen.

»Durst, Staub an den Füßen« — dieser Eindruck paßt zu anderen Szenen, die hier mehrfach geschildert werden: »Sieht alles so halb wie vom Sand verweht aus«... »seh eigentlich nur den Sand vom Strand«... »immer nur dieser gelbe Sand und diese Steine, die aus dem Sand ragen.« Vielleicht eher als Symbole einer fernen Vergangenheit zu deuten, nicht als eigentliche Begebenheiten? Doch sollten wir uns das Bild der aus dem Sand ragenden Steine merken — es wird zur Lösung der Rätsel um Mandos Herkunft beitragen.

Gewiß sind aber solche Bilder nicht zufällig gerade jetzt aufgetaucht, als sich R. erstmals weiter in die Vergangenheit zurückbegab. Es haben sich ihm Zeithorizonte aufgetan, die über den Bereich einer einzelnen Inkarnation hinausgehen und möglicherweise einen globalen Blick auf die Individualität gestatten. In solchen Augenblicken bleibt als Ausdrucksmittel nur noch die Symbolsprache. Das wurde in dieser Transition bereits bei Mandos einleitenden Übermittlungen deutlich. Sowohl M. wie R. wußten schon vor Beginn des Versuchs, daß die Reise diesmal weiter zurückgehen sollte. Das hat möglicherweise bei der Hinführung zum »Museumsbesuch« mitgewirkt. — Die gelb gewordenen Bilder — Zeugen der Vergangenheit — vielleicht auch schon Parallelen zum gelben Sand? Eindeutig in den Bereich der Symbolik gehört jedenfalls die Darstellung von dem Herz auf der Waage. »Macht mir großen Eindruck«, gesteht Mando, und wir lernen ihn hier von einer Seite kennen, die in den früheren Übermittlungen noch kaum sichtbar wurde.

Noch deutlicher kommt die Sprache der Symbole in der folgenden Transition zur Geltung. Wieder wurde R. zuerst zu einem Erlebnis in der Existenz Mandos geleitet. Gentiana und er müssen einen Ziegenbock irgendwohin treiben, der aber nicht ihnen gehört. Mando reitet manchmal darauf und hat viel Spaß daran. Natürlich bekommen sie auch wieder »was zu essen«, wie sie das Tier bei der

Besitzerin abliefern. — Alsdann erfolgt die Weiterreise »bis in dein Leben, das du vor Mando geführt hast«.

R.: *Hm — was ganz Komisches... Da ist 'ne große, so 'ne Art Sand- uhr, und wir sind alle Sandkörnchen, so 'ne Art, und müssen da durch... das rinnt und rinnt und fließt runter...*

M.: *Aber du fühlst dich wohl?*

R.: *Hmhm — Und dann sind wir auf der anderen Seite, und da ist alles umgekehrt...*

M.: *Du gleitest noch weiter zurück.*

R.: *Hmhm... läuft rückwärts...*

M.: *Gut, du gehst weiter zurück, bis zu deinem Leben vor Mando (Pau- se)... Du wirst dich sehen und mir sagen, was du siehst.*

R.: *Hm — das ist nicht einfach — wir... ich seh mich nicht, aber wir sind da...*

M.: *Erzähl einfach, was du siehst.*

R.: *Ja, da ist 'ne Schlucht, und da haben wir so ausgetrocknete Baum- stämme oder dicke Äste darübergelegt, zwei oder drei... und da kriechen wir rüber... und drüben ist aber das... der Rand höher, müssen wir so schräg raufkriechen... ziemlich dunkel...*

M.: *Mit anderen zusammen?*

R.: *Ja, das sind mehrere, da ringsrum... aber ich kann sie mehr hören als sehen... oder fühlen...*

M.: *Entspann dich... Du gehst noch weiter zurück, du wirst wieder etwas sehen.*

R. berichtet weiter, daß sie über eine Hochebene gehen, ziemlich windig, irgendwo in den Bergen, niedrige Feigenbäume. Es sind etwa zehn junge Männer, achtzehn bis neunzehn Jahre alt, sie wer- den von drei Reitern begleitet, »die passen auf, ich weiß nicht — vielleicht sind wir Gefangene oder sowas«. Sie kommen in einen Ort und werden von ziemlich vielen Leuten erwartet.

M.: *Und ihr steht auf dem Platz, oder lauft ihr weiter?*

R.: *Nein, wir müssen warten — hm, kommen immer mehr Leute und fragen und zeigen auf uns... wie so 'ne Art Markt... vielleicht müs- sen wir — wir müssen verteilt werden... oder verkauft werden oder sowas...*

M.: *Siehst du deine Hände?*

R.: *Hm* — (Pause)... *die gehen nicht nett mit uns um, die stoßen uns mit ihren Stöcken dahin...*

In dem folgenden Bild findet sich R. bei der Arbeit auf einem Feld wieder, fünfundzwanzig Jahre alt, mit anderen zusammen, die er von früher her kennt. Sie hacken Löcher in die Erde und pflanzen etwas (Reis?). Frauen bringen zu essen, aber nur für die anderen. R. muß mit einer der Frauen mitgehen, was ihm den Spott der anderen einträgt: »Die mögen mich nicht.« Er folgt der Frau zu einem kleinen Platz mit einem Steintisch, dort essen sie zusammen mit einem Jungen, der zu der Frau gehört. Dabei erfährt R., daß er nicht mehr zu den anderen zurückmüsse, weil er etwas anderes machen soll, eine leichtere Arbeit — »was anstreichen oder zusammennähen«; das wurde dann undeutlich.

M.: *Geh nun weiter voraus, bis du dreißig Jahre alt bist* (sehr lange Pause).

R.: *Es geht viel durcheinander. Da stehn so Bäume da, und dann sind das wieder Schiffsmasten und — hm... gehen Leute, aber wie wenn sie übers Meer gehen... sind durchsichtig — gibt keinen Zusammenhang.*

M.: *Das macht nichts. Sag einfach nur, was du siehst.*

R.: *'ne Insel, nicht sehr groß, da steht so 'ne Art Steintisch... so 'ne Art Altar oder sowas... und seh 'n Feuer... das ist auf dem Tisch...*

M.: *In einer Schale?*

R.: *Nein, das sind einfach Hölzer, und die brennen, und da streun sie was rein... so 'n Pulver, und das raucht dann ziemlich stark... hm — schöner weißer Rauch...* (er schaut offenbar zu, Pause)... *und dann werden aus dem Rauch — hm,* (fasziniert) *Tierköpfe!... lösen sich aber sofort wieder auf...*

M.: *Und dann?*

R.: *... kommen drei ganz schön angezogene Frauen. Die tanzen immer so — Bewegungen, sieht schön aus... Dann streuen auch die was ins Feuer, da wird der Rauch rot und blau... Die haben so hm... Schmuck um den Kopf, es geht nach oben so spitz zu, und auf der Seite hängt es runter... klappert so, wenn sie sich bewegen, immer 'n bißchen... nur ganz leise...*

M.: *Was haben sie an?*

R.: *Hm... so ein Gewand, und die Schultern sind aber fast frei... dann weite Ärmel, lange Kleider bis an den Boden... und jetzt hört man auch so 'ne komische Musik, aber nur ein Instrument...*

M.: *Haben sie Schuhe an?*

R.: *Hmhm... die sind über den Fuß gezogen und bestickt, glitzert sowas dran... hm (er seufzt)... und dann streun sie nochmals was aufs Feuer... dann gehen sie hinter den Tisch, und dann sieht man nichts mehr. (Pause.)*

M.: *Was siehst du jetzt noch?*

R.: *Hm, jetzt wieder die durchsichtigen Bäume...*

M.: *Siehst du dich?*

R.: *Nein, ich seh mich nicht (Pause)... jetzt ist da 'n ganz knorriger Baumstamm — und da sitzt 'n Eule drauf auf 'm Ast...*

M.: *Ganz still?*

R.: *Hmhm — ist wie 'n Bild so... 's bewegt sich nichts...*

(Darauf der Übergang in die Gegenwart wie üblich.)

Die Symbole verdichten sich. Die Sanduhr soll vielleicht bedeuten, daß zwischen Mandos Existenz und dem vorangegangenen Leben nach irdischer Zeitrechnung eine sehr lange Zeitspanne liegt. Oder bezieht sich das Bild auf Bewegungen in der Pentawelt (»Wir sind alle Sandkörnchen«), die R. vollziehen mußte, um zu den Erlebniskernen von früher zu gelangen? Jedenfalls steht nun fest, daß es ein solches weiteres Vorleben gibt, aus dem R. wieder Einzelheiten übermitteln kann.

Interessant sind die Parallelen zur Existenz Mandos. Die Gefangenen werden nach ihrem beschwerlichen Marsch in ähnlicher Weise empfangen und »verkauft«, wie die Kinder am Ende ihrer Fahrt nach Ragusa verteilt wurden. Die Szene mit der Frau am Steintisch ist eine Entsprechung zu den Bildern mit Gentiana — es entsteht der Bereich der Freude und Geborgenheit in einer Welt des »Die mögen mich nicht«. Ein eindrucksvoller Beweis für die Identität dieser früheren Seinsform mit Mando, auch wenn die Erlebnisebenen verschoben sind! Begreiflich, daß sich solche Bilder am leichtesten entziffern lassen, und es spricht wohl dafür, daß Erlebniskerne ähnlicher

Beschaffenheit auch bei großen Differenzen auf unserer relativen Zeitachse in der subjektiven Zeitebene der Pentawelt recht nahe beieinanderliegen.

Zugleich gelangt R. aber auch zu ganz neuen und fremdartigen Bildern wie der kultischen Handlung auf der kleinen Insel. Eine Zeitbestimmung für diese Existenz ließ sich jedoch noch nicht durchführen. Auch aus den (hier nicht im einzelnen aufgeführten) Beschreibungen der Bekleidung und Umgebung ergab sich kein Anhaltspunkt für die Fixierung in unserer Zeitrechnung. Darüber vermochte jedoch der folgende Versuch Aufschluß zu geben, aus dem wieder einige Abschnitte herausgegriffen werden sollen (Transition vom 19. Dezember 1977):

Nach den bereits bekannten Bildern aus der Pentawelt, nämlich dem Strick mit den Knoten und dem bunten Vogel, der sich schließlich als Mosaik auf dem Boden eines Hauses entpuppt (Seite 74), erfahren wir nun:

R.: *Der Raum ist nicht sehr hoch, an den Wänden steht manchmal... so 'n kleines schwarzes Tischchen, und darauf sind Schalen... silberne glaub ich... glänzende Schalen... und dann sind Türen, aber keine Fenster... vom Eingang her und vom Dach kommt Licht...*

M.: *Siehst du dich?*

R.: *Hm — Rollen habe ich... ja, das bin ich... Rollen unterm Arm, so was Ähnliches wie Papier, aber vielleicht fester als Papier... fasert so... und auf einem Tisch liegen noch mehr so Rollen...*

M.: *Was hast du an?*

R.: *So 'n kurzen Rock mit Falten... und oben nichts und 'n Band um die Stirn oder sowas — nein, ist kein Band... weiß nicht, sowas Geflochtenes...*

Es ergab sich dann, daß R. damals Ahmand-el-Kelim hieß, daß er fünfundzwanzig Jahre alt war, und die dortige Landschaft beschrieb er mit: »Palmen, Treppen runter, Steintreppen, dann wieder Säulen, oben so 'n flachen Stein oder Brett, aber die tragen nichts, stehn nur so da... Treppen runter zum Wasser... gehn bis ins Wasser rein.« Es handelt sich um ein trübes, gelbliches Wasser, einen großen Fluß. Das Land, in dem er wohnte, nennt man »das südliche Reich«. Auf die Frage, was er arbeite, lautete die Antwort:

R.: *Ich schreibe... das auf, was... für jemand schreib ich das auf, was...*
hm — das muß man ausrechnen... wie das jeden Tag sich verän-
dert...

M.: *Sind das Geschäfte?*

R.: *Nein, nicht Geschäfte... hat mit dem Wasser zu tun... hmhm...*
auch mit der Sonne. Hm... alles so komisch...

M.: *Und das machst du jeden Tag?*

R.: *Hmhm. Muß irgend was beobachten und dann was ausrechnen...*
und dann... und danach richtet sich eine Arbeit...

M.: *Deine Arbeit?*

R.: *M-m... die von vielen Leuten... die müssen was bauen...*

M.: *Mit Wasserkraft?*

R.: *M-m, das gibt's nicht, das Wasser hat keine Kraft, die Kraft liegt*
in den Menschen, die ist nicht jeden Tag gleich...

M.: *Und das kannst du berechnen?*

R.: *Hmhm. Aber das hängt mit dem Wasser zusammen... und mit der*
Sonne...

M.: *Was wird gebaut?*

R.: *...ja... zu einem großen, großen Gebäude gehört das dazu... das*
wird aufgestellt oder hingetragen... dazu braucht man die Kraft
(Pause)... da kommt Esra!

M.: *Da kommt...?*

R.: *Esra... Esra de Keleita... Wir gehen zusammen in das Haus mit*
dem Vogel...

M.: *Esra ist ein Mann?*

R.: *Nein, das ist 'ne Frau... das ist die Frau von früher... ja die hat*
— mich da weggenommen von der Arbeit.

M.: *Warum hast du diese Arbeit machen müssen?*

R.: *Hm — da sind wir von weit hergekommen. Das war irgendein...*
das war nicht schön, war ein Krieg oder sowas...

M.: *Bist du dort geboren in dem Land?*

R.: *Nein, geboren bin ich weiter nördlich... das waren Berge und viel*
rauher... war nicht so schön, aber jetzt bin ich hier zu Hause... bin
ich endlich mal zu Hause... darum ist es doch so schön.

Das Haus, das er mit der fünfzehn Jahre alten Esra und noch
einer älteren Frau bewohnt, nennt man das »Haus des Reihers«.
Einen Herrscher oder König kann sich R. nicht vorstellen, sie haben
eine Art »Wesir«, der alles macht und sagt, was gebaut werden
muß. Für seine Arbeit wird R. entlöhnt, aber:

R.: *... das ist komisch — das, das Geld wird behalten... ich muß für*
   irgend was arbeiten, und das Geld behalten sie, aber ich krieg dann
   zu essen und Kleider und alles... und ein bißchen Geld krieg ich von
   Esra...

M.: *Gut, ruh dich wieder aus... Du siehst dich mit etwa siebenund-*
   zwanzig Jahren.

R.: *Das habe ich, glaub ich, schon mal gesehen. — Ist... soviel Sand,*
   und da sind... Mauern drunter, die gucken zum Teil noch aus dem
   Sand, und Häuser...

M.: *Aber Häuser, in denen man noch wohnt?*

R.: *Hmhm... aber der Sand ist drübergepustet... vielleicht sind das auch*
   frühere Häuser... manche sind klein und rund und haben nur eine
   Tür... andere sind schöner mit zwei Stockwerken... da ist auch das
   Meer in der Nähe...

M.: *Was machst du da?*

R.: *Ich glaube... ich bin nur da... auf 'ner Reise... vielleicht müssen wir*
   hier was holen — Steine holen oder sowas... die brauchen wir zum
   Bauen... aber sieht man nicht mehr viel... jetzt wird auch alles
   undeutlich...

(Anschließend Bilder aus der Pentawelt: langer Gang mit Nischen
und dem Hindurchgehen, wie bereits Seite 76 beschrieben.)

Unserem Reisenden ist diese neue oder, besser gesagt, uralte Welt
inzwischen vertrauter geworden, die Übermittlungen werden klarer.
Aber immer klingt darin das Staunen über das Fremde und zugleich
so Selbstverständliche mit. Nicht nur die Gegend und dieses »Südliche Reich« erscheinen ihm vertraut, sondern auch das Wissen um
verborgene Kräfte, die nicht in unsere heutige Vorstellung passen
wollen. Es muß wohl jene an die dreitausend Jahre zurückliegende
Existenz sehr tiefgehende Spuren hinterlassen haben; wahrscheinlich
wurde der gesamte weitere Werdegang dieser Individualität von ihr
geprägt.

Die beiden folgenden Transitionen (die letzten der hier beschriebenen Versuchsreihe) ermöglichten es, in diesem Werdegang auch die Verbindung zu Mando aufzufinden. Außerdem soll jeweils eine Szene, die Hinweise auf die besondere Bedeutsamkeit jener frühen Inkarnation enthält, in der Originalübermittlung geschildert werden.

TRANSITION VOM 5. JANUAR 1978

Die Moderation verfolgte die sofortige Hinwendung zur früheren Existenz ohne Verweilen bei Mando. Der vollständige damalige Name von R. lautet Ahmand-el-Kelim. Eine Altersangabe war nicht zu erhalten. Erst werden die Vorbereitungen für ein Fest geschildert: R. erwähnt »Maiskolben«, »rote Früchte« und »so viereckige weiße Würfel«, vielleicht für eine »Opferzeremonie«, dann sieht er eine Art Festzug. R. ist an einem großen Becken mit Wasser, einem Bad, Frauen baden dort.

R.: *Und jetzt kommen andere mit Tüchern und trocknen die ab, die gebadet haben... sind sehr lebhaft, die lachen und gehen durcheinander... und ich... ich kann überall hingehen, wo ich will.*

M.: *Und was tust du jetzt?*

R.: *'s kommen zwei Männer, und die verneigen sich, 'n paarmal, gehen ein paar Schritte vor und verneigen sich nochmal...* (entzückt und verwundert) *die verneigen sich vor mir... sie bringen mir was...*

M.: *Was bringen sie?*

R.: *Der eine hat so 'n Dreieck — hm, was zum Schreiben, 'ne Tafel oder Stück Papier, nein... das ist komisch, so zwischen 'n Rahmen gespannt, Schilfrohr oder sowas... an allen vier Seiten und dazwischen 'ne Pergamenthaut oder Papier.*

M.: *Steht was drauf?*

R.: *Nein, das ist leer. Wahrscheinlich... mal sehen, vielleicht muß ich was draufschreiben... mit dem Dreieck was machen... hmhm... die wollen da was aufstellen, und ich muß das zeichnen... das soll so 'ne Art Würfel werden, der aber überall Dreiecke hat.*

M.: *Das soll gebaut werden?*

R.: *Das soll da aufgestellt werden — am Rand vom Bassin... es kriegt noch 'ne runde Scheibe obendrauf...*

M.: *Sagen die das oder haben sie das gezeichnet?*

R.: *Nein, ich muß das zeichnen, das fällt mir ein... und die warten... (Pause). Dann hab ich noch 'n Stock, wir messen da was aus und... dann mach ich 'n kleinen Kreis hin, und da kommt das hin... Dann... nehmen die alles wieder mit — die gehen rückwärts weg... ich, hm... ja, die gehen rückwärts...*

R. (später): *...und dann bekomm ich meinen Stab, der ist oben so 'n bißchen gebogen, aber nicht sehr lang, nicht so zum Draufstützen...*

M.: *Wie gebogen — einfach rund?*

R.: *Nein, das geht zuerst so 'n bißchen nach hinten und — so halb-rund... dann wieder nach vorne oben dran — und sonst ist er gerade und sehr schön gemacht — glänzt golden, ist aber nicht sehr schwer... wahrscheinlich hohl... und dann kommen Jungen — sind auch schön angezogen und weiß, vier, fünf, acht, neun... neun oder so... und die hocken sich hin in einer Reihe, und jeden muß ich... mit dem Stab... ja, die strecken die Hände vor, und die Hände berühr ich alle mit dem Stab. Das sieht schön aus... aber was das nur ist?...*

M.: *Sprichst du dabei etwas?*

R.: *Wahrscheinlich schon, ja. Ist so 'ne Art Wechselgespräch oder Wechselgesang — ich sage immer etwas, und die anderen antworten dann... aber nicht zusammen, immer nur einer... ist eingeübt... oder sie müssen das auswendig lernen, und ich sage ihnen das vor. Jedesmal, wenn einer was sagen muß, dann hebe ich eben den Stab und zeig auf ihn und berühr ihn damit... und dann senkt er immer erst so 'n bißchen den Kopf — hübsch —, und dann sagt er das... hmhm... geht jetzt weg...*

M.: *Weißt du auch, wie die Stadt heißt, in der du lebst?*

R.: *Das kann ich nicht sagen... man sieht etwas von der Stadt, 'ne große Straße in der Mitte durch und... auf der rechten Seite 'n großes Haus, 'n Tempel, ja, dann kommen viele Säulen... auf der linken Seite dann wieder kleinere Häuser und dann 'ne Art Haus, das über die Straße gebaut ist — alles seeehr schön...*

M.: *Und wie ist die Straße — ist die aus Stein, aus Sand?*

R.: *Nein nein, das ist so wie Fliesen mit Ornamenten drin, stellenweise*
und schön hingelegt — ganz genau passen die zusammen... dann
wieder kleinere Steine, so 'ne Art Mosaik — und dann große,
glatte quadratische und längliche, scheinbar durcheinander... sieht
aber sehr schön aus...

M.: *Gibt es dort auch Bäume?*

R.: *Nein, ich seh keine Bäume — ist alles nur Stein... aber manche*
Höfe, da sieht man über die Mauern so Palmen und Büsche —
ganz schmal und hoch, aber nicht sehr viel Grün sieht man...

M.: *Siehst du noch mehr Tempel?*

R.: *Hm — das ist komisch... ich seh nicht alles auf einmal — da ist*
mal 'n Haus oder so 'n Gebäude und dort... immer einzelne, und
einen Moment sieht man alles wieder zusammen... das wechselt so...
man hat auch keinen richtigen Überblick.

M.: *Weißt du, wie euer Gott heißt, den ihr im Tempel verehrt?*

R.: *Das ist auch so schwierig, es gibt mehrere — und dann gibt es einen*
—, und der wird... der... der Strahlende genannt, und das sind —
die Strahlen sind ähnlich gezeichnet wie der Stab, den ich habe...
dann gibt es noch andere — für die Toten und für die Felder, hm...
aber das ist, glaub ich, 'n bißchen früher

M.: *Weißt du das Jahr, das ihr schreibt?*

R.: *Ja... das müßte am Schluß auf den Rollen stehen... das ist da 'ne*
Vier, das ist ein viertes Jahr und dritter Monat, wenn man so sagen
will — und der, glaub ich, siebte oder siebzehnte Tag — da vor der
Sieben ist aber noch was...

Es wird dann noch von Arbeiten in einem Tal berichtet, die sie
beaufsichtigen müssen; wieder hat R. Zeichnungen, nach denen er
Anweisungen erteilt. »Ziemlich windig — wir haben Tücher so vor
den Mund geschlagen, daß wir nicht den Sand reinkriegen.« Abends
kehren sie zurück und werden freundlich empfangen. »Wir
haben irgend etwas gut gemacht.« R. geht mit seinen Rollen
in den Palast, um sie dort einem sehr hochgestellten Mann zu
übergeben. Sein Name »ist kompliziert zu sagen... wiederholt
sich immer was drin... und man spricht ihn nicht aus, soviel ich

weiß«. R. geht dann nach Hause, in das Haus mit dem Vogel zu Esra, beschreibt das Waschen und Essen, aber es wird bald dunkel, und man sieht nur noch den Mond und »so ein bißchen beschienener Torbogen... sieht fast kitschig aus, ist aber schön — sehr schön«. Da erfolgte die Anregung, in Mandos Leben zu gehen:

M.: *Du fühlst dich gut. Wenn du etwas siehst, sagst du es.*

R.: *... 's geht durcheinander... Mando dreht ein Rad und muß Wasser — hm, das muß Wasser schöpfen, aber...* (er seufzt)... *aber das ist ganz woanders...*

M.: *Ja, das kann schon sein. Wie alt ist er denn da?*

R.: *Er ist kleiner... denn der... das alles, das kann nicht sein...*

M.: *Das kann sein! Sag ganz einfach, was du siehst.*

R.: *Der ist... wieder da in den Bergen... es sind eigentlich keine Berge, es sind... wieder dieser Sand und diese Steine...*

M.: *Und da ist Mando? Ist er sehr klein?*

R.: *Hmhm. Drei... jaaa, drei Jahre kann er sein. Und er spielt mit Steinbrocken... und jemand — die Leute arbeiten da in den Steinen und... suchen und klopfen dadran rum und haben auch so Tücher... zum Abreiben, und da sind... wie so 'ne Art Zelt... Gentiana ist auch da... aber das ist...*

M.: *Ist es undeutlich?*

R.: *Hmhm.*

M.: *Du bist ja auch noch klein.*

R.: *Hmhm.*

M.: *Weißt du, wie das heißt, wo ihr seid? Hat es Gentiana mal gesagt?*

R.: *Hm — das weiß ich nicht... hm — ist vielleicht schon...* (Pause).

M.: *Vielleicht schon was? Mußt nicht überlegen, sag ruhig, was gerade kommt.*

R.: *Ich warte... kommt nichts... jetzt... was mit El... El Quab oder irgend sowas... könnte sein... aber zwei Worte — El Quab, sowas...*

M.: *Macht's dir Spaß, dort zu sein?*

R.: *Hmhm — ist immer viel los... und das ist nämlich — wir wohnen... hm* (er seufzt)... *weiß nicht, ob wir da wohnen oder nur vor-*

übergehend da sind... und was sie zu tun haben... aber lange... lange Zeit...

M.: *Spielst du dort mit Gentiana zusammen?*

R.: *Hmhm... unser Vater ist auch da...*

M.: *Und eure Mutter?*

R.: *Die muß sicher auch da sein... Frauen sind auch da, aber viel weniger. Das meiste sind Männer... Aber ich weiß nicht, ob das nicht durcheinander ist...*

M.: *Du sollst nicht überlegen. Nur gerade sagen, was du siehst.*

R.: *Das macht's von selber. Hm... unsere Mutter, ja die ist auch da... aber das ist anders, das ist nicht Ragusa...*

M.: *Nein, du warst ja auch nicht in Ragusa, als du klein warst. Ihr seid von weit hergekommen nach Ragusa. Das ist schon richtig, du bist ja erst drei Jahre alt.*

R.: *Hmhm* (resignierend, zustimmend).

M.: *Du hast jedenfalls viel Spaß dort?*

R.: *Hmhm* (wieder fröhlicher) — *gefällt mir seeehr gut und... das ist nicht so — man ist mehr drin...*

M.: *Du behältst jetzt die Stimmung und das Bild, einfach, daß es schön ist...*

R.: *Hmhm* (sofortige Zustimmung).

M.: *Und jetzt ruhst du dich aus...* (Weiterleitung in die Gegenwart.)

TRANSITION VOM 10. FEBRUAR 1978

Wiederum sofortige Einstellung auf die frühe Inkarnation. Kamele kommen aus einem ganz blauen Himmel. Sie bringen Waren, stark riechendes Holz, Stoffe oder Teppiche, und R. muß alles aufschreiben. Er ist neunundzwanzig Jahre alt. Weiter oben am Fluß sieht man eine kleine Stadt, sie »heißt so wie El Huat«. Der Fluß ist sehr groß, macht viele Windungen und fließt »ganz langsam«. Es »könnte der Nil sein«. Die Waren werden auf ein Schiff verladen, noch mehr Kamele kommen, Körbe mit Datteln werden verstaut. Das Schiff muß noch warten, denn R. geht vorher noch einmal nach

El Huat. Dann befindet sich R. auf einer Art Baustelle: es soll ein
großer Stein transportiert werden, der »schon wie ein sitzender
Mensch« aussieht. Erst werden einige Zeremonien beschrieben, die
im Zusammenhang mit der Arbeit ausgeführt werden müssen, dann
werden die Seile angelegt.

M.: *Steht dieser große Stein in der Wüste oder in der Stadt?*

R.: *Mm — der ist jetzt auf einem Weg, der ist extra gemacht worden*
dafür... und der geht so in ein Tal rein, da sind Felsen im Hinter-
grund — sind aber gar nicht viele Leute...

M.: *Wie viele sind es ungefähr?*

R.: *Zehn, zwölf... so zwölf bis fünfzehn für jedes Seil... jetzt legen sie*
vorne Hölzer hin, drunter...

M.: *Und dann?*

R.: *Die scheinen alle so begeistert zu sein... freuen sich... ist keine*
Arbeit, die machen das gern... ist so wie 'n Fest. Aber die arbei-
ten... die bauen das...

M.: *Geh jetzt ein bißchen weiter voraus.*

R.: *M-m* (sofort Protest), *ich warte... das ist, das ist so, was ich*
berechnet habe, so müssen sich die Leute aufstellen, in eine bestimmte
Richtung, hat mit der Sonne zu tun... jeder steht 'n kleines bißchen
verschoben, ist alles genau ausgerichtet — 's ganz überwältigend...
(er seufzt ergriffen, weint).

M.: *Du siehst die Leute alle so stehen?*

R.: *Hmhm. Dann müssen sie was rufen, was ich aufgeschrieben habe*
(das Folgende ist unverständlich)... *und dann steht das. Das war*
merkwürdig...

M.: *Jetzt soll das da stehen bleiben?*

R.: *Nein, das muß noch viel weiter auf dem Weg — in das Tal rein*
zu den Felsen dahinten. Aber jetzt machen die nicht weiter... ist
auch so 'n komisches Licht — so bleiern... geht's weg...

M.: *Gut. Entspann dich wieder, ruh dich aus* (Pause). *Du gehst jetzt*
wieder in die schöne Stadt mit den schönen Häusern.

R.: *Hmhm... aber ist ganz am Rand von der Stadt...*

M.: *Siehst du Häuser?*

R.: *Mja — was wie ein Tempel... Säulen und ein kleiner Hof — da sitzen Leute, Jungen... 's ist wahrscheinlich 'ne Schule oder was...*

M.: *Wie heißt die Stadt?*

R. (plötzlich): *Da brennt was rechts im Gesicht... ganz stark!*

M. (legt ihm ihre kühle Hand auf die rechte Wange): *Ist's besser?*

R.: *Hmhm.*

M.: *Fühlst du dich wieder ganz wohl?*

R.: *Tja, das war —*

M.: *Was war es?*

R.: *War die Sonne... da bin ich irgendwo gestanden, und da war eine Stelle ganz heiß... ist immer noch 'n bißchen...*

M. (legt nochmals die Hand darauf): *Soll ich noch kühler machen?*

R.: *Hmhm... 'n bißchen weiter runter. Hmhm — jetzt ist es weg... ja... das ist nämlich zwischen zwei Säulen so 'n großes Glas — da scheint die Sonne durch... hm, da machen die Feuer mit... ist aber nicht für alle...*

Auf der rechten Gesichtshälfte von R. war noch mehrere Tage lang eine gerötete Stelle von etwa fünf Zentimeter Durchmesser zu sehen. Der Versuch wurde jedoch fortgesetzt, und zwar mit der Führung in die Existenz Mando. »Du gehst soweit voraus, bis du Mando mit drei Jahren bist.«

R.: *... das ist recht merkwürdig. Da sind — da ist Sand und sind so Felsen, und da haben wir verschieden lange Holzstäbe... oder ist es aus Metall? — ist, glaub ich, schon Holz... in eine Felsspalte gesteckt, der Stein ist so 'n bißchen gesprungen, haben wir die nebeneinander gesteckt — verschieden lange... und da machen wir Musik, schlagen da dran.*

M.: *Wer macht das, du und wer noch?*

R.: *Das sind 'n paar Jungen — ganz braun die Jungen.*

M.: *Macht's Spaß?*

R.: *Hmhm... und einer hat so schöne breite Zähne, der lacht immer so hübsch, der... hat das mir gezeigt.*

M.: *Weißt du, wo ihr seid?*

R.: *Hm — wir haben hier, wir haben da Zelte — sind aber auch 'n*

*paar alte Häuser da... nur so viereckige Hütten, 'n flaches Dach
drauf, aber wir wohnen in einem von den Zelten.*

M.: *Wer wohnt alles da?*

R.: *Mein Vater und Gentiana, und unsere Mutter ist auch da...*

M.: *Kannst du sie sehen?*

R.: *Hm — ich weiß es nur. Jetzt bin ich noch bei den Jungen. Das ist
wieder schön* (befriedigt).

M.: *Geh ein bißchen weiter voraus, bis du vier Jahre alt bist.*

R.: *Da kommt vorher noch was...*

M.: *Was siehst du?*

R.: *Ich seh noch nicht — das fühl ich... Hm — das ist nicht... wir
haben Angst... Die Männer können nicht mehr arbeiten.*

M.: *Was haben sie gearbeitet?*

R.: *Hm — die haben Sachen gesucht... Steine und Tafeln... und irgend
jemand will das nicht, oder jemand hat was Falsches gemacht... ja,
oder es ist irgend was kaputtgegangen...*

M.: *Jetzt hören sie auf zu arbeiten?*

R.: *Ja, ich glaub, sie dürfen nicht mehr, oder sie können nicht... und
wir sollen irgendwie weg... das seh ich jetzt nicht — aber es muß
was Schlimmes passieren.*

M.: *Du weißt, daß ihr weggeht?*

R.: *...da war 'n furchtbares Durcheinander und Geschrei... wir sind
überfallen worden, oder ist irgendwie Krieg?... 's is noch dunkel
und kommt irgendwie ein Sandsturm oder Gewitter...*

M.: *Bist du im Zelt?*

R.: *M — das wackelt alles, ist vielleicht der Wind... jetzt sind wir
gerannt gerade... und Gentiana nimmt mich mit...*

M.: *Hmhm. Wohin?*

R.: *...Mmmm... die verbrennen ja alles...*

M.: *Wer? Die anderen?*

R.: *Hmhm.*

M.: *Nicht eure Männer?*

R.: *M-m... ist dunkel immer noch... wir gehen oder werden getrieben...
müssen auf ein Schiff... immer so 'n Geschrei dazwischen — ist
nicht schön...*

M.: *Laß es verschwinden, jetzt.*

R.: *Jetzt aufm Schiff ist etwas besser... aber wo sind die anderen?...*

(Da sich R. in großer Erregung befindet, wird er noch zu einem schönen Erlebnis von »Mando mit zehn Jahren« geleitet und dann in die Gegenwart zurückgeführt.)

Modell einer Wesensstruktur

Die Berichte aus dem Leben von Mando wie auch aus der früheren Existenz gestatten es nun, ein sehr anschauliches Bild von den Vorgängen zu entwerfen, die sich bei den Transitionen in die Pentawelt abspielen. Schon an früherer Stelle wurden die Erlebnisse bestimmter Zeitabschnitte mit einer Landschaft verglichen. Es handelte sich dabei um die Bereiche, die man durchstreift, wenn man mittels der Erinnerung oder auch der hypnotischen »Übererinnerung« entlang der Zeitachse im jetzigen Leben zurückkreist. Wir haben im Kapitel drei eine solche »Zeitlandschaft« zu schildern versucht, wie sie nach der bunten Vielfalt der Jugendjahre gegen die Geburt hin immer karger wird, um schließlich in eine Wolkenwand oder Barriere überzugehen, hinter der sich der vorgeburtliche Bereich verbirgt.

Bis zu dieser Grenze läßt sich die subjektive Zeitlandschaft als zusammenhängendes Gebiet auf der »Autobahn« der relativen Zeitachse durchfahren, indem man sich von der Gegenwart in die Vergangenheit bewegt. Alle Bilder dieser Landschaft sind durch das ununterbrochene Ichbewußtsein im jetzigen Leben lückenlos miteinander verbunden, auch wenn sie nicht ständig gegenwärtig sind, wenn ein Teil vergessen wurde. Immer aber ist es das Erleben ein und derselben Person. Es ist, gemäß den Eigenschaften dieser Person, subjektiv gefärbt und unterscheidet sich daher von den Zeitlandschaften anderer Menschen, die im selben Zeitabschnitt der relativen Zeitachse leben. Aber die subjektive Zeitlandschaft ist in jedem Fall während des Erdenlebens ein ununterbrochenes Kontinuum. Jeder Punkt darin kann im Prinzip mit demselben Fortbewegungsmittel — der Erinnerung — im geradlinigen Zurückkreisen erreicht werden.

Wie sieht nun die Zeitlandschaft aus, wenn man hinter jene »Wolkenwand« zu gelangen sucht? Man könnte daran denken, mit demselben Fahrzeug die Autobahn der relativen Zeitachse, die sich theoretisch endlos in die Vergangenheit zurückrechnen läßt, weiterhin zu benützen. Irgendwann müßte man dann wieder einer Landschaft begegnen, die man in derselben Weise durchfahren könnte wie die Vergangenheit des jetzigen Lebens. Das war die bisherige Vorstellung von den Regressionen in frühere Verkörperungen.

Nun handelt es sich dabei aber nicht mehr um dieselbe Person — die stoffliche Form und das mit ihr zusammenhängende Wachbewußtsein der Gehirnfunktion waren zwischen früherem Lebensende und neuer Geburt unterbrochen. Außerdem ist die Schwelle einer neuen Zeitdimension zu übersteigen. Um die Reise in der Zeitlandschaft fortzusetzen, müssen wir unser Fahrzeug wechseln, indem wir vom Auto ins Flugzeug umsteigen. Nun sind wir imstande, die Barriere zu überqueren, und wir schweben über der Zeitlandschaft der Pentawelt.

Bekanntlich wird, je höher man sich in einem Flugzeug über die Erdoberfläche erhebt, um so mehr die Bodengestaltung auf ihre wesentlichsten Merkmale reduziert. Sie gleicht dadurch immer mehr einer Landkarte, auf der die Ortschaften nur noch als rote Fleckchen, die Straßen als Linien, die Erhebungen durch Schraffen oder Farbänderungen erkennbar sind. Mit anderen Worten: Die Landschaft wird zu Symbolen verdichtet. Von der Höhe unseres Flugzeugs aus sind wir zudem imstande, mehrere getrennte Gegenwartsereignisse gleichzeitig zu erfassen. Wir sehen zum Beispiel, daß in der Stadt A die Sonne scheint, daß in dem hundert Kilometer entfernten Ort B ein Brand wütet und daß über einem anderen Landstrich Nebel liegt. Dies möge nochmals als räumliches Beispiel der zweidimensionalen Zeitebene dienen, bei der durch gleichzeitige Wahrnehmung mehrerer Vorgänge die Gegenwart zur Geraden wird beziehungsweise die Entfernungen zusammenschrumpfen.

Aber noch durch etwas anderes unterscheidet sich die Landschaft der Pentawelt von der Vorstellung der irdischen Zeitlandschaft. Es fehlt nämlich dort die gleichmachende Eigenschaft der stofflichen Erscheinungsformen, auch wenn man nur an »Symbolbilder« denkt. Auf der Erde besteht jeder See aus Wasser, jeder Baum aus Holz.

Wohl erleben verschiedene Menschen einen See nicht in genau derselben Weise; immer verbindet sich damit aber die Vorstellung von Wasser. In der Parallelwelt kann der Eindruck »See« für den einen das stumpfe Grau von geschmolzenem Blei, für den anderen die glitzernde Unruhe von Quecksilber, für einen Dritten das Leuchten flüssigen Goldes bedeuten, und zwar nicht nur als Farbeffekt der Oberfläche, sondern auch »inhaltlich« verbunden mit der Bedeutung von Blei, Quecksilber oder Gold. Allen gemeinsam ist möglicherweise nur noch die Vorstellung des Flüssigen. Das Symbol »See« ist also auf der Karte einer Landschaft der Pentawelt vieldeutiger oder, was dasselbe ist, von der individuellen Erlebnisart des Betrachters in höherem Maße abhängig.

Somit müßte man in der zweiten Zeitdimension von einer Erlebnislandschaft sprechen, die anstelle der Zeitlandschaft unseres bisher für die irdischen Verhältnisse verwendeten Vergleichs tritt. Das Erleben ist weniger eine Funktion der Person, sondern der Individualität. Denn die Seele, überhaupt der die Verkörperungen überdauernde Teil des Menschen, ist in erster Linie daran beteiligt. So läßt sich in der Pentawelt eine »Orientierung« überhaupt nur durch die Art des Erlebens denken, die damit zugleich zum wichtigsten, wenn nicht einzigen Kriterium der Individualität in jener Welt wird.

Unser Reisender ist also mit seinem »Flugzeug« über die Zeitbarriere in die Parallelwelt gelangt. In der Weite der Zeitebene wird er sich nach den dortigen Landschaftssymbolen gemäß seiner individuellen Erlebnisart orientieren. Irgendwo in dieser Landschaft befindet sich auch die Ortschaft »Mando«. Es ist eine anschauliche Vorstellung, daß die gespeicherten Erlebniskerne aus dem Leben Mandos in der Zeitebene von unserem Flugzeug aus das Bild einer Agglomeration von einzelnen Häuschen bieten. Das Flugzeug steht in diesem Beispiel als Symbol für die Individualität »R.«, die Schubkraft liefert die Moderation: »Du gehst immer weiter zurück...« usw. Weil die Ortschaft Mando zum individuellen Erlebnisbereich von R. gehört, wird das Flugzeug automatisch bei diesen Erlebniskernen landen. In der Folge wird R. die einzelnen Häuser dieser Ortschaft aufsuchen. In jedem Haus findet er Filme von den Ereig-

nissen in Mandos Leben gestapelt, sowie eine Projektionsmöglich-
keit, um die Filme betrachten zu können. Man mag sich in einem
Haus die Filme eines Lebensjahres gespeichert denken. Angeregt
durch die Moderation wandert R. nun beliebig in diesem Dorf
umher und spielt sich die verschiedenen Filme ab.

Hier haben wir ein räumlich-mechanisches Modell der Vorgänge
bei der Transition in das frühere Leben. Man könnte derartige bild-
hafte Darstellungsweisen vielleicht als unwissenschaftlich ablehnen.
Wir erinnern jedoch daran, daß auch das Bohrsche Atommodell eine
solche Vorstellung zur Beschreibung rein energetischer Vorgänge
war. Dennoch erschloß es den Weg zu weitreichenden Erkenntnissen. Was der Physik gestattet ist, möge noch viel mehr einer Forschung erlaubt sein, die sich mit der Energetik der menschlichen Seele und dem Geschehen außerhalb unserer bekannten Raum-Zeit-
Welt befaßt. Zudem wird auch unser Modell seinen heuristischen
Wert noch beweisen, weil damit weitere Phänomene der Transition
verständlich werden.

Vorerst wird dadurch die Aufgabe der Moderatorin deutlicher
und besser verständlich. Sie ist nämlich bedeutend vielseitiger als die
einer auswertenden und dirigierenden Bodenstation in der Raumfahrt. Das ist nur eine der Funktionen. Zugleich muß die Moderatorin die Reise auch selbst erleben, sie muß die beiden Dimensionen
der Zeitebene miteinander koordinieren. In unserem Modell sind
diese Dimensionen durch zwei Bewegungen dargestellt: einmal das
Aufsuchen der einzelnen Häuser durch R. und zweitens der Ablauf
der Filme. Wenn man die Transitionsberichte fortlaufend lesen kann,
macht man sich kaum einen Begriff, wie sehr die Moderatorin »mitgehen« muß. Die Stellen, die in unseren Texten jeweils mit Punkten
überbrückt sind, bedeuten im Versuch Pausen von einigen Sekunden
bis zu über einer Minute. Erst die noch länger dauernden Unterbre-
chungen sind in der Wiedergabe mit »Pause« bezeichnet. R. scheint
oft so in die Betrachtung der »Filme« versunken, daß er darüber das
Sprechen vergißt. Zuweilen will er auch erst einen Film zu Ende
sehen, bis er seine Übermittlung fortsetzt. Es mag dann manchmal so
aussehen, als ob die Moderatorin zu sehr eingreift. Aber das

geschieht nur, um R. zu weiteren Mitteilungen zu veranlassen. Andernfalls könnte man kaum genügend Informationen erhalten. Das soll an den Szenen verdeutlicht werden, in denen Mando bei seiner Schwester zu Besuch ist und sie abends im Garten sitzen (Seite 111):

R.: *Ja, brennt 'ne kleine Lampe dahinten im Garten. Aber es ist ringsum zu. Und... oben ist auch noch 'n Licht... schön, Käfer so... fliegen um das Licht... hübsch so...*

Er schwärmt von der abendlichen Stimmung — »ringsum zu« soll wohl die Geborgenheit an diesem Platz und seine Abgeschlossenheit ausdrücken. Unterbrochen von öfteren Pausen des Betrachtens oder Genießens teilt R. seine Empfindungen mit, bis M. ihn daran erinnert, daß man jetzt schlafen gehen könnte.

M.: *Du siehst, wo du schläfst, du siehst das Zimmer.*

Worauf R. richtigstellt, daß es nur eine Kammer sei. Auf die Frage, ob er allein oder zusammen mit Gentiana schlafe, kann R. richtigerweise noch keine eindeutige Antwort geben, denn der Film ist noch nicht soweit vorgelaufen; so sagt er nur, daß er niemand anderen sehe.

R.: *... is auch nur so... kleiner Tisch drin... das Bett ist kein richtiges Bett, is so 'n Sofa...*

Da R. offenbar allein im Zimmer war, wollte M. nun zum nächsten Morgen überleiten.

M.: *Wenn du aufwachst, gehst du wieder zu Deiner Schwester?*

Aber R. schweigt längere Zeit beharrlich, bis er sich äußert.

R.: *Ja, sie ist zu mir gekommen... 's ist noch ziemlich dunkel.*

Wahrscheinlich hat er, ebenso überrascht, wie er es damals gewesen sein mag, erst Gentiana kommen sehen; sie trug etwas in der Hand, das in der Dunkelheit nicht genau zu erkennen war. Die Frage von M., ob sie am Bett sitze, überhört er, denn er ist noch ganz mit dem Bild beschäftigt. Er überlegt, ob Gentiana ihm vielleicht eine Medizin bringe, bis er dann befriedigt feststellt, daß er nicht krank sei.

M.: *Was hat sie gebracht?*

R.: *Irgend sowas wie so... verdünnter Wein oder so... aber 's schmeckt gut. Und sie hat einen Arm unter mich gelegt... is... ist sehr lieb... is schön... hm...*

R. ist nicht nur in das Bild versunken, sondern empfindet die rührende Zärtlichkeit der Schwester sichtbar mit. Was sie zu trinken brachte, ist nebensächlich. Daher überhört er auch die dann von M. gestellte Frage, ob er getrunken habe, — was eigentlich selbstverständlich war. Aber die Frage hatte den Zweck, R. noch einige weitere Äußerungen zu entlocken:

R.: *Und dann... bleibt sie bei mir... wahrscheinlich schlafen wir... oder ich schlaf ein... 's geht jetzt weg...*

Und darauf M. genau mit derselben beruhigenden Stimme und dem Lächeln auf den Lippen, wie Gentiana den Jungen betrachtet haben mag:

M.: *Hmhm. Du schläfst jetzt ein. Ruh dich aus. Jetzt ist es Morgen...* (usw.).

Diese kleine Szene mag einen Begriff davon geben, wie wir die Moderation handhaben und daß M. dabei Fähigkeiten einsetzen muß, die weit über jene des »Hypnotisierens« hinausgehen.

Ebenfalls im Zusammenhang mit diesen Bildern soll eine Beobachtung erwähnt werden, die sich häufig ergab, daß nämlich die Bilder »weggingen«, wenn sich R. emotional stark engagierte. So beispielsweise, als er Gentiana besuchte und sie in den Berichten erstmals in Erscheinung trat (Seite 109), sodann, als er sie vom Schiff abholte (Seite 120), aber auch im Leben des El-Kelim bei den Arbeiten am großen Stein (Seite 160). R. erklärte dazu in einem späteren Stadium der Versuche, als er sich nachträglich an mehr Einzelheiten erinnerte, daß die Bilder zwar weiterlaufen, daß er aber nicht mehr darüber sprechen könne. Es scheint dies weniger ein ˈ̣sagen der Stimme zu sein, das man ja auch aus dem Alltag b ˌhrung oder Aufregung kennt. Vielmehr wird die Verbindung n ̣ɑ dem Körper, hier also mit den Sprechwerkzeugen, noch mehr gelockert, als es bei den Transitionen ohnehin schon der Fall ist. Ein weiterer Grund dafür, daß unsere Moderatorin nach Möglichkeit eine zu starke psychische Belastung seitens R. zu vermeiden suchte. Daher wird auch immer nach dem Befinden gefragt: »Du fühlst dich gut?« Oder R.

wird gebeten, besonders schöne Szenen im Gedächtnis zu behalten, wie etwa in der folgenden Sequenz (aus der Transition vom 5. Januar 1978):

R. (beschreibt einen Festzug): *...dann kommen Leute, schön angezogen, mit bunten Gewändern, und dann kommt 'n Schiff, oder sowas tragen die, dann kommen wieder Leute...*

M.: *Freuen sich die Leute?*

R.: *Ja, mir scheint, da freuen sich immer alle.* (Pause)... *hm, jetzt geht das weg.*

M.: *Das kommt wieder. Sitzt du noch da und wartest?*

R.: *Nein, jetzt wieder nur die Schale mit den blauen Ornamenten...*

M.: *Ist sie schön?*

R.: *Mja... verziert oder so — aber sieht alles sehr hübsch aus...*

M.: *Gut. Du behältst diese Bilder, auch wenn du aufwachst. Entspann dich jetzt — du wirst dich gleich wieder sehen...* (usw.)

Wir wollen uns nun nochmals unserem »Modell« zuwenden und prüfen, wie sich die Vorgänge bei der Weiterreise nach früheren Inkarnationen darstellen lassen. Wir sahen bereits, daß R. dabei nicht mehr in derselben Weise vorgehen konnte, mit der er in das Leben von Mando gelangte. Denn der Zugang muß über Mando gehen oder diesen auf irgendeine Weise mit einbeziehen. Ein Zurückgehen entlang der eindimensionalen Zeitachse wie in unserer Welt scheidet ohnehin aus. R. kann aber auch nicht sein Flugzeug besteigen und von der Agglomeration »Mando« aus weiterfliegen, bis er wieder irgendwo in der Zeitebene »Häuser« entdeckt, die jene früheren Filme enthalten. Er muß vielmehr im Dorf »Mando« bleiben, denn nur dieses umfaßt seinen beziehungsweise Mandos individuellen Erlebnisbereich. Hier sind also auch die Eindrücke aus weiter zurückliegenden Existenzen zu suchen. Doch kann es sich dabei nicht um dieselbe Art von Informationen handeln wie Mandos Filme, denn sie können die Erlebnisebene »Mando« noch nicht enthalten. Dagegen ist bei Mando das frühere Erleben integriert. So wird man also in einer tiefergelegenen Ebene nach den Relikten aus dem weiter zurückliegenden Leben suchen müssen.

Auf die Moderation: »Du gehst weiter zurück, bis zu deinem

Leben vor Mando, du sinkst weit zurück...» wird R. in die Keller
der Häuser hinabsteigen. Er wird dort alte Gänge und Fundamente
eines früheren Dorfes entdecken, auf denen später die Ortschaft
Mando errichtet wurde. Dort, in diesen unterirdischen Gewölben
hängen die Bilder, die von der früheren Existenz, also dem Leben
des Ahmand-el-Kelim, Zeugnis ablegen...

Wem die Vorstellung nicht zusagt, daß die Berichte von der
Schönheit und dem Licht eines Sonnenlandes aus modrigen Kellergewölben stammen sollen, wer zudem befürchtet, auf der Suche nach
weiter zurückliegenden Verkörperungen noch tiefer in den Schoß der
Erde hinabsteigen zu müssen, der möge sich erneut daran erinnern,
daß es sich hier um ein Modell handelt. In der unstofflichen Pentawelt existieren weder Häuser, noch unterirdische Gänge in unserem
Sinn. Doch besteht mit Sicherheit eine dieser Vorstellung entsprechende energetische Struktur. Denn es ist die einfachste Art, sich eine
stufenweise Entwicklung konstruktiver Art aus einem früheren zu
einem späteren Leben zu denken, bei der zugleich die Individualität
(hier als Agglomeration betrachtet) strukturell erhalten bleibt.

Im übrigen verwenden einige Berichte aus den Transitionen ganz
ähnliche Bilder. Antizipiert sind sie bereits in der Sequenz vom
Museumsbesuch, der unmittelbar vor der Führung in das vorherige
Leben übermittelt wird (Seite 143):

R.: ... [der Raum] *is sehr lang und schmal, und wenn man läuft, hallt
das so komisch... so 'n Gewölbe... aber da hängen Bilder...* (usw.)
(Oder in der folgenden Antwort:)... *Der Raum ist ziemlich
kahl, und auch keine Tische drin und nichts... keine Stühle... und
so 'n roter Boden aus 'ner Art Ziegelstein und ziemlich ausgetreten... ja, und dann auch Zeichnungen da, ganz altertümlich.*

Oder noch deutlicher wird das auf dem Rückweg aus dieser Transition in das frühere Leben vor Mando aus der Pentawelt (Seite
76) ersichtlich:

R.: *Ein langer Gang... mit so gelben Steinen, Platten belegt, und an den
Seiten ist es schön hell... an den Seiten sind Nischen, und da stehen
Tafeln drin und... Steintafeln oder... ja, sind schon Steintafeln...
...in halber Höhe ist auch so Verzierung an der Wand, da steht*

alles mögliche drauf geschrieben, und da geht man entlang... lang,
lang, lang... manchmal brennt 'ne Kerze — oder 'n Lämpchen...

Die Bilder bringen recht deutlich die »unterirdische« Situation
zum Ausdruck. Dabei muß betont werden, daß unser »Modell«
mehr als ein Jahr nach diesen Transitionen entstanden ist. Eine unbewußte Beeinflussung unseres Reisenden durch solche Vorstellungen
unsererseits ist daher auszuschließen. Hingegen haben selbstredend
seine Berichte zum Entstehen dieses Modells beigetragen.

Schließlich vermittelt das Symbol des »Dorfes« nicht nur die
Vorstellung, wie man sich die Entstehung oder Struktur einer menschlichen Individualität denken kann, sondern es wird auch verständlich, warum man bei der Ansteuerung einer früheren Inkarnation
nicht unbedingt erst Bilder aus dem letzten Vorleben benötigt, wie
wir anfänglich vermuteten. Es genügt, sich in unserem Fall zum Ort
Mando zu begeben, indem die Moderatorin den Begriff dafür nennt:
»Du gehst bis ins Leben vor Mando zurück.« Damit sucht R. das
ihm bereits bekannte Dorf auf und begibt sich direkt »nach unten«
zu den Bildern von früher. Man kann jedoch nicht in eine solche frühere Existenz gelangen, ohne vorher das Dasein unmittelbar vor dem
jetzigen Leben erforscht zu haben. Erst muß man Lage und Struktur
dieser Agglomeration gut kennen, um dann den Einstieg zu den
Fundamenten aus den früheren Leben zu finden.

Zu einem solchen Dorf in der Pentawelt hat nur das betreffende
Individuum selbst Zugang. Nur R. selbst kann, wenn er sich in die
Parallelwelt begibt, die Ortschaft Mando finden, um Zutritt zu ihren
Häusern und den gespeicherten Informationen zu erhalten. Denn
diese Agglomeration ist die energetische Konstruktion, aus der der
heutige Mensch R. hervorging. Da sich diese seelisch-geistige Struktur nicht in den Worten unserer Sprache ausdrücken läßt, mußten
wir zu der bildlichen und symbolhaften Darstellung greifen, etwa in
derselben Art, wie es der Mensch in seinen Träumen tut. Das bedeutet jedoch nicht, daß sich R. in einer irrealen Phantasiewelt bewegt!
Real sind in jedem Fall die Bilder, die er übermittelt, auch wenn er
sie nicht mit seinem leiblichen Auge wahrnimmt. Real ist auch die
Pentawelt mit ihrer fünfdimensionalen Raum-Zeit-Struktur. Ohne

diese Realitäten wären alle bisherigen Erfahrungen der Menschheit in Verbindung mit einem »Jenseits«, wäre die Reinkarnation als solche und wären nicht zuletzt auch die Ergebnisse unserer Versuche undenkbar.

Wenn eben gesagt wurde, daß in unserem Fall zum Dorf »Mando« nur R. selbst Zutritt habe, so gilt dies sicher bezogen auf die gegenwärtig inkarnierten anderen Menschen. Nun ist aber die Pentawelt auch mit Wesen bevölkert, die sich gerade in der Übergangszeit zwischen zwei Inkarnationen befinden. Vermögen diese eine solche individuelle Agglomeration zu erkennen oder sich vielleicht gar Zutritt zu den gespeicherten Bildern zu verschaffen? Man ist hier nur auf Vermutungen angewiesen — zumindest können unsere Versuche darauf keine Antwort geben, weil hierfür unsere Anordnung nicht ausreicht. Da aber festzustehen scheint, daß ein »Neuankömmling« in der Pentawelt bei seinem Übertritt aus der stofflichen Welt von anderen Wesen empfangen und geleitet wird, wäre es denkbar, daß Wesen von vielleicht ähnlicher individueller Struktur den Ankömmling zu »seinem« Dorf führen und ihm möglicherweise sogar bei der weiteren Gestaltung und der Ordnung seiner Filme behilflich sind. Wir möchten hier diese Mutmaßungen, obwohl sich hübsche Bilder damit gestalten lassen, nicht weiterführen, doch möge man uns diesen kleinen Ausflug in einen unbekannten Bereich der Pentawelt gestatten.

Wenden wir uns nochmals unseren experimentell ermittelten Ergebnissen zu, so waren für das Auffinden der in tieferen Schichten verborgenen frühen Inkarnation bei unserem Reisenden zugegebenermaßen besonders gute Voraussetzungen vorhanden. Das erkannten wir allerdings erst später, nachdem die Transitionen längst abgeschlossen waren und wir an die Auswertung der Ergebnisse gingen. Während der Versuche selbst wurden wir zuerst unsicher, als R. berichtete, Mando habe seine ersten Lebensjahre in Ägypten verbracht. So war die Vermutung nicht ganz auszuschließen, daß dies die Schilderungen aus jenem frühen Leben beeinflußt haben könnte. Die genaue Analyse der Aussagen ergab jedoch, daß hinsichtlich der Realität jener Inkarnation kein Zweifel möglich ist. Lediglich an zwei, oder drei Stellen konnte ein Überlagerungseffekt nicht ausgeschlossen werden. Als Beispiel die folgende Stelle, in der El-Kelim mit siebenundzwanzig Jahren von dem Sand und den Mauern darunter erzählt (Seite 154):

R.: *Das habe ich, glaub ich, schon mal gesehen. — Ist... soviel Sand, und da sind... Mauern drunter, die gucken zum Teil noch aus dem Sand, und Häuser...*

M.: *Aber Häuser, in denen man noch wohnt?*

R.: *Hmhm... aber der Sand ist drübergepustet... vielleicht sind das auch frühere Häuser... manche sind klein und rund und haben nur eine Tür... andere sind schöner mit zwei Stockwerken... da ist auch das Meer in der Nähe...*

So scheint aber doch dieser Ort in Meeresnähe zu liegen, was bei Mandos früherem Aufenthaltsort El Quab nicht der Fall war. El Quab oder El Kâb, wie es die Ägypter heute schreiben, liegt in Oberägypten, etwa in der Mitte zwischen Luxor und Assuan. Im Folgenden gibt R. jedoch seine Unsicherheit bezüglich dieses Bildes zu:

R.: *Ich glaube... ich bin nur da... auf 'ner Reise... vielleicht müssen wir hier was holen — Steine holen oder sowas... die brauchen wir zum Bauen... aber sieht man nicht mehr viel... jetzt wird auch alles undeutlich...*

Gewiß aber erleichterte der Jugendeindruck von Steinen, die im Sand liegen, für Mando das Auffinden des Eingangs in die vorangegangene Existenz. Anfänglich entstand der Eindruck, es könne noch eine weitere Inkarnation dazwischen liegen (Gefangene werden verkauft, Feldarbeit). Später ergab sich dann aber der Zusammenhang über Esra (»die Frau von früher, die hat mich da weggenommen von der Arbeit«) und über die Art seiner Entlöhnung, die ihn auch damals als »Fremdling« erscheinen ließ.

Im übrigen sind wir uns bewußt, daß mit diesen wenigen Transitionen kein auch nur einigermaßen vollständiges Bild jener »ägyptischen Existenz« zu erhalten war. Das entsprach auch nicht den Zielen dieser Versuchsreihe. Da aber bereits die vorliegenden Übermittlungen Hinweise auf altägyptische Vorstellungen und Praktiken vermuten lassen, wurde die Erforschung jener Existenz inzwischen fortgesetzt. Die Ergebnisse sollen zu gegebener Zeit publiziert werden.

Vorerst gelang es, dadurch das Bild von Mandos Leben abzurunden. Über seine Mutter konnte Mando zwar nie genauer Auskunft geben (er sieht sie nicht, weiß nur, daß sie da ist). Sein Vater war bei Ausgrabungen in der Nähe von El Quab beschäftigt. Ob er die Expedition als Arzt begleitete (wodurch er mit dem in Ragusa beschriebenen Mann identisch sein könnte) oder ob es sich damals um den leiblichen Vater handelte, der dann vielleicht Archäologe gewesen sein könnte, ließ sich nicht ermitteln. Mando war da »ja noch klein«. Möglicherweise sind Mandos Eltern Opfer jener Ereignisse geworden, die ihn und Gentiana mit vier Jahren aus der Gegend bei El Quab vertrieben. Daß nicht alle überlebten, dürfte aus seiner Frage auf dem rettenden Schiff: »... aber wo sind die anderen?« hervorgehen.

Ob der Ort, an dem man in unserer Welt wiedergeboren wird, in irgendeinem Zusammenhang mit den früheren Inkarnationen steht? Das ist nicht erwiesen und trifft jedenfalls für R. nicht zu. Seine beiden früheren Existenzen wurden eindeutig durch den mediterranen Raum geprägt, sein jetziger Geburtsort liegt wohl am »Wasser«, doch ist es ein See auf der Nordseite der Alpen, der zwischen hohen Bergen eingebettet ist. Ob sich innerhalb eines größeren geographischen Raums die Reinkarnationen wiederholen oder ob ein heutiger Europäer früher auch im Fernen Osten oder in Südamerika gelebt haben kann, darüber liegen noch zu wenige Untersuchungen vor.

Viel wichtiger als der Geburtsort ist dagegen der Zeitpunkt einer neuen Inkarnation. Davon soll das nächste Kapitel handeln, jedoch müssen wir uns erst mit einem zusätzlichen Aspekt der Zeit befassen.

Geburt unter kosmischen Zeichen

Bisher lernten wir das Medium »Zeit«, wie es in unserem irdischen Leben in Erscheinung tritt, von zwei Seiten her kennen. Wir haben eine subjektive Zeit, die durch das persönliche Erleben geprägt ist, und eine relative Zeit, die unsere Uhren anzeigen und die für alle Menschen dieselbe ist, unterschieden. Der subjektive Zeitbegriff, den wir zuweilen auch mit einer Landschaft des Erlebens verglichen haben, läßt sich verständlicherweise nur bis in die Gegenwart verfolgen. Denn nur bis zu diesem Punkt sind die Ereignisse mit Sicherheit festgelegt und Bestandteil der »Landschaft« geworden. Dagegen läßt sich die relative Zeitachse, aus fernster Vergangenheit kommend, in die Zukunft beliebig fortsetzen. Sie gestattet es uns, nicht nur das ganze bisherige Geschehen auf der Erde zu ordnen und einzelne Begebenheiten als Ursache und Wirkung miteinander in Beziehung zu setzen, sondern auch die Zukunft zu planen. Die Vorausplanung entlang der Zeitachse ist für das Funktionieren der menschlichen Gesellschaft unerläßlich — man denke an die Fahrpläne, an die Programme der Informationsmedien und an alle die auf Monate und Jahre im voraus festgelegten Veranstaltungen.

Ebenso wird auch der einzelne Mensch sein subjektives Erleben vorausplanen wollen. Jemand beschließt zum Beispiel, da er morgen nicht arbeiten muß, einen Ausflug zu machen. Er genießt bereits die Vorfreude; dann aber kommt etwas dazwischen, und er muß umdisponieren. Der Ausflug findet nicht statt und erscheint somit nicht in der individuellen Zeitlandschaft. Nehmen wir aber an, daß alle Voraussetzungen erfüllt sind. Ein strahlender Morgen bricht an. Doch schon beim Frühstück passiert ein Mißgeschick: der Kaffee ergießt sich über das frische Hemd, man muß sich umziehen. Dann will der Wagen nicht anspringen. Das Restaurant, das man zum

Mittagessen aufsuchen wollte, hat Ruhetag, und so geht es weiter. Man hatte einen richtigen »Pechtag«, wird man abends resigniert feststellen.

Jeder kennt solche Tage, ebenso wie es »Glückstage« gibt, an denen alles unerwartet leicht gelingt. Daß es tatsächlich solche guten und schlechten Tage gibt, hat jeder schon selbst erfahren. Das würde aber bedeuten, daß Tage auch bestimmte »Eigenschaften« haben, daß Zeit nicht nur subjektiv und relativ, sondern zuweilen auch qualitativ zu beurteilen ist.

Solche Zeitqualitäten müßten die Gestaltung der subjektiven Zeitlandschaft mitbestimmen, wie unser Beispiel vom Ausflug zeigt. Dieser hätte ein ganz anderes Erlebnisbild hinterlassen, wenn es nur nach den persönlichen Vorstellungen geformt worden wäre. Daß statt dessen der Ausflug zu einem Hindernislauf wurde, kann seinen Grund nicht im Verhalten der betreffenden Person gehabt haben. In diesem Falle hätten nämlich die einzelnen Ereignisse in einem ursächlichen Zusammenhang stehen müssen. Sie traten jedoch als eine scheinbar grundlose Anhäufung von Störungsfaktoren auf, eben der Tendenz des »Pechtages« entsprechend. Es muß sich hier um etwas anderes handeln als um die innere Erlebnisweise des Individuums, die wir bisher als ausschließliches Kriterium für die subjektive Zeitlandschaft betrachteten. Gewiß wird auch in diesem Beispiel die Art, wie der Ausflügler auf die Unannehmlichkeiten reagiert, von der Wesensart mitbestimmt. Der eine wird alles mit Humor tragen und auch Auswege finden, der andere wird schon mittags verärgert nach Hause fahren. Darüber hinaus bleibt aber ein vorerst nicht zu deutender Zeitfaktor, der einen solchen Tag von anderen Tagen unterscheidet, an denen alles nach Plan verläuft.

Falls derartige Zeittendenzen tatsächlich existieren, müßten sie auch an der Gestaltung der Zeitlandschaft der Vergangenheit beteiligt gewesen sein. Möglicherweise müßten sie in irgendeiner Form auch in der Parallelwelt berücksichtigt werden, weshalb es im Rahmen unserer Untersuchungen notwendig wird, näher darauf einzugehen.

Zu diesem Zweck wollen wir erst nach weiteren Beispielen

suchen, die sich leicht nachprüfen lassen. Angenommen, jemand habe einen großen Bekanntenkreis und empfange gerne Besuche, die gelegentlich auch unangemeldet kommen dürfen. Wenn er längere Zeit, sagen wir etwa zwei bis drei Jahre, über die Häufigkeit solcher Besuche Buch führen würde, dann müßte sich in bestimmten Zeiten eine Häufung ergeben, in anderen Zeiten würden seltener Besucher erscheinen (wobei man selbstverständlich Festtage, Ferienzeiten usw. aus dieser Statistik ausklammern würde). Es würde auf jeden Fall deutlich werden, daß die Umweltkontakte des betreffenden Menschen in bestimmten Zeiten ohne ersichtlichen äußeren Grund aktiviert sind. Würden mehrere Personen eine solche Statistik durchführen, dann würden sie außerdem feststellen, daß diese Zunahme der Besuchshäufigkeit bei jedem in anderen Zeitabschnitten auftritt, daß man es also mit einem Phänomen der subjektiven Zeitlandschaft zu tun hat.

Aber es lassen sich auch Beispiele dafür anführen, daß eine größere Zahl von Menschen zugleich derartige »Strömungen« verspürt. Mancher Gastwirt kann (falls er auf die Zusammenhänge achtet) bestätigen, daß es an den zwei bis drei Tagen um Vollmond in seinem Lokal lebhafter zugeht, daß sich die Gäste lauter und aufgeregter gebärden, daß mehr Geschirr zu Bruch geht. Menschen, die psychisch sensibler sind, werden zudem zur Vollmondzeit ein deutlich intensiveres Traumleben feststellen. Es scheint also Zeitqualitäten zu geben, die nur vom einzelnen registriert werden, andere, die eine größere Breitenwirkung haben. Mindestens letztere hängen offensichtlich mit bestimmten Stellungen jener Himmelskörper zusammen, die auch für das Geschehen in der Natur bedeutsam sind, nämlich von Sonne und Mond. Diese wirken auch unmittelbar auf das Gravitationsfeld der Erde ein. Vor allem wenn sich, wie es bei Vollmond der Fall ist, Sonne und Mond von der Erde aus gesehen genau gegenüberstehen, summieren sich bestimmte Kräfte, die beispielsweise die Springfluten in solchen Zeiten entstehen lassen. Wenn es aber dieselben Vorgänge sind, die nicht nur das Meer, sondern auch empfindsame Seelen aufrühren, dann ist dies schon nicht mehr rein physikalisch zu erklären. In den Gravitationsfeldern scheint eben doch mehr zu stecken als bloße Masseanziehung, worauf wir noch zurückkommen werden. In vermehrtem Maße wird dies für jene Zeittendenzen gelten, die nur beim einzelnen auftreten, die also individueller Natur zu sein scheinen.

Hierfür bietet die Astrologie eine Erklärung an. Bei seiner Geburt empfange jeder Mensch eine bestimmte Prägung, behauptet sie, die durch die im Geburtsaugenblick bestehende Verteilung der Planeten sowie von Sonne und Mond bedingt sei. Diese Prägung behalte der Mensch sein ganzes Leben hindurch bei. Sie bestimme nicht nur seine Anlagen, sondern es sollen sich auch, wenn durch die Weiterbewegung der Gestirne gewisse Stellen der Prägung getroffen werden, solche Zeittendenzen, ja sogar voraussehbare Ereignisse ergeben.

Die Ansicht von der Prägung durch Gestirneinflüsse läßt sich nun allerdings nicht mit der Reinkarnation vereinen. Die astrologische Auffassung in der eben zitierten Form geht davon aus, daß der Mensch vor seiner Geburt ein unbeschriebenes Blatt sei und daß er erst im Geburtsaugenblick seine individuellen Charakteristika empfange. Selbst wenn manche Astrologen die Zeugung beziehungsweise den Moment der Befruchtung miteinbeziehen möchten und diesen durch bestimmte Wechselbeziehungen (zum Beispiel über Aszendent und Mondstellung) mit der Geburtskonstellation zu verbinden suchen, erhielte doch der Mensch seine Wesensstruktur von seiten des Kosmos, und zwar erst bei seinem Erscheinen in der Erdenwelt. Er wäre in diesem Fall ein völlig neues Individuum, das sich zudem nur im Rahmen dieser »Prägung« entwickeln könnte.

Eine strukturelle Verbindung zu früheren Inkarnationen, eine Kontinuität der individuellen Erlebnismöglichkeit würde in diesem Fall nicht bestehen. Die Parallelen zwischen Mando und unserem »Reisenden« wären rein zufälliger Art. Eine Rückführung in die frühere Verkörperung wäre kaum mehr möglich, da man sie wegen der fehlenden erlebnismäßigen Verbindung nicht mehr als die »eigene« Inkarnation erkennen könnte. Die individuelle Differenzierung der Wesen in der Pentawelt wäre aufgehoben, was etwa gleichbedeutend damit ist, daß der Mensch beim Tode in eine Art Massenseele übergeht, aus der irgendwann wieder andere Menschen entstehen, die hinsichtlich der inneren und äußeren Form bei der Geburt völlig neu programmiert werden.

Andererseits wird heute selbst von wissenschaftlich denkenden Menschen kaum noch bezweifelt, daß gewisse astrologische Zusammenhänge zu Recht bestehen. Man gibt zu, daß die Geburtskonstellation Rückschlüsse auf Wesensart und Verhaltensweise des Geborenen zuläßt, obwohl astrophysikalische Begründungen dafür nicht gegeben werden können. Die sich immer wieder zeigenden empirischen Bestätigungen für solche Zusammenhänge sprechen eine zu deutliche Sprache, als daß man sie nur deswegen ablehnen könnte, weil sich »Einflüsse« der Planeten auf den Menschen nicht meßbar erfassen lassen.

Solange man jedoch an der Prägung durch planetarische Einflüsse zu Beginn des Lebens festhält, kann dies weder vom wissenschaftlichen noch vom menschlichen Standpunkt aus befriedigen. Es müßte dann nämlich auch die ganze weitere Entwicklung nach einer mehr oder weniger strengen Kausalität ablaufen, gemäß den sich in verschiedenen Zeitabständen wiederholenden Aspekten. Das »Horoskop« wäre die Ebene, über die der Mensch nie hinauszuwachsen vermöchte. Sein Leben würde von »günstigen« und »ungünstigen« Konstellationen bestimmt, wobei noch zu erklären wäre, warum die um die Sonne kreisenden Planeten einem bestimmten Menschen zuweilen freundlich, dann wieder feindlich gesinnt sind, und daß diese »Gesinnung« nicht etwa vom Verhalten des betreffenden Menschen abhängt, sondern für die Zukunft bereits vorprogrammiert ist. Daß jedoch der Mensch die Möglichkeit hat, seine Anlagen zu verändern, sie weiterzuentwickeln, sein Schicksal durch eigene Bemühungen zu gestalten, das bezeugen mindestens ebenso viele Beispiele, wie wir sie für die Bestätigung der astrologischen Berechnungen kennen. Wenn aber dies möglich ist, wenn sogar gerade die »ungünstigen« Konstellationen in schöpferische Elemente umgewandelt werden können, dann müssen die entsprechenden Impulse aus einer dem Horoskop übergeordneten, dem Individuum bereits vorher integrierten Quelle stammen. Diese Integration wird mittels der hier ent-

wickelten Reinkarnationstheorie über das Paralleluniversum verständlich. Damit öffnet sich aber zugleich auch der Weg für eine wissenschaftlich tragbarere Deutung der astrologischen Zusammenhänge, wie im Folgenden gezeigt werden soll.

Wir haben im Kapitel sieben (Seite 83) darauf hingewiesen, daß
in der Pentawelt keine Gravitationskräfte im irdischen Sinn wirken,
weil keine Massen vorhanden sind. Dennoch scheinen dort Feldwirkungen zu existieren, wie unter anderem das Vorhandensein der senk-
rechten Raumkoordinate beweist. An derselben Stelle wurde auch
angedeutet, daß Gravitationsfelder über den physikalischen Effekt
der Masseanziehung hinaus weitere Funktionen haben dürften, die
sich in den unstofflichen Bereich erstrecken. Dies würde nicht nur für
die Erde gelten, sondern für alle Himmelskörper unseres Sonnensystems. Da bezüglich des Raumes zwischen unserem Universum und
der Pentawelt kein Unterschied besteht, kann man, etwas poetisch
ausgedrückt, sagen: Die Gestirne kreisen auch über der Pentawelt.
Nur nicht als zu Materie verdichtete Kugeln, sondern als — nennen
wir sie — »energetische Prinzipien«. Das soll sagen, daß es sich
nicht einfach um Energiezentren mit den dazugehörigen Feldern
handelt, die sich nur durch ihre Intensität unterscheiden, sondern
daß damit auch noch ein Prinzip oder eine bestimmte Funktion verbunden ist: etwa in einem Kernpunkt das Prinzip des Handelns, in
einem anderen das Prinzip der Ruhe, in einem dritten das Prinzip der
Verbindung usw.

Das Zusammenspiel solcher Prinzipien war seit Urzeiten den Prie-
stern und Weisen unter den Symbolen der »Planetengötter«
bekannt. C. G. Jung ordnete sie den »Archetypen« zu, den Urbil-
dern im kollektiven Unbewußten des Menschengeschlechts. Mit diesen Prinzipien arbeitet zum Teil auch die Astrologie, wenigstens
dort, wo sie sich der Psychologie nähert. Indem sie jedoch die Brük-
ke zu schlagen versucht zwischen den weit entfernt im Weltraum
kreisenden Massen, die nur den Namen der Planetengötter tragen,
und der winzigen Masse »Mensch« hier auf der Erde, ist es verständlich, daß Astronomen und Physiker die Köpfe schütteln und
das gesamte astrologische Wissen in Bausch und Bogen verwerfen.

In der masseabhängigen Raum-Zeit-Welt der vier Dimensionen läßt sich also die »Erklärung« für die Beziehung zwischen »Mensch und Gestirn« nicht finden.

Nachdem wir jedoch nun die Formel für die Pentawelt kennen und dank unserer Transitionsversuche zum Teil auch in ihre Infrastruktur eindringen konnten, erhalten wir über die fünfdimensionale Welt auch Zugang zu den kosmischen Kräften, soweit sie an der menschlichen Entwicklung Anteil haben.

Die Himmelskörper des Sonnensystems lassen sich, wie bereits angedeutet, in der Pentawelt als Prinzipien energetischer Art denken. Die Bedeutung des Sonnen-, Merkur-, Mondprinzips usw. braucht vorerst im einzelnen nicht erörtert zu werden, weil es sich hier um den Vorgang als solchen handelt. Diese Gestirnsprinzipien kreisen in der Pentawelt nicht weit draußen im All, denn Entfernungen im irdischen Sinn gibt es im fünfdimensionalen Kontinuum nicht. Uranus, Neptun oder Pluto sind also nicht weiter entfernt oder, richtiger ausgedrückt, ebensogut erreichbar wie der Mars oder unser Mond. Hingegen ist Bewegung im Sinne der Veränderung in der Pentawelt möglich. Daher bleiben die Bewegungen der Gestirnsprinzipien r e l a t i v   z u e i n a n d e r erhalten. Es bilden sich also, ähnlich wie in unserem Universum, verschiedene Konstellationen der einzelnen Punkte zueinander. Infolge der eindimensionalen Gegenwart benötigen die Konstellationen jedoch nicht die langen Zeiten, um sich zu formieren, sondern sie können momentan bewußt werden. Ähnlich wie man etwa bei einer Digitaluhr nicht die Bewegungen der Zeiger beobachtet, sondern nur die Ergebnisse abliest, die »sprunghaft« erscheinen. Nur sind die digitalen Ablesungen der Planetenbewegungen in der Pentawelt nicht hintereinander, sondern im Nebeneinander für einen bestimmten Abschnitt auf der »Augenblicksgeraden« möglich. So stehen für jede Konstellation nicht die sie bildenden Prinzipien für sich da und müssen erst addiert oder sonstwie miteinander verglichen werden, sondern ein dort befindlicher Beobachter würde mit seinem geistigen Auge bereits den resultierenden Effekt wahrnehmen.

Diese Extension der Gegenwart mit ihrer überschauenden und

integrierenden Funktion ist bekanntlich für die Pentawelt charakteristisch und trat uns bereits öfters entgegen. So beispielsweise, als von der filmartig ablaufenden Lebensübersicht bei vorübergehend »gestorbenen« Personen die Rede war, sodann bei den gespeicherten Erlebniskernen oder im räumlichen Modell des integrierten Individuums. Immer ermöglicht die höhere Zeitdimension ein momentanes Erfassen von Gegebenheiten, die in unserer eindimensionalen Zeitvorstellung hintereinander und oft erst in längeren Zeitabschnitten bewußt werden. Daher kann man die Pentawelt auch als das synoptische Universum bezeichnen. In diesem Fachausdruck kommt sowohl die Verbindung verschiedener Entwicklungsphasen in der gerafften Form der Gegenwart (Synopsis = Zusammenschau) als auch die sich oft in optischen Vorgängen manifestierende zweidimensionale Zeitebene zur Geltung. Wir verwenden diesen Ausdruck jedoch lediglich, wenn es sich um Vorgänge in der Pentawelt handelt, die unserem Sonnensystem entsprechen.

Bereits wenn nach Beendigung einer Inkarnation das menschliche Individuum in die Pentawelt eintritt, findet es als unstoffliches Wesen Kontakt mit dem System der planetarischen Prinzipien, deren Felder das ganze synoptische Universum durchziehen. Möglicherweise spielt dabei anfänglich noch das Geburtsbild des zu Ende gegangenen Lebens mit, nach dem ja die Erlebnisfilme in den Häusern der individuellen Agglomeration gespeichert werden. Ebenso dürften diese Kraftfelder bei der Integrierung von Speicherungen aus früheren Existenzen behilflich sein, gegebenenfalls auch mit Hilfe anderer Wesenheiten. In welcher Form und wieweit jedoch diese kosmischen Prinzipien an der Durchführung bestimmter »Aufgaben« des Individuums beteiligt sind, entzieht sich bis heute unserer Kenntnis. Sicher aber entspricht das Wesen am Ende seiner Entwicklungs- und Differenzierungsphase in der Pentawelt einer bestimmten »Gesamtkonstellation« der planetarischen Prinzipien in verschlüsselter Form.

An sich wäre nun die Bereitschaft vorhanden, erneut geboren zu werden. Das geschieht jedoch nicht zu einem beliebigen oder zufälligen Zeitpunkt. Vielmehr ist dies erst möglich, wenn »am Himmel«, also in den ständig wechselnden energetischen Situationen des kosmischen Systems, eine mit der Struktur des betreffenden Wesens annähernd übereinstimmende Konstellation auftritt. In diesem Moment paßt die verschlüsselte Form ins Schloß, das Tor öffnet sich und entläßt das Wesen für ein neues Leben in die irdische Welt. Man kann sich den Vorgang sogar physikalisch erklären. Im Augenblick der Übereinstimmung der kosmischen Feldstruktur mit derjenigen des Individuums erhält dieses einen gewaltigen Induktionsstoß, da es sich um parallele Schwingungskreise handelt. Die Energie dieses »Anstoßes« genügt möglicherweise, um für die ganze anschließende Verkörperung die Lebenskraft beziehungsweise den Bewußtwerdungsdrang zu liefern.

Jedenfalls tritt das Individuum nicht als amorphe Masse in diese Welt, um bei seinem Erscheinen von den draußen im All kreisenden Gestirnen eine Prägung zu erhalten. Sondern infolge seiner bereits in der Pentawelt aufgebauten Struktur erschließt ihm eine dazu kongruente Feldstruktur im synoptischen Universum den Eintritt in das körperliche Sein. Es ist denkbar, daß der dabei auftretende Induktionsstoß zusätzliche kosmische Impulse überträgt. Doch muß dies geschehen, solange das Wesen noch mit der unstofflichen Welt in Verbindung steht.

Was im synoptischen Universum als Prinzip oder Symbol auftritt, das ist in unserem Universum stofflich verdichtet. Daher besteht Parallelität zwischen den Prinzipien der Pentawelt und unserem Sonnensystem, dessen Gestirnsstellungen sich berechnen lassen. Wenn die Astrologie also das Konstellationsbild einer Geburt als Horoskop aufzeichnet, entspricht es der Kräfteverteilung jener Schlüsselstellung, durch die das Wesen in unsere Welt übertreten konnte. Es entspricht daher auch der Wesensstruktur, die sich im irdischen Leben als Anlagen und Entwicklungstendenzen zeigt. Durch unsere Parallelwelt-Theorie werden die Aussagen der Geburtshoroskope also nicht angezweifelt. Doch ergeben sich plausiblere Erklärungen, außerdem bieten sich Lösungen für eine Reihe weiterer bisher ungeklärter Probleme der Astrologie an. Es sei nur an die Frage des genauen Geburtszeitpunktes, an das Problem der Direktionen und hypothetischen Planeten oder die Unsicherheit bezüglich der Entwicklungsstufe eines Menschen erinnert. Doch kann dies alles hier nicht behandelt werden, da es zu weit von unserem Thema wegführen würde. Es wird Gegenstand einer weiteren Veröffentlichung sein.

Hier sind wir von der Frage nach den zuweilen auftretenden Zeitqualitäten ausgegangen. Diese läßt sich nun ebenfalls in einer der menschlichen Freiheit besser entsprechenden Art beantworten, als es bisher in Form der Gestirnsübergänge, der sogenannten Transite, möglich war.

Die seelisch-geistige Struktur des Menschen bringt also aus der Pentawelt ein energetisches Bild mit, das den Stellungen der Himmelskörper beim Erscheinen in dieser Welt entspricht. In diesem Bild sind aber nicht nur die augenblicklichen Stellungen der Gestirne gewissermaßen als statische Momentaufnahme enthalten, sondern auch bereits die Verschiebungen, die sich für die Zukunft durch die Weiterbewegung der Gestirne ergeben. Wenn man für einen bestimmten Augenblick die genaue Position aller Gestirne im Sonnensystem kennt, läßt sich aus ihren Bahnelementen die Weiterbewegung und damit jede Stellung in einem beliebigen späteren Zeitpunkt berechnen. Auf dieselbe Weise vollziehen sich diese »Bewegungen« in der Psyche des Menschen aufgrund der Impulse, die sie im synoptischen Universum in Form einer Ausgangskonstellation aufgebaut hat. Unter bestimmten Voraussetzungen erscheinen dann diese Impulse in der subjektiven Zeitlandschaft während des Erdenlebens als Zeitqualitäten.

Falsch wäre es jedoch, solche Zeitfaktoren als unabänderliches, im voraus festgelegtes Schicksal zu betrachten. So muß es aber aussehen, wenn man sich eine ursächliche Verbindung zwischen bestimmten Zeitabschnitten des Menschenlebens und den jeweiligen Standorten der Planeten vorstellt. Denn die Gestirne ziehen im All ihre Bahn, unerreichbar für den Erdenbewohner, der nur hoffen kann, die zürnenden Planetengötter mögen ihm gnädig, die guten besonders wohlgesinnt sein.

Wenn man aber weiß, daß sich diese ganzen Vorgänge im psychischen Bereich des Menschen vollziehen, sieht man sich keiner »fremden Macht« ausgeliefert. Es stehen die eigenen Kräfte zur Verfügung, um mit den Konstellationen zu arbeiten. So baut man diese Impulse möglichst sinnvoll in seine Zeitlandschaft ein, indem sie aus dem eigenen Wollen und Wirken stammen.

Solange die einem bestimmten Planetenprinzip entsprechende Zeitqualität noch in der Zukunft liegt, ist sie lediglich T e n d e n z, die die verschiedensten Realisierungsmöglichkeiten beinhaltet. Erst wenn sie der Vergangenheit angehört, ist sie Teil der Zeitlandschaft geworden. Erst dann weiß man, in welcher spezifischen Richtung das betreffende Prinzip erlebt wurde. So unsicher also die Zukunftsprognose ist, so eindeutig lassen sich Erlebnisse der Vergangenheit bestimmten Planetenprinzipien zuordnen.

Aus dieser Tatsache ergeben sich interessante Kontrollmöglichkeiten für die Aussagen unseres »Reisenden«, vorausgesetzt daß die astrologischen Zusammenhänge im hier dargestellten Sinne benützt werden. Erstens läßt sich über die Geburtskonstellation nach eventuellen konstanten Merkmalen einer Individualität suchen, die eine einzelne Inkarnation überdauern, so daß man daraus auf die Identität des wiedergeborenen Wesens schließen kann. Zweitens kann man bestimmte wichtige Zeitqualitäten in der Vergangenheit mit den Aussagen des Reisenden in den entsprechenden Zeiten vergleichen.

Vergegenwärtigen wir uns nochmals, wie unser Reisender in den Transitionen seine frühere Inkarnation als Mando entdeckte. Er wurde aufgrund der Moderation in der Pentawelt bis zu Bildern aus einem früheren Leben geleitet, er sah den »sehr hübschen braunen Jungen« über die Mauer blicken, und er identifizierte seine Individualität allmählich immer mehr mit diesem Jungen. Die Moderation hatte ihn ja zu seinen eigenen Erlebniskernen geführt. Aber sind es wirklich die seinen? Zwar haben wir aufgrund des subjektiven Zeiterlebens die Behauptung aufgestellt, man habe nur zu seinem individuellen Erlebnisbereich Zutritt. Das ist auch sicher richtig, aber es könnte immerhin Ausnahmen geben. Arbeitet man zum Beispiel mit einem ganz besonders medial veranlagten Menschen (der der außersinnlichen Wahrnehmung fähig ist), dann könnte der Fall eintreten, daß diese Versuchsperson gelegentlich auch Bilder anderer Menschen in den früheren Verkörperungen sieht und diese dann das Erleben der eigenen Inkarnation überdecken. Gewiß war diese Möglichkeit bei unseren Versuchen praktisch auszuschließen. Außerdem bilden die bereits früher (Seite 132) beschriebenen Parallelen zwischen Mando und dem heutigen Menschen R. eine zusätzliche Bestätigung, daß es sich um dieselbe Individualität handelt. Wir haben dennoch die Geburtskonstellation von Mando berechnet, soweit sie ohne Kenntnis der Geburtszeit zu ermitteln war, um sie mit derjenigen von R. vergleichen zu können. Die Verteilung der Planetenprinzipien innerhalb der zwölf Abschnitte der Ekliptik an Mandos Geburtstag ist nachstehend aufgezeichnet, wobei auch die Positionen der einzelnen Gestirne angegeben sind.

Vorerst bestätigt die Konstellation nach den in der Astrologie üblichen Deutungen einige uns bereits bekannte Faktoren im Schicksal des Jungen. So ist die Betonung des Wassermannzeichens durch drei Gestirne ein Hinweis auf ein eigenartiges, nicht der allgemeinen Lebensgestaltung folgendes Schicksal mit einer ganz besonderen Dynamik, die sich in öfteren Veränderungen der Lebenssituation äußern kann. Ein besonders wichtiger Aspekt ist hier die Spannung zwischen Mond und dem genau gegenüberstehenden Uranus. Das zeigt oft eine Tragik im Familienkreis, öftere Wohnortswechsel, aber auch ein sehr intensives und frühreifes Gefühlsleben, verursacht durch schicksalshafte Bindungen und Trennungen in den menschlichen Beziehungen. Verbunden ist diese Konstellation mit einem ebenfalls spannungsvollen Jupiterprinzip, was für Problematik in der Schule, mit Behörden und Respektspersonen usw. typisch ist. Das Neptunprinzip bei der Sonne weist auf die wichtige Verbindung mit dem »Ausland«, auf weite Reisen hin, ist aber wiederum auch für eine besondere psychische Erlebnisfähigkeit bezeichnend. So enthält dieses planetarische Bild zumindest keinen bestimmenden Aspekt, der gegen Mandos Wesen und Schicksal spricht, zugleich ergeben sich jedoch eine ganze Reihe von Bestätigungen.

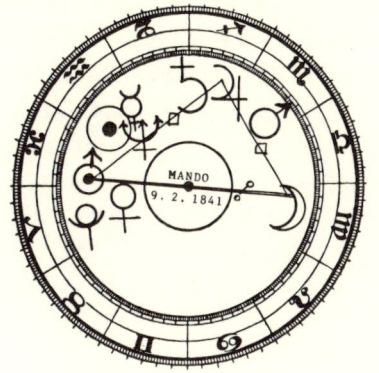

Sonne:	23 ° Wassermann
Mond:	16 ° Jungfrau
Merkur:	16 ° Wassermann
Venus:	6 ° Widder
Mars:	2 ° Skorpion
Jupiter:	15 ° Schütze
Saturn:	0 ° Steinbock
Uranus:	19 ° Fische
Neptun:	14 ° Wassermann
Pluto:	18 ° Widder

Es wäre nun reizvoll, dieses Bild mit der vollständigen Geburts-konstellation unseres Reisenden zu vergleichen. Hier sind uns jedoch aus Gründen der Diskretion Grenzen gesetzt. Die wichtigsten Über-einstimmungen mit der Konstellation Mandos lassen sich aber auch so hervorheben.

Im Vordergrund steht der große Spannungsaspekt zwischen Mond und Uranus, der sich wie bei Mando auch bei R. in derselben Art wiederfindet. Wenn man bedenkt, daß sich der Mond in acht-undzwanzig Tagen durch die ganze Ekliptik bewegt, besteht eine solche Mondkonstellation jeweils nur während einiger Stunden. Sie stellt also ein sehr individuelles Merkmal des betreffenden Menschen dar. Es kann dies nicht nur als wichtiger zusätzlicher Beweis für die Identität der beiden Personen dienen, sondern es muß auch als besonders typisches Charakteristikum für diese Individualität betrachtet werden, da es sich vom Lebensende Mandos an über den ganzen Entwicklungsweg in der Pentawelt bis zu R.s Geburt erhal-ten hat. Da das Mondprinzip nicht nur den seelischen und gefühls-haften Bereich symbolisiert, sondern auch die Rolle des weiblichen Prinzips im Leben des Geborenen erkennen läßt, zeigt eine Uranus-verbindung mit dem Mond auch eine eigenartige, unorthodoxe Ein-stellung des Betreffenden zur Frau im allgemeinen an, die sich oft durch das ganze Lebensschicksal hinzieht, also der Zeitlandschaft eines solchen Menschen eine besondere »Färbung« verleiht.

Des weiteren stehen in R.s Geburtsbild zwei wichtige Prinzipien ebenfalls, wie bei Mando, im Wassermann, wobei R. diese Gestirne zugleich noch auf jenen Bereich bezogen hat,. der Vergangenheit, Vorleben und den ganzen Bereich des Unbewußten symbolisiert. Daß schließlich bei R. der für Mando so wichtige Neptun an höchster Stelle und zugleich in Verbindung mit dem bereits erwähnten Mond steht, läßt praktisch keinen Zweifel mehr an der Identität dieser beiden Menschenwesen. Es lassen sich daraus sogar Parallelen zum Leben von Ahmand-el-Kelim feststellen; doch war es vorerst nicht möglich, dessen Existenz zeitlich zu fixieren, was für die Berechnung von Konstellationen unerläßlich wäre.

Mit Sicherheit handelt es sich bei dieser erst in Mando und dann in R. wiedergeborenen Individualität um ein außerhalb der allgemein geltenden Auffassungen stehendes Wesen, das die in eine ferne Zukunft weisenden Uranus- und Neptunprinzipien als ahasverisches Wandern und Suchen, verbunden mit einer übergroßen Intensität des seelischen Erlebens, zum Ausdruck bringt.

Wenden wir uns nun nochmals der Konstellation Mandos zu, so ermöglicht diese eine weitere, wohl noch wichtigere Vergleichsbasis. Es wurde bereits zum Ausdruck gebracht, daß die Weiterentwicklung der Geburtskonstellation sich in bestimmten Zeitqualitäten äußert. Wandert man in einem Leben dem Zeitablauf entgegen, so muß man auf Erlebnisse stoßen, die für solche Zeittendenzen typisch sind. Wenn R. über solche Ereignisse in Mandos Leben berichtet und diese stimmen zeitlich mit den aus dem Geburtsbild errechneten Zeitqualitäten überein, so ist dies ein Kriterium für den Wahrheitsgehalt der Übermittlungen. Das ist vor allem auf die tiefgreifenden, schicksalsbestimmenden Begebenheiten anwendbar, die im allgemeinen mit längerdauernden Konstellationen in Zusammenhang stehen. Im Leben Mandos sind dies vor allem:

o Überfall und Flucht in Ägypten im Alter von drei Jahren (1844),
o Eintreffen in Ragusa mit fünf Jahren (1846),
o Erdbebenkatastrophe und Lebensende mit elf Jahren (Ende Mai 1852).

Es sollen nun die dazu errechneten Zeitqualitäten beschrieben werden.

Etwa um die Mitte des Jahres 1844 erreichte Neptun erstmals die Sonnenstellung in Mandos Geburtsbild. In deren Nähe verblieb er bis Anfang 1846. So ist diese ganze Zeit für besondere Unsicherheit, unklare Situationen, intensiveres Reagieren auf schwer verständliche äußere Einflüsse, für seelische Verwirrung sowie für weite Reisen charakteristisch. Es ist daher wahrscheinlich, daß auf die Vertreibung aus dem Gebiet von El Quab im dritten Lebensjahr eine längere Odyssee ohne festen, gesicherten Wohnsitz folgte, bis Mando mit seiner Schwester gegen Ende dieser Periode schließlich in die Nähe von Cattaro gelangte. Das in dieser Zeit vorherrschende Neptunprinzip, das den Menschen oft auch von politischen Wirren und anderen überindividuellen Faktoren abhängig sein läßt, mag aber ebenfalls die Übermittlung klarer Bilder aus jener Zeit erschwert haben, da auch die Erlebniskerne in der Pentawelt »neptunischer Art« sind: wenig klar differenziert und von der allgemein herrschenden Stimmung überdeckt.

Zu Anfang des Jahres 1846 löste sich diese Zeitqualität endgültig auf. Dafür erreichte Saturn die Sonnenposition Mandos. Klärung und Festigung sind für das Saturnprinzip charakteristisch. Es bezieht sich zugleich auf Heim und Wohnsitz, ist aber meist auch mit einer gewissen Härte und Einschränkung verbunden. Es ist die Zeit, in der Mando von Cattaro nach Ragusa verbracht wird und dort eine neue Heimat findet. Ob man daraus die Bestätigung dafür entnehmen kann, daß jener Arzt mit dem schwarzen Spitzbart nicht sein richtiger Vater ist? Sicher dürften die strengen Gebräuche zu Hause, aber auch die Vereinsamung Mandos durch sein Fremdsein dem Saturnprinzip eindeutig entsprechen. Doch scheint er durch die Begeisterungsfähigkeit für die schönen Dinge (entsprechend seiner Wassermannbetonung) und die Verbindung mit seiner Schwester (durch das Uranusprinzip aktivierter Mond in der Geburtskonstellation) diese saturnischen Härten gut ausgeglichen zu haben.

Schließlich das Schicksalsjahr 1852! Hier häufen sich geradezu die typischen Hinweise. Vor allem ist es jetzt das Marsprinzip in der Geburtskonstellation, das ständig einer Aktivierung durch große Gegensätze ausgesetzt ist. Dadurch wird die in diesem Wesen ohnehin schon betonte Dynamik noch potenziert. Solche Konstellationen begannen bereits im Sommer 1851. Die Schiffsreise nach Ancona, der Aufenthalt dort bei Gentiana, passen in diese Zeitqualität, für die eine Beschleunigung aller Entwicklungsvorgänge typisch ist. Von April 1852 an wiederholt sich die Aktivierung der Marsstellung durch das spontane und unberechenbare Uranusprinzip, verstärkt durch Saturn- und Plutotendenzen, die 1852 in enger Verbindung mit Uranus standen. — Ob diese kaum mehr zu beherrschenden Impulse die Ursache waren, daß der Junge in panischem Schrecken geradewegs in die stürzenden Trümmer rannte?

Diese drei eindeutig definierten Zeitqualitäten in einem so jungen Leben, die in Übereinstimmung mit R.s Übermittlungen stehen, dürften genügen, um die Echtheit der Existenz »Mando« zu bestätigen. Zudem wird dadurch verständlich, warum die planetarischen Prinzipien Uranus und Neptun, die in Mandos Leben eine so entscheidende Rolle spielten, auch in R.s Geburtsbild wieder an dominierender Stelle stehen. Wenn damit auch die Sicherheit eines »bürgerlichen« Lebens immer wieder in Frage gestellt wird, werden solche Konstellationen zugleich zur Quelle einzigartiger Erlebnisse. Es ist ein eigenartiges Zusammentreffen, und es ist eine zusätzliche Bestätigung des Fortlebens dieser Individualität, daß R. die Transitionen zu Mando gerade in einer Zeit durchführte, in der wichtigste Stellen in seiner Geburtskonstellation wieder vom Uranusprinzip aktiviert wurden.

Es ist im übrigen wichtig zu erwähnen, daß die Berechnung der Geburtskonstellation Mandos und die sich daran anschließenden Analysen der Zeitqualitäten erst Anfang 1979 durchgeführt werden konnten, da erst dann die Berechnungsunterlagen für die Jahre vor 1850 zur Verfügung standen. Eine Beeinflussung der zwischen Herbst 1977 und Februar 1978 durchgeführten Transitionsberichte kann somit nicht stattgefunden haben.

Ob sich eine Erklärung dafür finden läßt, warum zwischen dem Leben Mandos und seiner Reinkarnation in der Person von R. nur ungefähr siebzig Jahre lagen, während der vorangegangene Aufenthalt dieses Wesens in der Pentawelt an die dreitausend Jahre gedauert zu haben scheint? Nach den uns bekannten bisher vorliegenden Erfahrungen gehören so lange Intervalle eher zu den Seltenheiten. Man könnte sich jedoch vorstellen, daß jenes frühere Leben eine ungeheure Fülle von Erkenntnissen für diese Individualität gebracht hat, so daß eine lange Zeit zu deren Integrierung benötigt wurde. Die »lange Zeit« bezieht sich ohnehin nicht auf die Pentawelt, da sie nur an unserer relativen Zeitachse gemessen von so langer Dauer erscheint. In der Parallelwelt war jedoch möglicherweise der Entwicklungsweg oder die Zuordnung und Integrierung der vielgestaltigen Impulse aus jenem Leben eine Aufgabe, zu deren Lösung viele Wege versucht werden mußten, bis das Wesen für eine neue Inkarnation bereit war. Oder es fand sich in der Zwischenzeit keine Verteilung der planetarischen Prinzipien, die einer solchen Differenzierung entsprach. Das kurze Leben Mandos mag dann zu einer Vereinfachung oder Zusammenfassung geführt haben, was seinem anfänglichen Aufenthalt in Ägypten und seiner Weiterreise nach Norden einen neuen Aspekt verleihen würde.

Welchen Kriterien jedoch die Häufigkeit von Wiedergeburten folgt und inwieweit dabei ein finales Entwicklungsziel angestrebt wird, dürfte wohl äußerst schwer zu ergründen sein. Es wird kaum so sein, daß sich das menschliche Individuum mit jedem Erdendasein mehr vervollkommnet, denn wenn dem so wäre, müßte die geistige Reife der Menschheit stetig zunehmen, weil sich immer mehr Einzelwesen dem Ziel der Vollkommenheit nähern würden. Wahrscheinlicher ist es, daß die Reinkarnationen mit dem Gesamtbewußtwerdungsprozeß der Menschheit in Beziehung stehen. Ein einzelnes Wesen hätte vielleicht eine bestimmte Konstellation der »Urbilder« in allen möglichen Variationen abzuwandeln und so seine eigene Individualität bis zur Grenze eines bestimmten Bewußtseinsradius zu führen, dessen Umfang jedoch nicht im voraus festgelegt wäre, sondern von der »Einsatzbereitschaft« des Wesens abhängen könnte...

13
Reise gegen die heutige Zeit

Jemand ist von einer weiten Reise nach Hause zurückgekehrt. Noch ganz erfüllt von den Erlebnissen und dem Neuen, das auf ihn eindrang, wird es vorerst schwer sein, sich wieder im Alltag zurechtzufinden. Er wird nicht mehr genau derselbe Mensch sein, der er vor Antritt der Reise war. Sein Horizont hat sich geweitet, zu manchen Dingen hat er eine neue Einstellung gewonnen. Oft ertappt er sich dabei, daß seine Gedanken noch in jenen fernen Ländern weilen, doch allmählich gelingt es, eine Synthese zwischen diesen Erinnerungen und den täglichen Aufgaben zu vollziehen, die von erstarrten Gewohnheiten löst und manches für die Zukunft neu überdenken läßt.

Erst recht ist eine Reise in das Reich vergangener Inkarnationen ein Erlebnis, das sich tief in die Seele einprägt. Es sind ebenso die Bilder einer fremden Landschaft aus dem früheren Dasein mit ihren Menschen und Stimmungen als auch die Begegnungen mit den tieferen Schichten der eigenen Individualität, die der Mensch als Eindrücke von einer solchen Reise mitbringt. Er hat Grenzen überschritten, die sich nicht mittels der üblichen Paßformalitäten öffnen, für die er vielmehr das Visum einer überzeitlichen Instanz benötigte. Das alles kann nicht spurlos an einem »Zeit-Reisenden« vorübergehen. So möchten wir unsere Reiseberichte und die daraus resultierenden Überlegungen nicht zum Abschluß bringen, ohne danach zu fragen, wie sich die Begegnung mit der jenseitigen Welt und dem Bild eines früheren Ich auf die heutige Situation und das weitere Leben auswirkt.

Bei unseren Untersuchungen stand immer der Mensch im Mittelpunkt. Wir waren uns bewußt, daß der Nachweis und die Erforschung früherer Inkarnationen sowie das Erarbeiten entsprechender

Theorien nur dann sinnvoll ist, wenn die Ergebnisse mit dem realen Erleben in Verbindung gebracht werden und zur Lösung der menschlichen Daseinsprobleme beitragen können — wenn also der Mensch nicht nur »Versuchsperson« ist, sondern durch seine persönliche Art des Erlebens selbst das Geschehen bestimmt. Dies war auch einer der Gründe, warum wir nicht möglichst viele Personen einzelne Erlebnisse früherer Inkarnationen schildern ließen, sondern die Eindrücke eines einzelnen Wesens in möglichst vielen Situationen sammelten. Es möge an dieser Stelle erwähnt werden, daß die hier veröffentlichten Übermittlungen unseres Reisenden nur Auszüge aus besonders charakteristischen Stellen sind. Das Originalprotokoll über die insgesamt dreizehn Transitionen umfaßt etwa das vierfache an Texten. Nur so konnte ein einigermaßen vollständiges Bild der kontinuierlichen, den Tod überdauernden Individualität erhalten werden. Nur so ließ sich aber auch die Frage beantworten, wieweit solche Reisen die weitere Lebensgestaltung eines Menschen zu beeinflussen vermögen.

Dabei hat man zwei verschiedene Wirkungsbereiche zu unterscheiden, die man etwa folgendermaßen formulieren kann:

1. Was kann das Wissen um die Einzelheiten aus einem früheren Dasein zum Verständnis der heutigen Wesensstruktur und Entwicklung beitragen?
2. Wie wirkt sich das Transitionserlebnis in eine andere Zeitdimension als solches auf die menschliche Psyche aus?

Seit Jahren wird in den USA die Rückführung zu Jugenderlebnissen mittels Hypnose für psychotherapeutische Zwecke angewandt. Auch bei uns hat man vor einiger Zeit damit begonnen, die klassischen psychoanalytischen Methoden durch hypnotische Rückführungen zu ergänzen, um die Aufdeckung seelischer Traumata zu erleichtern. Es handelte sich also bei diesen Regressionen ausschließlich um die Erkennung und Beeinflussung krankhafter seelischer Zustände. Aus ähnlichen Gründen ist bekanntlich seinerzeit auch die Psychoanalyse entstanden. Sie wurde 1889 von S. Freud und J. Breuer als kathartische (»reinigende«) Behandlung seelisch gestörter Menschen begründet und entwickelte sich in der Folge zur systematischen

Erforschung der ins Unbewußte verdrängten Komplexe und der dadurch bedingten Krankheitserscheinungen, die als Neurosen bezeichnet werden. Auch die heutige Psychologie ist weitgehend auf den Ergebnissen der Psychoanalyse aufgebaut, wenn sie zur Erklärung abnormer und pathologischer Vorgänge herangezogen wird. So ist die »Seele« etwas in Verruf geraten. Soweit sie nicht als religiös orientierter Begriff den unsterblichen Teil des Menschen bezeichnet, scheint sich die Psyche vorwiegend als unbequemer Faktor zu erweisen, der nur schwer in das heutige zweckgerichtete Alltagsleben einzuordnen ist. Was sich an störenden Erscheinungen nicht erklären läßt, ist »psychisch bedingt«, man bedient sich der psychologischen Terminologie, und zwar auch in Laienkreisen, man fühlt sich geschockt, motiviert oder beklagt sich über Frustrationen. Hingegen ist es höchst selten, daß für Erfolge nach psychischen Begründungen gesucht wird. Hier sind Wille, Fachkenntnisse und zielbewußtes Handeln die Ursache, oder man hat einfach »Glück« gehabt.

Wenn jetzt anläßlich hypnotischer Rückführungen zu Jugenderlebnissen entdeckt wurde, daß man dabei auch in Bereiche vor der Geburt gelangen kann, dann geschah dies aus ähnlichen Motiven wie bei der Psychoanalyse. Man durchforscht die frühere Existenz vor allem im Zusammenhang mit den therapeutischen Absichten. Das gilt beispielsweise für die von T. DETHLEFSEN[*] propagierte »Heilung durch Reinkarnation« ebenso wie für die von J. IVERSON[**] veröffentlichten »Protokolle des Hypnosetherapeuten Arnall Bloxham«.

So wird die hypnotisierte Person zum Patienten, der vom Hypnotiseur deshalb in ein früheres Leben zurückgeführt wird, um Auskunft über Ursachen für heute bestehende seelische Krankheiten zu geben. Der Betreffende wird damit von vornherein zur Übermittlung von belastenden Erlebnissen angeregt, und er wird ein sehr einseitiges Bild der früheren Existenz erhalten, das ihn zugleich in seiner

[*]Thorwald Dethlefsen, *Das Erlebnis der Wiedergeburt.* Bertelsmann Verlag, München, 1976.
[**]Jeffrey Iverson, *Leben wir öfter als einmal?.* Hirthammer Verlag, München, 1977.

gegenwärtigen Rolle als Kranker bestätigt. Man ist damit ungefähr wieder beim negativen Aspekt des kausalen Karmabegriffs angelangt — es wird lediglich die moralische Vorstellung von der Vergeltung ins Medizinische umgedeutet.

Gewiß kann man durch Regressionen, besonders wenn sie in der hier beschriebenen Art der Transition durchgeführt werden, zu Erlebnispunkten gelangen, deren energetische Ladung eine Verbindung mit psychischen Anomalien im jetzigen Leben vermuten läßt. Ob es sich dabei jedoch um eigentliche psychopathologische Erscheinungen handelt, läßt sich nicht mittels einiger isolierter Erlebnisberichte aus der früheren Inkarnation klären. Im Falle unseres »Reisenden« ließe sich beispielsweise die enorme seelische Erlebnisintensität, wie sie sich im jetzigen Leben unter anderem auch im erotischen Bereich zeigt, als psychischer »Störungsfaktor« betrachten. Dieser Wesenszug verursacht zweifellos Reibungsflächen in den gesellschaftlichen Beziehungen, drängt oft in die Isolation und führt zu Konfliktsituationen. In unseren Untersuchungen erscheint er jedoch als wichtiges Charakteristikum dieser Individualität. Sowohl in der planetarischen Symbolik (als Spannungsaspekt zwischen Uranus und Mond) des Geburtsbildes von R. als auch in bestimmten Erlebniszuordnungen bei Mando ist dieser Aspekt sinnvoll in die Wesensstruktur eingebaut. Daraus resultiert in beiden Erscheinungsformen dieser Individualität ein machtvoller Auftrieb und die Fähigkeit, viel Schweres zu verkraften.

Damit soll keineswegs der Wert von Regressionen in vorgeburtliche Zeiten zu psychotherapeutischen Zwecken bezweifelt werden. Nur wird man hier nicht dieselben Maßstäbe anlegen können wie bei den Rückführungen innerhalb des jetzigen Lebens. Indem man durch Einbeziehung früherer Existenzen zu umfassenderen Bewertungsmöglichkeiten gelangt, wird man mit der »Bekämpfung« sich zeigender Spannungserscheinungen vorsichtiger sein müssen. Durch den Vergleich früherer und gegenwärtiger Erlebnisweisen gelangt man über die jetzige Persönlichkeit hinaus an das Entwicklungsprinzip der betreffenden Individualität. Dieses arbeitet vorwiegend mit Spannungsfaktoren denn nur dort, wo Spannung herrscht, besteht ein Energiegefälle, und es können sich Kräfte entwickeln. Solche Spannungen zu neutralisieren (was unter anderem auch durch eine einseitige Bewußtmachung geschehen kann), würde unter Umständen den Aktionsbereich der Individualität bedeutend einschränken.

Jeder Psychotherapeut weiß aus Erfahrung, daß oft die anfänglich recht erfolgreiche Auflösung einer Konfliktsituation nicht von Dauer ist, sondern daß der Patient nach einiger Zeit wieder in den früheren Zustand zurückfällt oder daß er »Ersatzsymptome« ausbildet. Das sind möglicherweise jene Fälle, in denen ein überpersönlicher, der Individualität integrierter Spannungsfaktor angegangen wurde. Da er ein Strukturelement des Individuums ist, wird ihn dieses unbedingt zu erhalten suchen, auch wenn damit gewisse Nachteile verbunden sind, nur um die Einheit der Wesensform nicht zu gefährden. Um solche strukturellen Faktoren einer Psyche von den durch Fremdeinflüsse im jetzigen Leben entstandenen Traumata zu unterscheiden, können die Analysen früherer Inkarnationen ein wichtiges Hilfsmittel sein. Der psychologischen Forschung dürfte sich hier noch ein weites Gebiet erschließen.

Dennoch möchten wir diese psychopathologische und therapeutische Seite der Transitionen in ein früheres Dasein als Ausnahme oder Grenzgebiet bezeichnen. Die Wiedergeburt eines Wesens ist nicht ein Krankheitsfall, sondern vor allem ein Bewußtwerdungsprozeß! Diesen zu unterstützen und ihm erweiterte Möglichkeiten zu bieten ist eine Aufgabe, die sich hervorragend mittels solcher Reisen gegen die Zeit lösen läßt. Wenn heute viele Menschen auch in den sogenannten Zivilisationsländern trotz materiellen Wohlstandes gezwungen sind, unter seelischem Druck zu leben, dann bedürfen sie einer solchen Förderung. Der dazu notwendige Auftrieb kann aus dem Wiedererleben eines früheren Daseins kommen, aber nicht, indem es unter dem Blickpunkt übertragener Belastungen gesehen wird, sondern wenn der Weg gezeigt wird, seine positiven Erlebnispunkte zu reaktivieren.

Hier wird nun ganz besonders die Art der Moderation entscheidend sein. Wenn in unserem Fall der Reisende mehrmals veranlaßt wurde, nicht allzu lange bei belastenden Bildern zu verweilen, und ihm gelegentlich nahegelegt wurde, eine schöne Stimmung als Erinnerung in die Gegenwart mitzunehmen, dann geschah dies vor allem, um ihn keinen psychischen Störungen durch die relativ lange Versuchsreihe auszusetzen und keine Abwehrreaktionen auszulösen. Darüber hinaus konnte sich R. durch diese Art der Moderation nach jeder Reise geradezu verjüngt fühlen, er war in der ganzen Zeit ständig von einem neuartigen Gefühl der Freude erfüllt.

Dabei hätte an sich gerade das Schicksal Mandos eher das Gegenteil bewirken müssen. Wie leicht hätte man die Tragik der Heimatlosigkeit, die Situation in der strengen Atmosphäre zu Hause oder das frühzeitige Lebensende als Ursache des durchaus nicht unproblematischen jetzigen Lebens von R. darstellen können. Wäre durch eine solche »Bewußtmachung« sein heutiges Leben erleichtert worden? Mit Sicherheit nicht! Wenn es sich schon um einen emotional orientierten Menschen handelt, dann wird die Freude ein ebenso machtvoller Faktor zur Bejahung des Lebens, wie das Bewußtsein einer leidvollen Schicksalsverknüpfung die Lebenskraft untergraben müßte.

Nicht umsonst ist eine gesunde seelische Struktur darauf ausgerichtet, von einer abwechslungsreichen Reise vor allem die schönen Stunden in Erinnerung zu behalten, Mühen und Strapazen dagegen allmählich zu vergessen. Das mag vielleicht nicht objektiv sein, aber die Psyche formt sich nun eben subjektiv, wenn sie sich ihre individuelle Zeitlandschaft aufbaut.

Um es nochmals festzuhalten: Die Suche nach belastenden Erlebnissen im früheren Existenzbereich mag berechtigt sein, wenn man Psychotherapie treibt, wobei man zugleich die bereits erwähnten strukturellen Faktoren berücksichtigen müßte. In den allermeisten Fällen wird man jedoch mit den Bildern aus den Transitionen aufbauend arbeiten und Kräfte freisetzen, die eine bessere Bewältigung der Lebensaufgaben ermöglichen.

Im übrigen ist die Notwendigkeit, von solchen Reisen positive Erinnerungen mitzubringen, noch aus anderen Gründen wichtig. Schon in Kapitel eins haben wir darauf hingewiesen, daß man normalerweise einer längeren geistigen Vorbereitung bedürfe, um für das Erleben einer früheren Inkarnation aufnahmebereit zu sein. Andernfalls bestehe die Möglichkeit, daß man sich psychischen Gefahren aussetze. Solche Gefahren entstehen mit Sicherheit nicht, wenn die Moderation in dem von uns praktizierten Sinne gehandhabt wird.

Wird man nun mit einem Wissen aus früheren Inkarnationen und dessen Einfügung in das jetzige Leben rascher wiedergeboren oder verweilt man dadurch länger in der Parallelwelt? Auf diese Frage dürfte es keine allgemeingültige Antwort geben. Wir neigen zu der Annahme, daß dabei auch die Wünsche des betreffenden Menschen eine Rolle spielen. Wer sehr am Leben und an dieser Welt hängt, wer also eine Entwicklung mehrheitlich im Diesseits vorzieht, braucht nicht so lange auf seine Rückkehr zu warten wie jemand, dem ein Dasein im unstofflichen Bereich wertvoller erscheint. Das Individuum dürfte auch in solch wichtigen Belangen viel freier sein, als wir im allgemeinen annehmen. Wir sind gelehrt worden, übergeordneten Gesetzen zu folgen, weil der Mensch schwach und unvollkommen sei. Dabei legt er doch beinahe täglich Zeugnis ab für das wunderbare Zusammenspiel seiner Kräfte, vorausgesetzt, daß er sich einigermaßen im Sinne seiner Wesensstruktur betätigen kann. Das Bewußtsein der individuellen Werte und der persönlichen Freiheit muß erst allmählich geweckt werden. Hier kann das Wissen um bereits durchlebte Existenzen die Wege öffnen, ebenso wie es die Furcht beseitigt, sich im Tod auf immer zu verlieren.

Was man aus dem Nacherleben der Bilder einer vergangenen Inkarnation an »Reiseerinnerungen« mitbringt, ist also von außerordentlicher Bedeutung für den Bewußtwerdungsvorgang des Menschen. Um jedoch überhaupt zu solchen Bildern vordringen zu können, muß man sich erst in die Pentawelt begeben. Der Übertritt in die höhere Zeitdimension ist ein Erlebnis, das mindestens so bedeutsam ist wie der Einblick in die frühere Inkarnation selbst. Damit kommen wir zur zweiten eingangs dieses Kapitels gestellten Frage, nämlich wie sich das Transitionserlebnis auf die psychische Struktur des Menschen auswirke.

Man kennt das Gefühl, das man in einem Flugzeug empfindet,

wenn es sich entgegen der Schwerkraft in die Luft erhebt. Dabei wird den beiden Dimensionen der Waagrechten, in denen man sich auf der Erde bewegt, die senkrechte Raumdimension hinzugefügt. Eine Empfindung größerer Freiheit und erweiterter Bewegungsmöglichkeiten ist die Folge. Ähnliches geschieht, wenn man in eine zusätzliche Zeitdimension gelangt. Für die meisten Menschen ist heute das Zeiterlebnis zu einer Belastung geworden. Man hetzt von Termin zu Termin, man hat innerhalb einer festgesetzten Zeit ein bestimmtes Soll zu erfüllen. Dieser Zeitdruck ist eine Quelle ständigen Mißbehagens, angefangen bei Nervosität über psychische Belastungen und das Gefühl des Gezwungenwerdens bis zum Herzinfarkt. Wenn der äußere Zeitdruck an Wochenenden oder im Urlaub fehlt, wird er entweder durch ein überfrachtetes Freizeitprogramm ersetzt, oder man langweilt sich und sucht die Zeit »totzuschlagen«. So sehr ist man vom unerbittlichen Fluß der Zeitachse abhängig geworden. Wer hat noch Zeit für sich? Oder gar für andere Menschen? Wie die Schwerkraft uns an der Erdoberfläche festhält, kettet uns die Zeit durch Programme und Termine an das unaufhörliche Hintereinander der linearen Zeitdimension.

Der Flug in die Pentawelt eröffnet die Möglichkeit, uns über diese Zeit zu erheben, aus ihrem unerbittlichen und gleichförmigen Ablauf herauszutreten und eine Freiheit zu erleben, deren Grenzen nur durch unseren Bewußtseinsradius bestimmt sind. So wird ein solches Heraustreten zu einer Reise »gegen« die Zeit in einem neuen Sinn: nicht entgegen der Zeitachse in die Vergangenheit, sondern gegen den Druck und die Einengung unseres Zeitbegriffs.

Leider kann man in diese höhere Zeitdimension im allgemeinen nicht allein reisen, sondern man benötigt, wie wir wissen, für die Transition einen Moderator. Er ist für das Herausfinden aus unserer Zeit ebenso wichtig wie für eine sichere Rückkehr. Erst recht kann man auf die Moderation nicht verzichten, wenn man in der Pentawelt der individuellen Agglomeration früherer Erlebniskerne begegnet. Die Gefahr wäre groß, daß man sich im Alleingang verirren würde und die gespeicherten Energien unkontrolliert ins jetzige Leben eingreifen könnten.

Es gibt jedoch die Möglichkeit, sich der Pentawelt wenigstens zu nähern oder sogar Ausflüge in Grenzbereiche des synoptischen Universums zu unternehmen, ohne daß es hierfür eines Moderators bedarf. Wir sahen bereits, daß das Medium »Zeit« auch in einer subjektiven Form erlebt werden kann und daß man in deren Gestaltung freier ist, als wenn man sich in der mit Uhren gemessenen Zeit bewegen muß. Die Zeit »verfliegt«, sobald man völlig von einem Erleben oder einer Tätigkeit absorbiert ist, sie tritt dann als Zeitfluß völlig in den Hintergrund. Auch dies ist eine Möglichkeit, sich dem Zeitdruck zu entziehen. Nur setzt man dabei eine andere Anspannung an seine Stelle, man wird wiederum von etwas gefangengenommen, und es ist nicht die Freiheit im Sinne einer höheren Zeitdimension. Sich ganz auf etwas konzentrieren, kommt immer einer Einschränkung gleich: dies kann also nicht der Weg sein, der in eine größere Bewegungsfreiheit führt.

Hierfür benötigen wir anstelle einer Anspannung die Entspannung, das Sichgehenlassen, statt eines spezifischen Erlebens die Fülle der Eindrücke. Nicht die Zeit sollte in den Hintergrund treten, sondern unser Körper, denn er ist es, der infolge seiner stofflichen Struktur uns in der eindimensionalen Zeit festhält. Je mehr der Körper zurücktritt, um so besser gelingt die Annäherung an die materiefreie Parallelwelt. Zum Begriff des Körpers gehören auch seine Betätigungen, also die motorischen Bewegungen, aber auch das Wahrnehmen der Sinneseindrücke und das Denken als Gehirnfunktion. Nun gelingt es zwar relativ leicht, die Bewegungen auszuschalten, indem man seinen Körper ruhigstellt und entspannt. Die Sinneswahrnehmungen lassen sich zum Teil stillegen, indem man beispielsweise die Augen schließt. Wer aber versuchen wollte, den ständigen Strom der Gedanken auch nur für wenige Sekunden anzuhalten, würde erkennen, daß dies nahezu unmöglich ist. Die »Gedankenleere« ist, wenn überhaupt, nur durch langdauernde und für uns westliche Menschen besonders schwierige Schulung zu erreichen.

Für einen »Ausflug« in die Grenzzonen der unstofflichen Welt wirkt sich die Gedankentätigkeit auch nicht störend aus, vorausgesetzt, daß sie sich nicht in den Vordergrund drängt. Dasselbe gilt auch für die übrigen Körperfunktionen, die trotz der Entspannung weiterdauern. Wichtig für das Gelingen ist jedoch, wie weit man sein Bewußtsein dazu veranlassen kann, sich nicht mehr mit den Vorgängen im Körper zu identifizieren, sondern sich für die Ein-drücke aus der höheren Zeitdimension zu öffnen. Das erreicht man durch Übung, und man wird soweit gelangen, sich auch ohne hypno-tische Suggestion und Moderation bestimmte Bereiche der Penta-welt zu erschließen. Zugleich bedeuten solche Versuche eine wertvol-le Vorbereitung auf eventuelle spätere Transitionen in Verbindung mit einem Moderator, weil man sich dann »drüben« viel rascher zurechtfinden wird.

Die folgenden Hinweise mögen als Anleitung für solche Versuche dienen.

Vorerst sollten einige Voraussetzungen beachtet werden. Wer in eine freiere Zeitdimension reisen will, sollte es nicht tun, wenn er wenig Zeit hat und in den täglichen Arbeitsrhythmus eingespannt ist: also nicht nach Feierabend, wenn man vorher den ganzen Tag gedrängt und zeitlich beansprucht wurde. Beim Versuch, sich zu ent-spannen, würde man fühlen, wie sehr noch alles im Körper vibriert, wie die Gedanken um Arbeit und Geschäft und all die täglichen Dinge kreisen. Ein Wochenende mag sich schon besser dazu eignen, aber nicht, wenn man (mit einem Blick auf die Uhr) feststellt, daß in einer Stunde Besuch kommt oder die Fußballübertragung im Fernse-hen beginnt. Es ist kaum möglich, einen Kontakt mit der Pentawelt zwischenhinein oder »auch noch« zu erleben, sondern es sollte nach Möglichkeit ein ganzer Tag nur diesem »Ausflug« gewidmet wer-den können.

Von Vorteil wäre es außerdem, wenn man einen solchen Tag nicht in seiner gewohnten Umgebung verbringen würde. Denn diese bedeutet eine zusätzliche Bindung an den Alltag und den festgelegten Zeitablauf, von dem man sich ja gerade lösen sollte. Wem es über-trieben scheint, soviel Gewicht auf äußere Voraussetzungen zu legen, der möge bedenken, daß dies nur für den Fall des »Alleingangs« gilt. Normalerweise übernimmt die Moderation das Herausführen aus der Gegenwart. Ist man jedoch nur auf sich gestellt, dann sollte man alles zu eliminieren suchen, was an das Hier und Jetzt erinnert. Das gilt vor allem für die ersten Versuche, wogegen man bei späteren Wiederholungen den Weg aus der Gegenwart leichter finden wird.

Schließlich ist es empfehlenswert, einen solchen Versuch nicht kurz nach dem Essen und nicht nach Alkoholgenuß zu unternehmen; außerdem sollte man einen ruhigen Ort dafür wählen, an dem man vor Störungen durch andere Personen sicher ist.

Sind diese Voraussetzungen erfüllt, dann lege man sich möglichst bequem hin, man öffne beengende Kleidungsstücke und schalte alles aus, was irgendwie Unbehagen verursacht. Man beginne nun, sich zu entspannen und ganz locker zu werden. Durch leichtes Bewegen oder Anspannen und wieder Entspannen einzelner Körperpartien läßt sich kontrollieren, ob noch irgendwo eine Verkrampfung besteht, die auszugleichen ist. Der Atem soll leicht, ruhig und regelmäßig gehen; die Augen halte man geschlossen, um weniger von dem abgelenkt zu werden, was man innerlich sehen wird. Man wird nun, wenn man so entspannt daliegt, das Gefühl bekommen, daß der Körper allmählich schwerer wird — vergleichbar etwa der Empfindung des Beschleunigungsandrucks beim Durchstarten eines Flugzeuges. In unserem Fall ist das Gefühl des Schwererwerdens, das besonders in den Armen und Beinen auftreten kann, ein Zeichen dafür, daß der Geist in Bewegung geraten ist und sich anschickt, aus der eindimensionalen Zeit herauszutreten. Es kann aber dieses Schweregefühl auch ausbleiben oder kaum merkbar sein; jedenfalls sollte man nicht darauf warten und sich in dieser Richtung konzentrieren, denn das würde bereits wieder einer Anspannung gleichkommen.

Es gibt Personen, denen es nicht gelingt, den Zustand der Entspannung zu erreichen. Oder es setzt nach anfänglicher Ruhe eine zunehmende Erregung ein, die sich in nervöser Unruhe, Juckreiz an verschiedenen Hautstellen, in Herzklopfen oder Angstgefühlen äußert. Das könnte ein Zeichen für das Vorhandensein eines verborgenen Spannungsfaktors sein, der sich zwar im normalen Leben nicht bemerkbar macht, der sich jedoch gegen eine Situation wehrt, in der das Unbewußte offener zutage tritt. In einem solchen Fall sollte der Versuch aufgegeben werden. Um so wichtiger wäre es aber, ihn mit einem Moderator zu wiederholen, was wahrscheinlich zum Erkennen des Spannungsmoments führen würde. Auf keinen Fall sollte man jedoch, um Erscheinungen dieser Art auszuschalten, irgendwelche Beruhigungsmittel nehmen und dann den Versuch fortsetzen wollen!

Das sind jedoch Ausnahmefälle. Meist wird man schon in der Entspannung und dem leichten Schweregefühl des Körpers eine Art Befreiung empfinden. Nun ist es wichtig, daß man nicht kontrollierend beobachtet, sondern alles gelöst geschehen läßt. Auch von den Gedanken, die ständig durch den Kopf gehen, lasse man sich nicht stören. Nichts ist wichtig! Von dieser Einstellung lasse man sich ganz durchdringen. Manche Personen werden damit die Empfindung des Schwebens und der Leichtigkeit verbinden, andere die des Hinabsinkens — das ist individuell verschieden. Man bleibe weiter ganz entspannt und genieße das Gefühl des Wohlbefindens sowie das Bewußtsein, daß jetzt nichts wichtig ist, daß nichts erreicht werden muß, daß keinerlei Zwang besteht. Man warte einfach ab, was geschieht.

Wahrscheinlich wird man nach einiger Zeit (immer die Augen geschlossen lassend) optische Eindrücke wahrnehmen, man wird Farben oder Bilder sehen. Diese visuellen Eindrücke erfaßt man jedoch nicht mit den Augen, aber sie unterscheiden sich andererseits recht deutlich von den Gedanken. Es wird sich anfänglich um ganz zusammenhanglose Bilder handeln, die auch nichts »Jenseitiges« an sich haben. Zum Beispiel berichtete jemand, er habe zuerst sich kreuzende Fahrleitungen der Straßenbahn mit allen technischen Details gesehen, dann ein rauchendes Kamin auf einem Hausdach und schließlich den Bäckerladen an einer Straßenecke, wo er in der Jugend jeweils einkaufte. In der Folge erschienen Gesichter unbekannter Personen, bis schließlich eine junge Frau auf ihn zuging und ihn in einer Reihe zusammenhängender Bilder über eine hohe Brücke zu einem »Land in Wolken« führte. Dort verlor er ihre Spur, es erschienen keine weiteren Bilder, und er kehrte in die Gegenwart zurück. Man kann sich gut vorstellen, daß es hier einer Moderation bedurft hätte, um den Betreffenden durch die Wolken zu geleiten (»Du gehst ruhig weiter, bis wieder Bilder kommen«).

Andere Personen sehen Landschaften, wieder andere graphische oder geometrische Formen. Was man auch sieht, sollte lediglich registriert werden, auch wenn man bekannten Personen begegnet, die vielleicht bereits verstorben sind. Man kann auf einem solchen »Ausflug« höchst selten mit den Bildern direkt in Verbindung treten; es handelt sich um Vorgänge im persönlichen Erleben, die jedoch bereits in der Art der »Gesamtschau« des synoptischen Universums dargestellt werden. Jedenfalls wird man diese Art des »Sehens« sofort als der Pentawelt zugehörig empfinden. Es gibt Fälle, in denen man auf diese Weise bis in die Nähe der Eindrücke aus einem früheren Leben gelangt.

Fühlt man nach einiger Zeit Ermüdung, die sich darin zeigt, daß die Bilder verschwimmen oder ausbleiben, dann kehre man allmählich in die Gegenwart zurück. Da man stets bei vollem Bewußtsein bleibt, läßt sich leicht feststellen, wann dieser Zeitpunkt gekommen ist. Man löst seinen Körper allmählich aus der Schwere, indem man, immer noch ganz entspannt, Arme und Beine, dann auch Kopf und Rumpf, leicht zu bewegen beginnt. So identifiziert man sich wieder mit dem Körper. Erst dann öffnet man die Augen, um auch den Kontakt mit der Umgebung wieder herzustellen. Nach einigen weiteren Minuten entspannten Liegens im Genuß eines Wohlgefühls kann man sich erheben.

Man sollte sich für die »Rückkehr« unbedingt genügend Zeit nehmen! Ein sofortiges Aufstehen nach dem Abklingen der Bilder könnte zu Benommenheit und Gleichgewichtsstörungen führen. Es ist (solange man ohne Moderation auf Reisen geht) auch nicht empfehlenswert, nachträglich die Bilder schriftlich festzuhalten, gewissermaßen darüber Buch zu führen. Das würde sich auf folgende Versuche einschränkend auswirken und zu falschen Vorstellungen führen. Etwas anderes ist es jedoch, mit bestimmten besonders eindrucksvollen Bildern und dem ganzen Vorgang an sich innerlich in Kontakt zu bleiben. So wird das neue Gefühl der Ruhe und Leichtigkeit noch

lange nachklingen. Schon das Wissen um die Möglichkeit, mit einer
anderen Zeitdimension Verbindung aufnehmen zu können, wird dem
Zeitdruck im Alltag etwas von seiner Schwere und Ausschließlich-
keit nehmen. Wiederholt man solche Versuche in gewissen Abstän-
den, dann wird man sich ständig mit einer Kraftquelle verbunden
fühlen, aus der Selbstbewußtsein und Lebensfreude entspringen.

Daraus wird der Wunsch entstehen, wenn sich eines Tages die
Gelegenheit bietet, auch längere Reisen in die Parallelwelt und zu
den tieferen Schichten seines Wesens zu unternehmen. Hierzu ist,
wie wir wissen, eine zweite Person notwendig. Sie sollte nicht nur
etwas von Hypnose verstehen, sondern unbedingt auch die hier
beschriebene Methode der Moderation kennen sowie das hierfür
notwendige Einfühlungsvermögen besitzen. Wenn man zudem aufgrund der vorbereitenden Versuche im Empfangen der Bilder bereits
geübt ist, wird mit dem Moderator schon beim ersten Mal eine
Transition gelingen, und man wird rasch das Ziel der Reise erreichen.

Selbst für den Fall, daß diesem Leben noch keine Inkarnation
vorausgegangen wäre, in die man zurückgehen kann, ist man auf
irgendeine uns noch unbekannte Weise in der Parallelwelt entstanden. Man würde in jenem synoptischen Universum Symbolen oder
energetischen Bildern begegnen, die mit den Wurzeln der eigenen
Individualität in Beziehung stehen. Man würde Vertrautes wiederfinden und Neues entdecken. In Verbindung mit dem Erleben
der höheren Zeitdimension wird diese Bewußtseinserweiterung einen
Ansporn für die innere Entwicklung und äußere Lebenserfüllung
ergeben, wie er kaum auf andere Art in dieser Intensität und Unmit-
telbarkeit zu erreichen ist.

Jedoch ist für alle, die sich von der Frage der Wiedergeburt angezogen fühlen und sie innerlich bejahen, praktisch mit Sicherheit anzu-
nehmen, daß diese innere Gewißheit eine Folge eigener Erfahrung
ist — daß solche Menschen also bereits früher gelebt haben und daß
sie bei der Transition in die Pentawelt das Tor zu den Bildern aus
der vorangegangenen Existenz finden werden.

Ganz unabhängig davon, wie diese Bilder im einzelnen aussehen und wie man sie nacherlebt, wird man durch eine solche Reise auf eine neue Ebene des Bewußtseins gehoben, die auch für die Zukunft bestehen bleibt. Es findet eine echte Bewußtseinsexpansion statt, die alles weit hinter sich läßt, was man heute mit Drogen, Tranquilizern und sonstigen Mitteln oder mit psychischen Kunstgriffen zu erreichen versucht. Solche Mittel führen bestenfalls in eine Pseudoeuphorie. Meist ist es die Flucht aus einer unbefriedigenden Wirklichkeit, der heute gerade viele junge Menschen zu entrinnen suchen: ohne zu merken, wie sehr sie dabei in eine immer vollständigere Abhängigkeit von ihren » Fluchthelfern « gelangen.

Die Zeit des Umbruchs und der Gewalt, der Kommerzialisierung und Hektik, in der wir heute leben, kann der einzelne kaum ändern. Er muß sich mit ihr auseinandersetzen. Das vermag er um so eher, je mehr er sich seines Wertes als Mensch und seiner Einmaligkeit bewußt ist. Je mehr er weiß, daß er aus Erfahrungen schöpfen kann, die viel weiter zurückliegen als alles, was in unserer kurzlebigen Zeit hochgespielt wird, um morgen bereits wieder vergessen zu sein. Und je mehr er davon überzeugt ist, daß sein heutiges Erleben beziehungsweise sein Ringen um Erkenntnis sein Wesen dauernd bereichert und ihn auf seinem Weg über dieses Leben hinaus in eine ferne Zukunft begleiten wird, um so sinnvoller wird dieses Ringen sein.

Führt ein solches Selbstbewußtsein nicht zur Überheblichkeit? könnte man mit Recht fragen. Wir können dies verneinen, wenn wir uns vergegenwärtigen, worauf sich dieses neue Bewußtsein aufbaut. Es sind ja nicht Verdienste, die man sich erworben hat; man hat keine Leistungen vollbracht oder Ehrungen empfangen. Früher einmal ein brauner Junge gewesen zu sein, der viel » herumgeschubst « wurde und nicht einmal über sein elftes Lebensjahr hinausgelangte, ist kein Grund, sich im jetzigen Leben selbstgefällig zu geben. Jedoch hat man sein wiederholtes Menschsein erlebt, und man hat etwas von der Freiheit jener Zeitwelt gekostet, in der man bereits weilte und später erneut weilen wird.

Von einer Reise gegen die Zeit kehrt man nicht nur freier und selbstbewußter zurück, sondern manches hat sich auch umgeformt, und man entdeckt neue Seiten seiner Individualität. Man ist sich in einer anderen, bisher vielleicht nur unbewußt empfundenen Form begegnet. Damit ist man wahrscheinlich nicht besser oder für andere verständlicher geworden. Doch mit der Bereitschaft, Menschsein nicht mehr mit Irrtum, Schwachheit oder Vermassung gleichzusetzen, beginnt eine Phase des seelischen Erstarkens, das sich auch im körperlichen Bereich als Gesundheit und Leistungssteigerung und demnach in der besseren Bewältigung der Lebensanforderungen auswirken muß.

Wer in dieser Weise sein Menschtum aufwertet, wird sich nie über andere erheben, denn er weiß um den ähnlichen Entwicklungsweg, den diese durchlaufen haben. Er wird nicht die Freiheit jener anzutasten versuchen, die ebenso wie er durch jene Zeitdimension gegangen sind, in der auch seine eigenen Erlebnisrelikte eingebettet liegen. So wird das Wissen um die Unzerstörbarkeit des Individuums zugleich zur Achtung vor der Freiheit des Mitmenschen. Man wird weniger verletzlich, und Aggressionen werden abgebaut. Die Begegnung mit den positiven Erlebnissen aus früheren Daseinsperioden wertet die Lebensfreude auf. Das Verweilen in der Pentawelt schafft das Gefühl der Geborgenheit in der eigenen Wesensstruktur. Damit wären die meisten Probleme der heutigen Gesellschaft lösbar — Grund genug, die Tatsache der Wiederverkörperung über die Parallelwelt und die dadurch möglich gewordenen Reisen » gegen « die Zeit vielen Menschen nahezubringen...

In unseren Transitionen hat es sich als sinnvoll erwiesen, den Reisenden vor seiner Rückkehr noch zu einem schönen Erlebnis zu führen. Wir wollen in dieser Weise auch unsere Betrachtungen beenden und lassen die Schlußsequenz aus der letzten Transition unserer Versuchsreihe folgen:

M.   (nachdem R. den Überfall auf die Expedition und die Flucht auf das Schiff beschrieben hat): *Laß das Bild jetzt verschwinden. Du gehst weiter voraus, bis du Mando bist mit zehn Jahren — bis du zehn Jahre alt bist, im Sommer, und du was Schönes siehst.*

R.:   *Hm — da steht 'n Krug mit Wein, und Gentiana hat daraus 'n bißchen in ihre Hand geschüttet — das trinkt sie dann so... und dann macht sie das nochmal und gibt das mir zu trinken, und so wechseln wir immer ab... Der Wein ist ganz süß... Dann essen wir Oliven dazu, und die... die hat sie in einer Tasche.*

M.   *Seid ihr draußen oder drinnen?*

R.:   *Im Garten... da sind Steintische, und da ist der Weinkrug drauf...*

M.:   *Ist es schön dort?*

R.:   *Hmhm... sie macht alles mögliche... dann hat sie 'n bißchen Wein in den Mund genommen und hat ihn mir dann zu trinken gegeben... hm — hat sie nochmal gemacht... und dann hab ich gemeint, .ch krieg Wein, und... dann hat sie mir 'ne Olive reingegeben...*

M.   *Schimpfst du dann mit ihr?*

R.:   *Nein, wir lachen... das ist ganz ganz lustig — die kann das so gut... Aber sie guckt sich immer so um... ich glaub, 's darf's niemand sehen, daß wir da... das mit dem Wein machen...*

M..   *Wie heißt der Ort, wo ihr seid?*

R.   *Das ist in Ancona... 's is Sommer... und da sind oben über der Mauer so blaue Blüten... Ranken...*

M   *Hast du mit Gentiana darüber gesprochen, wo ihr hergekommen seid? Weißt du, wie das heißt? Oder wo du geboren bist? — Es muß weit weg sein.*

R..   *Hmhm... ich glaube, sie hat mal sowas gesagt... ja, ich — hm, ich bin unterwegs geboren. Und wir waren... unser Vater war mit den anderen Männern auf einer... Expedition oder sowas. Da, wo sie gearbeitet haben, bei den Steinen...*

M.:   *Da bist du geboren?*

R..   *Hmhm...*

M..   *Weißt du, wie es heißt?*

R.:   *M-n ja, das war bei dem El Quab... und Gentiana war aber schon vorher da...*

M..   *Wo ist sie geboren?*

R.:   *Hm — ganz woanders muß das sein... schwer, weil man das nicht sieht... Hör immer was... das wie »Tossa« klingt. Ist undeutlich...*

M.:   *Weißt du das Land?*

R.:   *Das ist... (sehr erstaunt)... Spanien... Oder an der Grenze da unten... Hm... ist durcheinander...*

M.: *Macht nichts. Laß das jetzt weggehen. Du bist noch mit Gentiana*
da am Steintisch und siehst noch was Schönes.

R.: *Mm... habe gemeint, sie bringt mir wieder was zu trinken... da wo*
ich schlafe... aber ist undeutlich...

M.: *Du behältst jetzt das Bild, wo ihr am Steintisch wart.* (Führung in
die Gegenwart.)

A propos Gegenwart! Mein Gegenüber blickte von der Zeitung
auf: »Du weißt ja, dieser Luftpirat! Nun wurden Passagiere und
Besatzung freigelassen. Der Hijacker durfte auf seinen Wunsch eine
Erklärung verlesen.« Damit reichte er mir das Blatt, indem er mit
dem Mundstück seiner Pfeife auf die Stelle deutete. Ich lese weiter,
daß der Inhalt dieser Erklärung nicht bekannt sei, lediglich der letzte
Satz: »Ich wünsche nichts anderes als eine Welt, in der man würdig
leben kann.« »Geistesgestörter entführte Flugzeug« — so lautete die Überschrift der in einer Tageszeitung vom 13. September
1979 veröffentlichten Agenturmeldung, die da über den Vorfall
berichtete...

»Das kommt alles auf einen zu... das hört noch nicht auf!« rief
damals der kleine Mando angesichts der hereinbrechenden Katastrophe.

Inzwischen sind an die hundertdreißig Jahre vergangen, Mando
ist ein wenig größer geworden. Sein Ausruf ist heute so aktuell wie
damals. In einer Zeit, in der die Forderung nach »einer Welt, in der
man würdig leben kann«, als geistiger Defekt bewertet wird, dürfte
das Unheil kaum mehr aufzuhalten sein, wenn nicht ein Wunder
geschieht.

Vielleicht bewirkt die Besinnung auf die Überzeitlichkeit des
Menschseins dieses Wunder? Dann könnte man »Wiedergeburt«
durch »Auferstehung« ersetzen. — Und wir hätten hier einen Weg
für das Überleben aufgezeigt.